西夏学文库
第三辑
论集卷

"十三五"国家重点图书出版规划项目

国家出版基金项目
NATIONAL PUBLICATION FOUNDATION

史金波 杜建录 主编

西夏石窟艺术研究

刘玉权 著

甘肃文化出版社

图书在版编目（CIP）数据

西夏石窟艺术研究 / 刘玉权著. -- 兰州：甘肃文化出版社，2022.11
（西夏学文库 / 史金波，杜建录主编. 第三辑）
ISBN 978-7-5490-2579-4

Ⅰ. ①西… Ⅱ. ①刘… Ⅲ. ①石窟－研究－中国－西夏 Ⅳ. ①K879.204

中国版本图书馆CIP数据核字(2022)第191696号

西夏石窟艺术研究

刘玉权 | 著

策　　划	邹军涛
项目统筹	甄惠娟
责任编辑	周桂珍
封面设计	苏金虎

出版发行	甘肃文化出版社
网　　址	http://www.gswenhua.cn
投稿邮箱	gswenhuapress@163.com
地　　址	兰州市城关区曹家巷1号	730030（邮编）

| 营销中心 | 贾　莉　王　俊 |
| 电　　话 | 0931-2131306 |

印　　刷	西安国彩印刷有限公司
开　　本	787毫米×1092毫米 1/16
字　　数	210千
插　　页	36面
印　　张	13
版　　次	2022年11月第1版
印　　次	2022年11月第1次
书　　号	ISBN 978-7-5490-2579-4
定　　价	72.00元

版权所有 违者必究（举报电话：0931-2131306）
（图书如出现印装质量问题，请与我们联系）

西夏学文库
编委会

主　任：陈育宁

委　员：（以姓氏笔画排序）

　　　　牛达生　史金波　白　滨　孙宏开　孙伯君　孙昌盛
　　　　孙继民　汤晓芳　刘建丽　杜建录　李华瑞　李范文
　　　　李进增　李　蔚　佟建荣　沈卫荣　杨　浣　杨富学
　　　　杨　蕤　林英津　罗　丰　周伟洲　周　峰　波波娃
　　　　胡玉冰　荒川慎太郎　　　段玉泉　贾常业　聂鸿音
　　　　索罗宁　梁松涛　韩小忙　景永时　彭向前　薛正昌

主　编：史金波　杜建录

编　务：周　峰　赵天英

中国社会科学院西夏文化研究中心
宁夏大学西夏学研究院 编

行脚僧像 莫高窟第308窟

回鹘供养人像 榆林窟第39窟

回鹘供养人像
榆林窟第39窟

回鹘供养人像 莫高窟第409窟

回鹘供养人像 莫高窟第237窟

回鹘供养人像 莫高窟第148窟

童子飞天 莫高窟第97窟

阿罗汉像 莫高窟第97窟

说法图 莫高窟第245窟

水月观音 榆林窟第2窟

国师像 榆林窟第29窟

西夏供养人群像 榆林窟第29窟

侍从童子像 榆林窟第29窟

西夏供养人像 榆林窟第29窟

童子像 榆林窟第29窟

文殊变相 榆林窟第3窟

文殊变相局部 榆林窟第3窟

普贤变相局部 榆林窟第3窟

维摩诘经变相 榆林窟第3窟

千手观音经变相 榆林窟第3窟

锻铁图 榆林窟第3窟

酿酒图 榆林窟第3窟

水观音图 东千佛洞第2窟

唐僧取经图 东千佛洞第2窟

观音菩萨像局部 东千佛洞第2窟

说法图 东千佛洞第2窟

坐菩萨像 东千佛洞第2窟

普贤变相 东千佛洞第5窟

菩萨像 五个庙第3窟

供养人像 五个庙第3窟

飞天 榆林窟第34窟

伎乐天 榆林窟第10窟

罗汉像 莫高窟第95窟

持莲供养菩萨像 莫高窟第465窟

供养伎乐菩萨 莫高窟第465窟

双人舞蹈图 莫高窟第465窟

蒙古族供养人像 榆林窟第6窟

炽盛光佛经变相 莫高窟第61窟（甬南）

扫洒尼供养像 莫高窟第61窟(甬南)

助缘僧人供养像 莫高窟第61窟(甬北)

千手观音经变相局部 莫高窟第3窟

千手观音经变相局部 莫高窟第3窟

百年风雨 一路走来

——《西夏学文库》总序

一

经过几年的酝酿、规划和编纂，《西夏学文库》（以下简称《文库》）终于和读者见面了。2016年，这一学术出版项目被列入"十三五"国家重点图书出版规划，2017年入选国家出版基金项目，并在"十三五"开局的第二年即开始陆续出书，这是西夏学界和出版社共同努力的硕果。

自1908、1909年黑水城西夏文献发现起，近代意义上的西夏学走过了百年历程，大体经历了两个阶段：

20世纪20年代至80年代为第一阶段，该时期的西夏学有如下特点：

一是苏联学者"近水楼台"，首先对黑水城西夏文献进行整理研究，涌现出伊凤阁、聂历山、龙果夫、克恰诺夫、索弗罗诺夫、克平等一批西夏学名家，出版了大量论著，成为国际西夏学的"老大哥"。

二是中国学者筚路蓝缕，在西夏文文献资料有限的情况下，结合汉文文献和文物考古资料，开展西夏语言文献、社会历史、文物考古研究。20世纪30年代，王静如出版三辑《西夏研究》，内容涉及西夏佛经、历史、语言、国名、官印等。1979年，蔡美彪《中国通史》第六册专列西夏史，和辽金史并列，首次在中国通史中确立了西夏史的地位。

三是日本、欧美的西夏研究也有不俗表现，特别是日本学者在西夏语言文献和党项古代史研究方面有着重要贡献。

四是经过国内外学界的不懈努力，至20世纪80年代，中国西夏学界推出《西夏史稿》《文海研究》《同音研究》《西夏文物研究》《西夏佛教史略》《西夏文物》等一系列标志性成果，发表了一批论文。西夏学从早期的黑水城文献整理与西夏文字释读，拓展成对党项民族及西夏王朝的政治、历史、经济、军事、地理、宗教、考古、文物、文献、语言文字、文化艺术、社会风俗等全方位研究，完整意义上的西夏学已经形成。

20世纪90年代迄今为第二阶段，这一时期的西夏学呈现出三大新特点：

一是《俄藏黑水城文献》《英藏黑水城文献》《日本藏西夏文文献》《法藏敦煌西夏文文献》《斯坦因第三次中亚考古所获汉文文献（非佛经部分）》《党项与西夏资料汇编》《中国藏西夏文献》《中国藏黑水城汉文文献》《中国藏黑水城民族文字文献》《俄藏黑水城艺术品》《西夏文物》（多卷本）等大型文献文物著作相继整理出版，这是西夏学的一大盛事。

二是随着文献文物资料的整理出版，国内外西夏学专家们，无论是俯首耕耘的老一辈学者，还是风华正茂的中青年学者，都积极参与西夏文献文物的诠释和研究，潜心探索，精心培育新的科研成果，特别是在西夏文文献的译释方面，取得了卓越成就，激活了死亡的西夏文字，就连解读难度很大的西夏文草书文献也有了突破性进展，对西夏历史文化深度开掘做出了实质性贡献。举凡西夏社会、政治、经济、军事、文化、法律、宗教、风俗、科技、建筑、医学、语言、文字、文物等，都有新作问世，发表了数以千计的论文，出版了数以百计的著作，宁夏人民出版社、上海古籍出版社、中国社会科学出版社、社科文献出版社、甘肃文化出版社成为这一时期西夏研究成果出版的重镇。宁夏大学西夏学研究院编纂的《西夏研究丛书》《西夏文献研究丛刊》，中国社会科学院西夏文化研究中心联合宁夏大学西夏学研究院等单位编纂的《西夏文献文物研究丛书》是上述成果的重要载体。西夏研究由冷渐热，丰富的西夏文献资料已悄然影响着同时代宋、辽、金史的研究。反之，宋、辽、金史学界对西夏学的关注和研究，也促使西夏研究开阔视野，提高水平。

三是学科建设得到国家的高度重视，宁夏大学西夏学研究中心（后更名为西夏学研究院）被教育部批准为高校人文社科重点研究基地，中国社会科学院将西夏学作为"绝学"，予以重点支持，宁夏社会科学院和北方民族大学也将西夏研究列为重点。西夏研究专家遍布全国几十个高校、科研院所和文物考古部门，主持完成和正在开展近百项国家和省部级科研课题，包括国家社科基金特别委托项目"西夏文献文物研究",重大项目"黑水城西夏文献研究""西夏通志""黑水城出土医药文献整理研究",教育部重大委托项目"西夏文大词典""西夏多元文化及其历史地位研究"。

研究院按照教育部基地评估专家的意见,计划在文献整理研究的基础上,以国家社科基金重大项目和教育部重大委托项目为抓手,加大西夏历史文化研究力度,推出重大成果,同时系统整理出版百年来的研究成果。中国社会科学院西夏文化研究中心也在继承传统、总结经验的基础上,制订加强西夏学学科建设、深化西夏研究、推出创新成果的计划。这与甘肃文化出版社着力打造西夏研究成果出版平台的设想不谋而合。于是三方达成共同编纂出版《文库》的协议,由史金波、杜建录共同担纲主编,一方面将过去专家们发表的优秀论文结集出版,另一方面重点推出一批新的研究著作,以期反映西夏研究的最新进展,推动西夏学迈上一个新的台阶。

二

作为百年西夏研究成果的集大成者,作为新时期标志性的精品学术工程,《文库》不是涵盖个别单位或部分专家的成果,而是要立足整个西夏学科建设的需求,面向海内外西夏学界征稿,以全方位展现新时期西夏研究的新成果和新气象。《文库》分为著作卷、论集卷和译著卷三大板块。其中,史金波侧重主编论集卷和译著卷,杜建录侧重于主编著作卷。论集卷主要是尚未结集出版的代表性学术论文,因为已公开发表,由编委会审核,不再匿名评审。著作卷由各类研究项目(含自选项目)成果、较大幅度修订的已出著作以及公认的传世名著三部分组成。所有稿件由编委会审核,达到出版水平的予以出版,达不到出版水平的,则提出明确修改意见,退回作者修改补正后再次送审,确保《文库》的学术水准。宁夏大学西夏学研究院设立了专门的基金,用于不同类型著作的评审。

西夏研究是一门新兴的学科,原来人员构成比较单一,学术领域比较狭窄,研究方法和学术水准均有待提高。从学科发展的角度看,加强西夏学与其他学科的学术交流,是提高西夏研究水平的有效途径。我国现有的西夏研究队伍,有的一开始即从事西夏研究,有的原是语言学、历史学、藏传佛教、唐宋文书等领域的专家，后来由于深化或扩充原学术领域而涉足西夏研究，这些不同学术背景的专家们给西夏研究带来了新的学术视角和新的科研气象，为充实西夏研究队伍、提高西夏研究水平、打造西夏学学科集群做出了重要的贡献。在资料搜集、研究方法和学术规范等方面，俄罗斯、日本、美国、英国和法国的西夏研究者值得我们借鉴学习，《文库》尽量把他们的研究成果翻译出版。值得一提的是，我们还特别请作者，特别是老专家在各自的著述中撰写"前言"，深入讲述个人从事西夏研究的历程，使大家深切感受各位专家倾心参与西夏研究的经历、砥砺钻研的刻苦精神，以及个中深刻的体会和所做出的突出成绩。

《文库》既重视老专家的新成果，也青睐青年学者的著作。中青年学者是创新研究的主力，有着巨大的学术潜力，代表着西夏学的未来。也许他们的著作难免会有这样那样的不足，但这是他们为西夏学殿堂增光添彩的新篇章，演奏着西夏研究创新的主旋律。《文库》的编纂出版，既是建设学术品牌、展示研究成果的需要，也是锻造打磨精品、提升作者水平的过程。从这个意义上讲，《文库》是中青年学者凝练观点、自我升华的绝佳平台。

入选《文库》的著作，严格按照学术图书的规范和要求逐一核对修订，务求体例统一，严谨缜密。为此，甘肃文化出版社成立了《文库》项目组，按照国家精品出版项目的要求，精心组织，精编精校，严格规范，统一标准，力争将这套图书打造成内容质量俱佳的精品。

三

西夏是中国历史的重要组成部分，西夏文化是中华民族文化不可或缺的组成部分。西夏王朝活跃于历史舞台，促进了我国西北地区的发展繁荣。源远流长、底蕴厚重的西夏文明，是中华各民族兼容并蓄、互融互补、同脉同源的见证。深入研究西夏有利于完善中国历史发展的链条，对传承优秀民族文化、促进各民族团结繁荣有着重要意义。西夏研究工作者有责任更精准地阐释西夏文明在中华文明中的地位、特色、贡献和影响，把相关研究成果展示出来。《文库》正是针对西夏学这一特殊学科的建设规律，瞄准西夏学学术发展前沿，提高学术原创能力，出版高质量、标志性的西夏研究成果，打造具有时代特色的学术品牌，增强西夏学话语体系建设，对西夏研究起到新的推动作用，对弘扬中国优秀传统文化做出新的贡献。

甘肃是华夏文明的重要发祥地之一，也是中华民族多元文化的资源宝库。在甘肃厚重的地域文明中，西夏文化是仅次于敦煌文化的另一张名片。西夏主体民族党项羌自西南地区北上发展时，最初的落脚点就在现在的甘肃庆阳一带。党项族历经唐、五代、宋初的壮大，直到占领了河西走廊后，才打下了立国称霸的基础。在整个西夏时期，甘肃地区作为西夏的重要一翼，起着压舱石的作用。今甘肃武威市是西夏时期的一流大城市西凉府所在地，张掖市是镇夷郡所在地，酒泉市是番和郡所在地，都是当时闻名遐迩的重镇。今瓜州县锁阳城遗址为西夏瓜州监军所在地。敦煌莫高窟当时被誉为神山。甘肃保存、出土的西夏文物和文献宏富而精彩，凸显了西夏文明的厚重底蕴，为复原西夏社会历史提供了珍贵的历史资料。甘肃是西夏文化的重要根脉，是西夏文明繁盛的一方沃土。

甘肃文化出版社作为甘肃本土出版社，以传承弘扬民族文化为己任，早在20多年前就与宁夏大学西夏学研究中心（西夏学研究院前身）合作，编纂出版了《西夏研究丛书》。近年来，该社精耕于此，先后和史金波、杜建录等学者多次沟通，锐意联合编纂出版《文库》，全力申报"十三五"国家图书出版项目和国家出版基金项目，践行着出版人守望、传承优秀传统文化的历史使命。我们衷心希望这方新开辟的西夏学园地，成为西夏学专家们耕耘的沃土，结出丰硕的科研成果。

史金波　杜建录
2017年3月

序

  敦煌,是世人瞩目、令人神往的地方。她有保存了中国长达十个多世纪文化艺术精品的莫高窟石窟群,有发现了大量文书、举世闻名的敦煌石室,更为可贵的是,这里有一支不畏艰险、保护洞窟、潜心研究、成绩卓著的专业队伍——敦煌研究院的专家们。由于这些专家一代接一代地不断努力,大大推动了敦煌学的发展,使这里成为敦煌学研究的中心。在我十分尊重的这些专家中,刘玉权教授是我很熟悉的一位。

  玉权教授是著名的敦煌学专家。敦煌学早已是国学中的显学,除中国有众多学人从事研究外,世界上很多国家的专家也热心敦煌学研究。敦煌学的巨大进展,大大深化了人们对中国历史文化的认识,同时对东西方文化交流也有了更深刻的理解。近些年来兴起的"敦煌学热",表达了人们对敦煌学的重视和对敦煌学知识的渴求与向往。玉权教授也是一位知名的西夏学家。西夏学是一门新兴的学科,随着大批西夏文物、文献的发现和很多有价值的文献的解读,西夏学也步入了一个新的发展阶段,过去扑朔迷离的西夏历史文化逐渐显示出清晰的面貌,表现出诱人的文化魅力。其中,敦煌大批西夏洞窟的考定和研究是重新对西夏文化认知的一个重要方面。玉权教授在这方面起到了关键作用。敦煌学包含了部分西夏学的内容,西夏学中也包含了部分敦煌学的内容。在敦煌学和西夏学连接的过程中,玉权教授和我相识相知,建立了研究情结,加深了友谊。

  西夏统治沙州(今甘肃省敦煌)、瓜州(今甘肃省瓜州县)近两个世纪,在与敦煌莫高窟的开凿和妆銮有关的朝代中,西夏是管领莫高窟时间最长的。20世纪60年代以前,在敦煌莫高窟近500个洞窟中,确定属于西夏时期的只有屈指可数的几个洞窟,加上榆林窟中的西夏洞窟也不过七八个。1964年,敦煌学界、西夏学界、考古学界老一辈学者原敦煌文物研究所所长常书鸿先生、我的导师王静如教授、北京大学的宿白教授认为有必要对莫高窟和榆林窟中的西夏洞窟做全面考察。于是在1964年秋季,由敦煌研究院的前身敦煌文物研究所和当时属于中国科学院的民族研究所共同组成敦煌西夏资料考察组,由常书鸿教授和王静如教授任组长,宿白教授作顾问,参加考察组的成员有敦煌文物研究所的研究部主任李承仙、研究人员万庚育和刘玉权。民族研究所的研究人员白滨和正在读西夏文研究生的我,甘肃省博物馆的研究人员陈炳应当时正向王静如先生学习西夏文,也参加了部分考察工作。

考察组重点对原认为属于五代、宋朝、回鹘、西夏的100多个洞窟进行全面考察,将洞窟的壁画、塑像和洞窟形制特点、西夏文和汉文题记以及历史文献记载做综合性研究,以确定究竟哪些洞窟属于西夏时期,他们有什么特点。考察工作持续了近3个月。尽管那里条件十分艰苦,但我们有幸在较长时期内徜徉在敦煌艺术海洋之中,每天出入在能工巧匠们开凿的洞窟之中,欣赏洞窟内栩栩如生的彩塑、壁画中呼之欲出的人物形象、窟顶藻井中生动的飞龙和舞凤,尽情地吸收那里的艺术营养,欣然有得,内心总是沉浸在兴奋和满足之中。这期间我们另一个收获是在这里结识了敦煌文物研究所的不少专家,并得到他们的热情帮助和指导,如段文杰、霍熙亮、史苇湘等先生,使我们受益匪浅。李贞伯先生负责考察组的摄影工作,我的一些基本摄影知识,就是李贞伯先生耳提面命教给我的。

我们的考察组有具体的分工。玉权教授当时在宿白先生的指导下描摹有关洞窟中的佛像、图案、洞窟形制,进行分类排比研究。我在王静如老师的指导下寻找、抄录洞窟中的西夏题记,并将西夏文题记译成汉文。当时玉权、白滨、炳应几位和我都是20多岁的青年,朝气蓬勃、精力旺盛,都有一股为科学的奉献精神。特别是玉权教授1959年从大学毕业后就远离家乡来到条件艰苦的敦煌莫高窟工作,已有5年多的时间,饱尝那里秋冬的风沙和夏日的曝晒,整年喝着当地的苦涩的咸水,在人迹罕至的洞窟中默默无闻地工作着。我们很敬佩他为敦煌艺术而甘愿奉献一生的敬业精神,由此我们更钦佩那些先期来到敦煌,为保护敦煌的艺术珍品而奔走呼号、披荆斩棘为开创敦煌学而艰苦奋斗的前辈们。3个月当中,我们和玉权教授朝夕相处,经常在一起切磋学术,赏奇析疑,谈古论今,感情甚笃,友谊日增。我在敦煌学方面的一些知识的积累,常得益于玉权教授。

那一次,考察进行得很顺利,也很有成效。在莫高窟和榆林窟两窟群的38个洞窟内发现西夏文题记100余处,其中有纪年的10条,有绝对年代可考者5个。汉文题记中有西夏纪年者8条。根据洞窟中有年款的西夏文和汉文题记,各有关洞窟的壁画内容和艺术特点,结合历史文献中西夏在敦煌一带的活动记载,初步确定莫高窟的西夏洞窟有77座、榆林窟有11座,同时还对这些洞窟做了更细致的时代分期。这一结果使敦煌的洞窟分期有了很大改观,科学地体现了莫高窟洞窟的时代布局,为敦煌学研究做出了贡献。由于莫高窟和榆林窟大批西夏洞窟的认定,大大丰富了西夏宗教和艺术的资料,给西夏研究以极大的推动。莫高窟和榆林窟从此成了西夏学专家们必须要考察和学习的圣地。这一工作还开创了敦煌文物研究所与其他科研部门合作研究、共同攻关的先例。以前敦煌文物研究所主要以洞窟保护和壁画临摹为主,后来逐步向考古、历史研究相结合的综合性研究方向发展。这次西夏洞窟资料的考察和研究,是国内敦煌学研究向综合性研究发展的一次成功的尝试。在这一过程中,玉权教授发挥了熟悉美术的特长和善于钻研的精神,做出了重要贡献。

随着科学的春天的到来,敦煌学和西夏学都进入了新的发展时期。王静如先生于1980年发表了《敦煌莫高窟和安西榆林窟中的西夏壁画》一文,开始了对敦煌西夏洞窟研究成果的刊布。此后,我们便不断在一些重要刊物和论文集中见到玉权教授的重要论文。其中,我最关注的是关于西夏洞窟分期和西夏洞窟艺术特点的论文,如《敦煌莫高窟、安西榆林窟西夏洞窟分期》《西夏时期的瓜沙二州》《西夏时期的莫高窟艺术》《略论西夏壁画艺术》《再论西夏据瓜沙的时间及其相关的问题》等。此外,有关西夏版画和壁画的专题研究的论文也使我很感兴趣,如《本所藏图解本西夏〈观音经〉版画初探》《榆林窟第三窟〈千手经〉研究》等。以上有些论文的内容早先与玉权教授交谈中听过他的阐述,后来论文中内容更加丰富、资料更加翔实、论述更加系统。因此,我又抱着学习的态度,认真研读玉权教授的论文,有的文章阅读了多遍。这期间白滨教授和我也相继发表了一些考释莫高窟、榆林窟西夏文题记和介绍敦煌西夏资料的文章。

20世纪80年代初,我和同事白滨、宁夏博物馆的吴峰云同志共同编撰《西夏文物》一书时,就选收了莫高窟、榆林窟西夏洞窟的资料图片50多幅。当时文物出版社希望我们撰写几篇质量较高的学术论文置于书首。我们拟定撰写有关西夏建筑、艺术、器物、文献四篇论文。关于西夏艺术论文的撰写,大家共同认为非玉权教授莫属。当我写信请玉权教授赐文后,他在百忙中按时寄来了文稿,这就是那篇在《西夏文物》中发表的力作《略论西夏壁画艺术》。这篇论文分析了西夏壁画在题材和布局方面的特点,从构图、造型、线描、敷彩几个侧面探讨了西夏壁画的风格,还论述了西夏壁画在中国美术史和西夏历史研究中的地位。这是对西夏壁画第一次全面、深入的探讨,为《西夏文物》一书增色不少。

玉权教授的论著涉及范围很广,就石窟寺艺术而言,从早期的隋朝至晚期的元代,都有所涉猎;从论述内容而论,包括艺术、考古、历史、文献和民族。在历史上，敦煌是多民族活动的地区，很多西北地区的少数民族在这里留下了足迹，创造了珍贵的艺术作品。玉权教授对西夏和回鹘的洞窟分期和艺术特点刻意探求，功力很深，同时他还对回鹘和西夏在瓜沙地区的活动深入研究，成绩卓著。据我所知，同行们都把玉权教授的论文视为这一领域的权威论述。玉权教授的论文给我最深的印象是其论点建立在大量扎实的资料基础之上，而这些资料都是经过悉心搜集、科学整理、精心比较和认真分析的。对于艺术我是外行。但观不同时代的艺术作品，有的差别明显，有的又有继承关系，其差别则在几微之间，很难区分。玉权教授对不同时代艺术品的观察十分精细，大到洞窟的布局、内容的演化，小到人物眉眼、口鼻、须发的变化，衣服、冠带、饰物线条的勾勒，色彩的晕染，都能做到细致入微。因此，利用资料进行分析研究时，能够得心应手，抓住特点，得出恰当的结论。他有时还兼采用统计学的方法，对资料的分析和处理以及时代的论证更加可信。玉权教授的论著使我受益良多。在我研究西夏文化和西夏佛教问题时，玉权教授和万庚育先生的文章是我必定要拜读和引用的。

光阴荏苒，一晃30多年过去了。我的导师王静如先生和常书鸿先生先后病故，使西夏学界和敦煌学界受到重大损失。我们这些当时的年轻人，都早已过了知天命之年。这期间，我和玉权教授有几次见面的机会，也不时有书简往来。我感到玉权教授的工作范围更加宽阔，学术功底愈加深厚。从他身上我看到了敦煌研究院专家队伍的成长和发展，看到了敦煌学现在的成就和未来的前景。

听说玉权教授有关敦煌学\西夏学研究文集即将汇集出版，我感到非常高兴。论文集中收入了玉权教授已经发表过的重要论文，这就方便了从事敦煌学和西夏学人的检阅；其中又收入了玉权教授的一些新作，这是他对敦煌学和西夏学的新贡献，同时又给了大家一次学习和交流的机会。玉权教授嘱我作序，自知不能胜任，又难辞斯命，谨为上述，聊充序文。

史金波

1996年5月写于北京

（1995年初，玉权教授来信称，敦煌研究院将出版一些专家的论文集，他亦在其中，嘱我为序。此序写成后，我即寄交玉权教授。后来玉权教授因目疾等原因，论文集未能及时出版。今刊布20年前写就的序言，或许有助于读者了解当年莫高窟、榆林窟西夏洞窟考察、研究等工作情况。刘玉权教授论文集也纳入《西夏学文库》出版。）

目 录

敦煌莫高窟和安西榆林窟西夏洞窟分期 …………………………001
敦煌西夏洞窟分期再议 ……………………………………………027
瓜、沙西夏石窟概论 ………………………………………………033
略论西夏壁画艺术 …………………………………………………049
榆林窟第29窟水月观音图部分内容新析 …………………………060
西夏对敦煌艺术的特殊贡献 ………………………………………066
敦煌西夏石窟研究琐言 ……………………………………………071
民族艺术的奇葩 ……………………………………………………078
榆林窟第29窟考察与研究 …………………………………………101
榆林窟第3窟《千手经变》研究 ……………………………………134
本所藏图解本西夏文《观音经》版画初探 …………………………142
西夏时期的瓜、沙二州 ……………………………………………152
再论西夏据瓜、沙的时间及其相关问题 …………………………165
略论沙州回鹘与西夏 ………………………………………………180
后　记 ………………………………………………………………191

敦煌莫高窟和安西榆林窟西夏洞窟分期

北宋仁宗景祐三年（1036年），西夏占领瓜、沙二州，至南宋理宗宝庆三年（1227年）被蒙古军所灭，其间西夏统治瓜、沙近两个世纪。据历史文献记载，西夏统治者一直是崇奉佛教的[①]，而在其统治区内的敦煌莫高窟、安西榆林窟，继续兴建洞窟，大量绘制壁画。

1964年，敦煌文物研究所与中国社会科学院民族研究所合作，对敦煌莫高窟和安西榆林窟西夏洞窟进行了一次专门调查。在调查过程中，发现原定宋代洞窟中，有一批洞窟在题材布局、艺术造型、壁画风格等方面，与石窟群中那些明确的宋代曹家晚期洞窟有所区别[②]。我们认为，这批洞窟应该是在西夏统治瓜、沙时期内完成的。

我们以莫高窟的天王堂和第431窟（前室）和榆林窟第6、35窟，这些明确的宋代曹家晚期窟作为西夏洞窟的上限，再以莫高窟第3、465窟和榆林窟第4、10窟这些公认的元代洞窟作为西夏洞窟的下限，同时又以有西夏文题记的莫高窟第65窟和有西夏武官供养人像及题名的榆林窟第29窟作为衡量西夏洞窟的标尺，在莫高窟估定了77个、在榆林窟估定了11个西夏时期开凿的和妆銮过的洞窟[③]。

这些西夏洞窟的划分，同西夏统治瓜、沙将近二百年的历史是基本吻合的。

[①] 文献有关西夏统治者从事和宣扬佛教活动的记载很多。如《西夏纪》卷一一云：宋庆历七年，西夏天授礼法延祚十年（1047年），"元昊更以四孟朔为圣节，令官民礼佛，为己祈福。至是，于兴庆府东一十五里，役民夫建高台寺及诸浮图。俱高数十丈，贮中国所赐大藏经。广延回鹘僧居之，演绎经文，易为蕃字"。卷一二又云：宋至和二年，西夏福圣承道三年（1055年），"没藏氏好佛。因中国赐大藏经，役兵民数万，相兴庆府西偏起大寺，贮经其中，赐额承天。延回鹘僧登座演说，没藏氏与谅祚时临听焉"。

[②] 曹家统治瓜沙从五代后唐同光年间（923—925年）曹议金受封瓜沙等十一州归义军节度使起，经曹元德至曹延禄，共三代（参见罗振玉《雪堂丛刊·瓜沙曹氏年表》）。这期间，曹家在莫高窟、榆林窟兴建的洞窟，称曹家窟。曹家晚期窟，是指曹家第三代（曹延禄这一代）以后兴建的洞窟。

[③] 西夏统治瓜、沙时期，除莫高窟少数洞窟、榆林窟约半数洞窟是西夏新开凿外，大部分是西夏利用北魏、隋、唐、五代、宋等前代洞窟，抹壁重绘。因此，在莫高窟、榆林窟估定的几十个西夏洞窟，并不全指开凿时代，而绝大多数是指表层壁画的重修时代。此外尚有一部分经西夏局部零星修改过的洞窟，本文均未计在内。

这项工作的初步完成，为研究西夏的历史、政治、经济，尤其是宗教和文化艺术，提供了大量珍贵的形象资料。

一、莫高窟西夏洞窟的分期

（一）类型分析

在莫高窟估定的西夏洞窟中，我们选择了主要壁画题材、佛菩萨面部造型、主要装饰图案作为类型分析对象和分期的主要依据。

1. 主要壁画题材的分类

西夏洞窟的壁画布局，东壁被窟口占去主要位置，而西壁又为前代开龛造像所用，所以主要布置在南北壁。据统计，其主要壁画题材有20多种，但一般采用的并不多，归纳起来主要有12类：供养（或听法）菩萨、供养菩萨行列、千佛、西方净土变、双西方净土变（一壁同绘两铺）、西方净土与药师变、西方净土与说法图、千佛与说法图、如意轮与不空羂索观音、说法图、药师佛、十六罗汉。现将各窟主要题材列表如下（表1）。

表1

窟号	供养菩萨	供养菩萨行列	千佛	西方净土变	双西方净土变	西方净土与药师变	西方净土与说法图	千佛与说法图	如意轮与不空羂索观音	说法图	药师佛	十六罗汉
368							√				√	
356								√				
408										√		
65							√					
352	√											
327			√									
281	√											
142				√								
355									√			
354				√								
460						√						
70						√						
30				√								
27									√	√		
353	√											
420		√								√		

续表

窟号	供养菩萨	供养菩萨行列	千佛	西方净土变	双西方净土变	西方净土与药师变	西方净土与说法图	千佛与说法图	如意轮与不空羂索观音	说法图	药师佛	十六罗汉
35			√									
29			√									
38										√		
265			√									
34					√							
6		√										
88				√								
87				√								
16			√									
350										√		
263			√									
291										√		
84				√								
83				√								
81					√							
78					√							
224				√								
450	√											
234							√					
376				√								
378				√								
348										√		
382	√											
169			√									
347			√									
165					√							
130	√											
223		√										
345			√									
365				√								
366		√										
151										√		
233			√									
351			√	√								

续表

窟号	供养菩萨	供养菩萨行列	千佛	西方净土变	双西方净土变	西方净土与药师变	西方净土与说法图	千佛与说法图	如意轮与不空罥索观音	说法图	药师佛	十六罗汉
326										√		
328										√		
344			√									
252										√	√	
432			√									
400						√						
367							√					
237（前室甬道）				√								
164							√					
140										√	√	
307							√				√	
308										√		
306										√		
363			√							√	√	
399										√	√	
418					√							
409			√							√		
244（前室甬道）	√											
207										√	√	
310										√	√	
330										√		
309										√	√	
245										√	√	
97												√
206										√		
4号塔婆										√		
491（残）	1964年莫高窟加固工程期间，在窟前遗址发掘中发现，壁画残毁											

根据这12类题材在西夏洞窟中采用种类的不同、每类所占百分比悬殊的情况以及同类题材在不同的洞窟中表现形式的演变情况，可将77个西夏洞窟分为三组（表2）。

表2

窟号	供养菩萨	供养菩萨行列	千佛	西方净土变	双西方净土变	西方净土与药师变	西方净土与说法图	千佛与说法图	如意轮与不空羂索观音	说法图	药师佛	十六罗汉
第一组 368—367	√	√	√	√	√	√	√	√	√	√	√	
第二组 237—244			√	√		√	√			√	√	
第三组 207—491	√									√	√	√

第一组：在全部(12类)题材中占11类，其中以千佛、西方净土变、说法图、供养菩萨行列、西方净土与说法图以及药师佛等六类题材较为流行。

千佛，采用的洞窟占该组洞窟的23%。千佛布满窟的四壁，一般均以石绿涂地。

西方净土变，采用洞窟占该组洞窟的21%，表现形式比唐、宋时期的简单粗糙，有的简单到几乎难以同说法图相区别。

说法图，采用的洞窟占该组洞窟的19%。有简繁之分，简者仅一佛二菩萨或另有二弟子；繁者有三佛说法，各有胁侍弟子、菩萨和听法(或供养)菩萨多身。

供养菩萨行列，采用的洞窟占该组洞窟的11%。有的布置在东、南、北三壁下段，有的布置在窟室四壁，更多的则布置在甬道两侧壁。它们大多朝着西龛主尊方向，或双手合十，或手捧鲜花，或手持香炉排列成行，作供佛之状。

西方净土变与说法图，即一壁绘西方净土、说法图各一幅。采用的洞窟占该组洞窟的11%。

药师佛，采用的洞窟占该组洞窟的5%。多布置在西龛帐门外两侧，均半侧面向龛内主尊，一手执药钵，一手持锡杖。也有布置于甬道两侧或东壁窟口两侧壁的。多数为单身，少数有胁侍菩萨和弟子。

上述题材基本沿袭北朝、隋、唐、宋，没有出现新的题材。较明显的特点：一是药师佛比较流行且多表现为单身画像，二是表现形式比唐、宋简化粗糙。

第二组：在12种主要题材中只有千佛、西方净土变、西方净土与药师变、西方净土与说法图、说法图、药师佛六种。其中以药师佛和说法图最为流行，但值得一提的是，在第二组个别洞窟中(如第307与303窟)出现一种新题材——行脚僧。

药师佛,采用洞窟占比最多。

说法图,采用的洞窟次之。

西方净土变,采用情况接近第一组。而西方净土与说法图比第一组有较大增长。西方净土与药师佛比第一组亦有所增长,而千佛采用甚少。

该组上述题材表现形式比第一组更趋简单化和粗糙。

第三组:在12类题材中仅有说法图、药师佛、供养菩萨、十六罗汉四类。其中流行的是说法图和药师佛。十六罗汉是新出现的题材,仅见于第97窟。

说法图,采用洞窟占比最多。与前两组不同的是有的图中出现护法天神和药叉像。

药师佛,采用的洞窟次之。一般是单身,绘于西龛帐门两侧。

十六罗汉,布置在第97窟东、南、北三壁,东壁四身,南壁六身,北壁六身。均用花边隔成方格,每格画一罗汉、一供养者。

该组题材种类比前两组进一步减少,表现方法更趋简单化。

2.佛菩萨面部造型的分类

根据佛和菩萨面部造型的主要特征及演变所呈现的阶段性,分为三组(表3)。

表3

项目	佛	菩萨
第一组	 	
第二组		 
第三组	 	  

为了叙述方便,将佛分为五式,菩萨分为六式。现将各组各式特征简述于下:

第一组

1式:佛和菩萨面部造型大体与宋代相似。面型宽而短,即比较方圆而丰满,正面像的佛更为明显(表3,1)。佛、菩萨眼睛在面部的位置基本是平的,眼短小,外形像小鱼,眼上下一般都画眼眶,以表现眼球体的上下转折;正面佛像一般只画鼻翼不画鼻梁,正面菩萨像有的既画鼻翼也画鼻梁。佛、菩萨的嘴一般均小于鼻翼的宽度,或与鼻翼宽度相等,胡须一般并不画出,看上去是年轻形象。

2式:大体特征同1式,但面部略变条长(尤以侧面菩萨为显),眼睛的形状从小鱼演变成弓背(表3,2)。这是向第二组3式演变的一种过渡形式。

在第一组,绝大多数流行1式,少数洞窟流行2式。

第二组

3式:除还保留一定的旧式因素之外,又有新的变化。一是眼睛变得较前式细长,且多出现弓背和柳叶状;二是正面像的佛、菩萨一般均画出鼻梁;三是佛、菩萨多画有胡须,显得比第一组的菩萨年纪大些(表3,3)。

第三组

4式:比较明显的特点,一是佛、菩萨外眼角向上挑起,而且一般只画上眼眶,不画下眼眶;二是侧面佛、菩萨腮部肥大,整个面部上小下大,且显得更为条长;三是侧面佛、菩萨鼻子比以前修长且高直;四是个别佛、菩萨面部上大下小,下颌瘦窄,佛肉髻高而尖,整个形象接近元代造型(表3,4—6)。

3. 主要装饰图案的分类

装饰图案在西夏石窟内所占面积相当大,可分两部分:一部分大面积地集中布置在窟顶、龛顶、甬道顶及前室顶,另一部分是分散地用在各种壁画题材之间和各壁之间。

按其作用及分布的不同,可分为藻井心(以下简称井心)、平棋、团花、边饰、帷幔五类。而边饰按组织结构的不同又分为团花纹边饰、几何纹边饰和连续波状纹边饰三类。同一类按纹样和细部变化的不同,分为许多型、式(表4—表6)。

表4

类型	藻井心				平棋			
	龙纹	凤纹	交杵纹	团花纹	I			II
式					1	2	3	
第一组 367—368	 ●	 ●	 ●	 ●	 ●	 ●	 ●	 ●
第二组 237—244	 ●		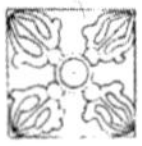 ●				 ●	●
第三组 207—491	 ●		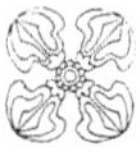 ●	 ●				

表5

类型	团花								
	I			II			III	IV	V
式	1	2	3	1	2	3			
第一组 367—368	 ●	 ●		 ●			 ●		
第二组 237—244		 ●		 ●	 ●			 ●	●
第三组 207—491				 ●	 ●	 ●	●	 ●	 ●

表6

类	团花纹边饰							
型	I			II		III		IV
式	1	2	3	1	2			
第一组 367—368	图			图	图	图	图	图
第二组 237—244	图					图	图	
第三组 207—491	图	图	图				图	图

类	几何纹边饰							
型	I		II			III	IV	V
式	1	2	1	2	3			
第一组 367—368	图	图	图	图	图	图	图	
第二组 237—244		图	图	图	图	图	图	
第三组 207—491	图	图	图		图	图	图	图

类	连续波状纹边饰						
型	I						
式	1	2	3	4	5	6	7
第一组 367—368	图						
第二组 237—244	图	图	图	图	图	图	图
第三组 207—491	图		图	图			

续表

类	连续波状纹边饰							
型	II					III		
式	1	2	3	4	5	1	2	3
第一组 367—368								
第二组 237—244	〰							
第三组 207—491		〰	〰	〰	〰	〰	〰	〰

表7

类	帷幔			
型				
式	1	2	3	4
	图			
	图	图	图	
	图		图	图

根据各种装饰图案在西夏洞窟中采用情况和演变的不同,可将全部西夏洞窟分为三组(表4)。各类、型、式主要特征及分组变化简述如下:

(1)藻井心

第一组:纹样较丰富,主要有龙纹、凤纹、交杵纹、团花纹四种。最流行的是龙纹,次为交杵纹。

龙纹,特点是龙身细长,嘴尖细,显得较灵活。突出的一个特征是流行用浮塑贴金方法来表现。据统计，17个用龙纹作藻井心的洞窟中，有16个洞窟采用此法。

凤纹，仅见于第366、367两窟，如将第16窟四龙蟠凤（四角各一龙，中心一凤）计算在内，不过3个窟，均用浮塑贴金法表现。凤两翅自然而有力地展开，做飞翔状，尾特长，连同整个身躯蟠卷成圆形。第16窟藻井心，凤周围的四条龙朝着顺时针方向，互相追逐，构成旋转飞腾的生动气氛。

图1　龙凤纹藻井部分　晚唐
第16窟　摄录部摄

交杵纹，有浮塑贴金与绘画两种。用二或四支金刚杵垂直相交。交杵形状大同小异，按细部变化，可分为三种形式：一是交杵两侧的叉形状，像忍冬叶；二是像镰刀；三是杵锋为三角状的头（见表4藻井心类的交杵纹）。

团花纹，一般用莲花、牡丹、三角等纹样组成。

第二组：纹样比第一组减少，只有龙纹和交杵纹两种，其中龙纹仍很流行。

龙纹，造型接近于第一组，但躯干比第一组略粗短。除个别洞窟用浮塑贴金法表现外，大多数均用绘画形式表现，画风比第一组粗糙。

交杵纹，与第一组雷同，但表现方法粗糙。

第三组：纹样仍较贫乏，沿用龙纹、团花纹和交杵纹三种旧式。

龙纹，其特点是躯干进一步变得短而粗，多描出甲片（有尖甲，也有圆甲），嘴比前两组变得宽而短，形象凶猛可畏。表现方法比第一组粗糙，但比第二组略为工细，全用绘画形式而不再用浮塑贴金。

团花纹，除个别洞窟（第206窟）的莲瓣头比第一组尖以外，其余大体接近。

交杵纹，在第三组洞窟中除4号塔婆沿用以外，其余诸窟均不再出现。纹样组织及表现形式与第一组相同。

(2) 平棋

第一组：

Ⅰ型，主要用莲瓣组成，一般为八瓣，也有六瓣的。其中2式莲瓣尖翻卷，系一特殊形式。

Ⅱ型，主要用牡丹花瓣叠套组成，一般为六瓣，也有八瓣、五瓣不等。

第二组：除Ⅰ型3式有少量出现外，其余各型各式不再出现。

第三组：上述各类、式平棋图案均不采用。

(3)团花

第一组：

Ⅰ型，在第一组只有1、2式。主要用莲瓣组成，一般为八瓣。1、2式的纹样和组织形式与平棋心Ⅰ型3式平棋基本相同。

Ⅱ型，主要用牡丹花瓣叠套组成，其组织形式与平棋Ⅱ型的平棋心基本相似。在第一组只有1式。

Ⅲ型，与Ⅱ型2式雷同，只是外周牡丹花瓣内紧接着加了一周形似云头样的勾心花瓣。

第二组：

Ⅰ型，1式不再出现，2式沿用下来。

Ⅱ型，1式沿用，又出现2式。

Ⅲ型，沿用。

又出现Ⅳ型，特点是用四个牡丹花瓣构成方形团花，而不成正圆形。

第三组：

Ⅰ型，1、2式不再沿用，出现3式，纹样和组织结构与2式相似，仅莲瓣头较尖。

Ⅱ型，1、2式沿用，出现3式，除团花心不同外，其余均与1、2式相似。

Ⅲ型，不再出现。Ⅳ型沿用，又出现Ⅴ型，是一种云头火焰编织纹，与其余团花不同处是每个单位纹样上下左右结构紧密，互相联系。

(4)边饰

①团花纹边饰

各型、式共同处是不管用什么花纹作边饰，均以团花形式为其组织结构，或一整二破或二破，纹样犬牙交错。

第一组：

Ⅰ型，在第一组仅出现1式。取二破组织形式。

Ⅱ型，1、2式均有，取一整二破组织形式。

Ⅲ型，仅出现1、2两式，取二破组织形式。

Ⅳ型，变形莲瓣组成，取二破组织形式。

第二组：

Ⅰ型，1式沿用。Ⅱ型，1、2两式不再出现。Ⅲ型，1、2两式沿用。Ⅳ型，不被采用。

第三组：

Ⅰ型，1式沿用，又出现2、3两式。

Ⅱ型,1、2两式均不再出现。

Ⅲ型,1、2两式不被采用,出现3式。

Ⅳ型,继续沿用。

②几何纹边饰

利用直线或曲线等几何形单位为主要纹样,作有规则的排列,多用二方连续的组织形式向左右(横向边饰)或上下(纵向边饰)发展。各型、式在第一、二、三组窟内大多沿用,仅Ⅰ型1式方胜纹只在第一组洞窟采用,Ⅱ型2式一、二两组洞窟采用,Ⅱ型3式第一、三两组洞窟采用,Ⅴ型边饰仅在第三组洞窟少量出现。诸型、式边饰特征和在各组的演变,参见表6的"几何纹边饰",不再赘述。

③连续波状纹边饰

西夏时期此类边饰的组织形式与唐、宋的所谓卷草边饰类似。大多以一条或两条藤蔓作有规律的波状式发展,空处派生各种花叶。各型、式特征及在各组洞窟内的演变情况参见表6"连续波状纹边饰"一类,这里不再赘述。

(5)帷幔

在较完整的窟内,一般布置在(覆斗式)窟顶四坡下端、(盝形)龛顶四坡下端或龛内三壁上端,甬道顶两斜坡上端及前室各壁上端,各式特点及其在各组洞窟的演变情况均见表7"帷幔"一类。

(二)分期

通过上述分析,我们可以看到壁画题材的三组、佛菩萨面部造型的三组与装饰图案的三组,大体上是互相联系的。即第一组的壁画题材与第一组的佛、菩萨面部造型以及第一组的装饰图案,往往在同一洞窟内并存。第二组与第三组的三项内容也是这种情况。这就是说,估定的莫高窟77个西夏洞窟分为三种组合情况,其组合的类序可以作为分期的依据。

第一组洞窟与宋代曹家晚期洞窟(如天王堂和第431窟前室[①]等)相比,有许多相似的因素。譬如第一组洞窟沿用了宋代的西方净土变、说法图、供养菩萨行列等许多题材,蟠龙纹、平棋、团花等许多装饰图案纹样,佛、菩萨面部造型仍是

---

① "天王堂"在莫高窟北段第1窟崖顶偏北,为一单独建造的塔形建筑。塔内东壁(塔坐西向东)门楣上方有造塔功德记一方:"敦煌王曹□□□圣天公主□□□□□□……粤有归义军节度使特□检校太师兼中书令敦煌王曹□□□□……"按曹家"延"字辈计有延恭、延禄、延晟、延瑞四人。视题记的□衔,应是曹延禄。无论弟兄四人为谁,均属曹家第三代。因此,天王堂为宋代曹家晚期所建造是无疑的。第431窟前室和窟檐,是宋太平兴国五年,曹延禄为归义军节度使时,由紫亭县令阎员清修建。窟檐前梁上有题记:"维□宋太平兴国五年(980年)岁次□辰二月甲辰朔二乙丑敕归义军节度瓜沙等州观察处置管内营田押蕃落等使□□检校太傅同中书门下平章事谯郡开国公食邑一阡伍佰户食实封七伯户曹延禄之世创建此窟檐纪。"又后梁题记:"□主节度内亲从知紫亭县令兼衙前都押衙银青光禄大夫检校刑部尚书兼御史大夫上柱国阎员清。"

那种宽而短的比较方圆的作风。然而,又有一定的区别。譬如第一组洞窟屡见不鲜的大身供养菩萨行列、窟内四壁绘绿地千佛以及大面积的平棋、团花图案等,在宋代曹家晚期窟中是少见的。第一组少数洞窟中出现的西夏装供养人像,在宋代洞窟中更是不可能出现的。第一组洞窟既接近宋代曹家晚期窟,又晚于宋代曹家晚期窟,那么应属于西夏第一期。

第三组洞窟与明确的元代洞窟(如第3、465[①]等窟)相比,有很明显的差别。譬如西夏第三组洞窟除第4号塔婆出现少量的密宗造型的尊像外,几乎还没有密宗曼荼罗壁画题材和窟中央设坛的密宗洞窟布局以及相应的密宗艺术造型的特有作风。同时,西夏第三组洞窟与元代洞窟又有某些相像之处,譬如元代沿用了西夏第三组洞窟的罗汉等题材,西夏第三组佛、菩萨,面部条长、腮部突出的造型作风,给元代一定的影响,使元代佛、菩萨的面部造型保留着西夏的遗风。因此,西夏第三组洞窟比元代洞窟显然要早,比西夏第一、二两组洞窟要晚,应属于西夏第三期。

第二组洞窟比第一组洞窟晚,而又比第三组洞窟早,处于西夏第一期到第三期的过渡阶段,即西夏第二期。

因此,莫高窟77个西夏洞窟按其组合的类序,合并为三期:

第一期:368、356、408、65、352、327、281、142、355、354、460、70、30、27、353、420、35、29、38、265、34、6、88、87、16、350、263、291、84、83、81、78、224、450、234、376、378、348、382、169、347、165、130、223、345、365、366、151、233、351、326、328、344、252、432、400、367。

第二期:237(前室、甬道)、164、140、307、308、306、363、399、418、409、244(前室、甬道)。

第三期:207、310、330、309、245、97、206、4号塔婆、491(新发现西夏小龛)。

二、榆林窟西夏洞窟的分期

类型分析的对象和借以分期的主要依据与莫高窟基本相同,但由于榆林窟

---

① 莫高窟第3窟的壁画技法、人物衣冠服饰及艺术风格诸方面,均与有明确纪年的山西永乐宫元代道观壁画相类似。且第3窟西龛外北侧观音画像左下方有"甘州史小玉笔"的题记。史小玉的题记,另见于莫高窟第444窟(盛唐建窟,宋修前室窟檐)。计有两则:其一,"至正十七年正月六日来此记耳。史小玉到此"。其二,"至正十七年正月十四日甘州桥楼上史小玉烧香到此"。说明第3窟,甘州史小玉是参与作画的。因此,第3窟应与至正十七年(1357年)开凿的第465窟在形制、壁画题材、人物造型及艺术作风方面均属典型的元代密宗洞窟。前室游人题名有:"……□塔寺僧人……逵吉祥秦州僧……吉祥山丹……到于元统三年……□□日到此秘密寺记耳。"推其开凿的年代,应在元统三年(1335年)之前,早不过元初。

部分西夏重新妆銮的洞窟除重绘壁画外,还增饰了窟内佛坛,因此,"主要壁画题材"一项增加了洞窟布局。

(一)类型分析

1.主要壁画题材及洞窟布局的分类

据统计,题材共有20类,主要题材13类:文殊普贤变、供养菩萨行列、西方净土变、说法图、弥勒变、弥勒三尊、药师佛、观音变、罗汉、儒童本生、金刚手、释迦降魔塔、曼荼罗五方佛。现将各窟主要题材列表于下(表8)。

表8

窟号	文殊普贤变	供养菩萨行列	西方净土变	说法图	弥勒变	弥勒三尊	药师佛	观音变	罗汉	儒童本生	金刚手	释迦降魔塔	曼荼罗五方佛
21(后室)	√	√											
22	√	√	√										
26	√	√	√	√									
13	√		√										
17		√	√	√	√								
14	√	√											
15	√												
21(前室)						√		√					
39		√		√	√	√	√	√					
29	√		√	√				√			√		
2				√				√					
3	√			√				√				√	√

由表8可见21(后室)—15窟这批洞窟采用题材种类大体有其共同点,且同类题材在这批洞窟表现形式是一致的。21(前室、甬道)、39两窟虽也用上述洞窟某些同类题材,但表现形式发生了变化,且又出现了上述洞窟不曾有的新题材。29—3窟这批洞窟虽也沿用前两批洞窟的部分旧题材,但表现形式又有变化,且又出现了新题材。根据这13类题材在西夏11个洞窟中采用种类的不同和同一类题材在这批洞窟与另一批洞窟中表现形式的不同,可将西夏11个洞窟分为三组(表9)。

表9

窟号	文殊普贤变	供养菩萨行列	西方净土变	说法图	弥勒变	弥勒三尊	药师变	观音变	罗汉	儒童本生	金刚手	释迦降魔塔	曼荼罗五方佛
第一组（21后—15）	√	√	√	√	√								
第二组（21前—39）		√		√	√	√	√	√	√	√			
第三组（29—3）	√		√					√			√	√	√

第一组：全部题材中只占五类。较流行的是文殊普贤变和供养菩萨行列，次为西方净土变和说法图。

文殊普贤变，除个别洞窟（第26窟）布置在前室外，均布置于后室西壁门道两侧壁，文殊普贤均分别正面坐于狮、象背的莲台上，两侧或二或四胁侍菩萨。

供养菩萨行列，布置在后室南、北或东壁门道两侧以及前室南、西、北壁。大多手持鲜花，或手捧花盘，或双手合十，或手执香炉向主尊做供养状，神态活泼自然，婀娜多姿。

西方净土变，一般布置在后室南、北壁，一佛二胁侍菩萨、二或四弟子，有简单的莲池栏杆，有的还有化生童子或二身飞天。个别画面上还有八部护法、四方诸佛由天而降。整个画面表现简单，与说法图相差不多。

说法图，主要布置在后室南、北壁。画面组织布局大体类似西方净土变，一般是一佛、二菩萨、二或四弟子以及若干听法菩萨。

弥勒变，第一组仅见于第17窟，后室西壁门道两侧各一铺。除主尊作倚坐式之外，其余与说法图很类似。

第二组：在全部题材中占八类，其中供养菩萨行列、说法图、弥勒变沿用第一组旧题材，但表现形式稍有变化，出现了弥勒三尊、药师变、观音变、罗汉和儒童本生等新题材。

弥勒三尊，仅见于第39窟，布置于后室南、北壁东段。三尊弥勒并坐，中间一身正坐，两边各一身侧坐于莲台方座上，着双领下垂式田相袈裟。

药师变，第二组两个窟均有，第21窟（前室）布置在甬道南壁，第39窟布置在前室西壁及后室甬道两侧。第21窟前室药师变，中央正面坐佛，左手胸前捧药钵，右手执锡杖。两侧各一水月观音，两侧中部各一地藏，两侧下端各一胁侍菩萨。这种形式较特殊。第39窟药师变，一主尊、二弟子、一菩萨、一天王。

观音变，仅见第39窟，布置在后室甬道两侧，系千手观音。正中观音立像，两侧上端各一菩萨，下端一侧婆薮仙，一侧辩才天，华盖两侧各一飞天。

罗汉，仅见第39窟，布置在后室南、北壁西段和西壁（已毁）。一身一身单独造像，但不像莫高窟第97窟那样各身之间用方格隔起来。有倚坐式、结跏趺说法坐式及禅定坐式，罗汉周围都有花树山峦等，可能是表现他们深山坐禅修行的情形。

儒童本生，也仅见于第39窟，后室东壁、门道两侧各一铺。中立主尊，两侧各一立菩萨，其一双手抱满盛鲜花的花盆，另一则正将鲜花撒向跪在佛脚下长发铺地、发被佛脚践踏的儒童身上。菩萨后排还有手执麈尾的天王一身。在佛的另一侧菩萨头顶有一法轮，中央亦有一人做跪爬状。

这一组的题材表现形式和技巧方面，相当简单粗糙。

第三组：采用题材有八类，除文殊普贤变、西方净土变、说法图和观音变沿用旧有题材之外，又出现金刚手、释迦降魔塔及曼荼罗五方佛三种属密宗的新题材。

除以上各类题材以外，在第二、三组一些洞窟中还有不占重要位置的千佛，而第三组洞窟的千佛系密宗曼荼罗式。

2. 佛、菩萨面部造型的分类

根据它们在造型上的主要特点和发展演变的阶段性，可以洞窟为单位，分为三组（表10）。

表10

项目	佛	菩萨
第一组		
第二组		
第三组		

为叙述方便，亦将佛分为五式，菩萨分为四式。各组各式特征如下：

在第一组洞窟内流行1式。

1式,不论佛还是菩萨,面部造型大体与宋代相似。面部趋于宽而短,即比较方圆而丰满。眼睛在面部的位置基本在平线上,其形状与莫高窟相同,也有小鱼式和弓背式两种,但以弓背式为多。正面佛多不画鼻梁,只画鼻翼;正面菩萨有的既画鼻梁,又画鼻翼,有的只画鼻翼,不画鼻梁。一般不画胡须,看上去是年轻形象(表10,1)。

在第二组洞窟内流行2式。

2式,比1式显著的特征是眼睛细长,且略向上挑,形状除弓背外,还出现柳叶形,正面佛既画鼻梁,又画鼻翼,有胡须,显得年龄大些。侧面的菩萨面部比较条长,腮较突出(表10,2)。

在第三组洞窟内流行3、4、5三式。

3式,显著的特点是眼睛(外眼角)向上挑起更趋明显,视线向下。佛、菩萨出现旋涡式胡须。侧面菩萨面部窄长(表10,3)

4式,佛造型与3式基本类似,但显得比3式更为丰圆,不画眼眶、胡须(表10,4)。

5式,新出现的一种密宗造像,佛像面部上大下小,下颌尖,眉稍向上翘起,肉髻高而尖。侧面菩萨面部窄长,腮部更向外突出(表10,5)。

3.装饰图案的分类

榆林窟西夏洞窟的装饰图案除末期出现一些新纹样、新形式外,基本与莫高窟雷同。按分布及作用的不同,分为藻井心、平棋、团花、边饰、帷幔五类。边饰按其组织结构又分为团花纹边饰、几何纹边饰、连续波状纹边饰与其他边饰四类。同一类按纹样的不同,亦分为一些型、式(表11—表13)。

表11

类	藻 井 心					平 棋		团 花	
式	交杵纹	团花纹	龙 纹	真言莲座纹	坛样纹	1	2	1	2
第一组	◎	◎				◎	◎	◎	◎
第二组									
第三组			◎	◎	◎				

表 12

类	团花纹边饰				
式	1	2	3	4	5
第一组	▨	▨	▨	▨	
第二组	▨				
第三组					▨

类	几何纹边饰						
式	1	2	3	4	5	6	7
第一组	▨	▨	▨	▨	▨		
第二组							
第三组		▨			▨	▨	▨

类	几何纹边饰							
式	8	9	10	11	12	13	14	15
第一组								
第二组								
第三组	▨	▨	▨	▨	▨	▨	▨	▨

类	连续波状纹边饰					
式	1	2	3	4	5	6
第一组	▨					
第二组		▨	▨			
第三组				▨	▨	▨

类式	其他边饰							
	1	2	3	4	5	6	7	8
第一组	 〓	 〓	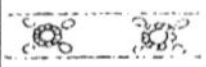 〓					
第二组								
第三组				 〓	 〓	〓	 〓	 〓

表13

类式	帷幔				
	1	2	3	4	5
第一组	 〓	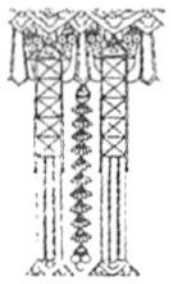 〓			
第二组			 〓		
第三组				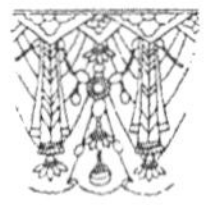 〓	 〓

根据各类装饰图案在西夏11个洞窟中采用情况的不同和演变所呈现的阶段性，亦以洞窟为单位分成三组（表11）。各类、型、式主要特征及分组变化简述如下：

（1）藻井心

第一组：仅第21（后室）、14两窟有藻井心，一是交杵纹，一是团花纹。

交杵纹，两支金刚杵垂直相交，杵锋形似忍冬叶状，这与莫高窟同。

团花纹，以茶花、牡丹、莲花等多种纹样组成的复式团花（表11）。

第二组：无。

第三组：旧式消失，出现龙纹、真言莲座纹和坛样纹三种新式。

龙纹，造型特征是嘴长、尖且钩，躯干较粗壮而短，身上描绘相当精细的鱼鳞甲片，整个身躯蟠卷成圆环形，张牙舞爪。外周绘两圈类似绳纹的纹样，内圈用平行而规则的弧线,并赋以几种不同颜色,组成色带,外圈用平行规则的三角纹,亦用几种不同的色彩排列成色带。内圈反时针方向,外圈顺时针方向,最外圈绘云纹,整个龙纹井心图像,给人以飞腾、旋转的运动感。

真言莲座纹,大半已毁,从现存情况看可能是六字真言莲花座。用六个莲瓣组成圆状团花,每瓣内写一个藏文字,外四角为云纹(图2)。

图2 真言莲座纹藻井 榆林窟第29窟 宋利良摄

坛样纹,坛的外形绘成圆形,里面为四方坛城,最里又为圆形。坛外四角露金刚杵的尖部。

真言莲座纹和坛样纹在榆林窟仅见于第三组洞窟,在莫高窟不见采用。

(2)平棋

第一组:1式,八个莲瓣组成,中心五瓣茶花,莲瓣与中心茶花间用圆圈相隔。2式,亦为八个莲瓣组成,但莲瓣外形像桃,中央五瓣茶花与莲瓣间无圆圈相隔。

第二、三组:消失。

(3)团花

第一组:1式团花纹样与平棋2式基本相同,只是每个单位纹样不用方格相隔。2式团花纹样与平棋2式纹样亦基本相同,小异处有二:一是团花心不大相同,二是外周莲瓣形状不大相同,是莲瓣的一种变形。

第二、三组:消失。

(4)边饰

团花纹边饰、几何纹边饰、连续波状纹边饰、其他边饰及帷幔,各类在各组基本都采用。但各组所采用纹样的内容和表现方法有所不同。

①团花纹边饰

第一组:流行1至4式,所用纹样和表现方法与莫高窟第一组基本相同。

第二组:只沿用1式。

第三组:1—4式概不采用,但出现新的5式。

②几何纹边饰

第一组:流行1、2、3、5诸式,4式极少。

第二组：以上诸式概不再用。

第三组：除沿用第一组2、5两式外,新出现3、6—15各式。其中8、9、14、15诸式莫高窟均不曾出现。

③连续波状纹边饰

第一组：只出现1式。

第二组：不再用旧式,出现新的2、3两式。

第三组：上述三式均消失,出现新的4、5、6诸式。

④其他边饰

第一组：出现少量的1、2、3式。

第二组：上述诸式消失。

第三组：上述诸式概不采用,出现新的4、5、6、7、8诸式。其中尤以4、5、6式较为特殊,纹样和组织形式为莫高窟各组洞窟所不见。

(5)帷幔

第一组：采用1、2两式,与莫高窟第一组基本相同,但2式帷幔中有特别长的幡。

第二组：上述两式已消失,出现3式。

第三组：上述三式均消失,又出现4、5两式。

(二)分期

从以上三个内容的分析中可以看到：第一组的壁画题材同第一组的佛、菩萨面部造型以及第一组的装饰图案,往往在同一个洞窟中并存。第二、三两组情况也一样。这种分类组合的情况与莫高窟相同。同理,可以把这种组合的类序作为分期的依据。

第一组洞窟与宋代曹家晚期洞窟(如第6、35[①]等窟)相比,有许多相似之处,但又有一些差别(情形与莫高窟相同,参见莫高窟西夏洞窟的分期)。因此,第一组洞窟应晚于宋代曹家晚期窟,属于西夏第一期。

第二组洞窟处于第一组同第三组中间的过渡期,它比第一组要晚,又比第三组要早,应属第二期。

第三组洞窟在许多方面与元代洞窟(如第4、10[②]等窟)接近。譬如中央设

[①] 榆林窟第6窟上层甬道供养人题名有"施主……延禄"。第35窟甬道供养人题名有"敕竭诚奉化功臣归义军节度使瓜沙等州观察处置管内营田押蕃落等使特进检校太师兼中书令敦煌王谯郡开国公食邑一千七百户曹延禄一心供养"。这说明两窟都是曹家晚期(即第三代)所造作。

[②] 榆林窟第4窟有着蒙古装的供养人像。第10窟有元代早期盛行的密宗曼荼罗佛、菩萨像及故事画,壁画作风与莫高窟第465窟类似。

坛的这种密宗洞窟布局和曼荼罗题材的采用以及与此相适应的密宗造型艺术作风等,都相类似[①]。但榆林窟西夏第三组洞窟的密宗曼荼罗题材与造型作风,毕竟不及元代洞窟运用得那样普遍和成熟,藏密成分还不及元代洞窟那么浓厚。更重要的是第三组洞窟有西夏装的文武官职供养人像及其题名,而元代洞窟是绝对不会有的。因此,第三组洞窟显然要比元代洞窟早,属于西夏第三期。

由此,可将榆林窟西夏11个洞窟划分成三期:

第一期:21(后室)、22、26、13、17、14、15。

第二期:21(前室、甬道)、39。

第三期:29、2、3。

三、莫高窟、榆林窟的西夏洞窟年代推断

(一)莫高窟、榆林窟的西夏洞窟分期的关系

莫高窟、榆林窟的西夏洞窟均分三期。我们从两者上述三个内容的组合情况与分组中,既看到了它们一致的主要方面,又看到了它们之间的一些差异。从莫高窟、榆林窟的西夏洞窟采用的主要壁画题材的种类、组织布局、表现形式方面,佛、菩萨面部造型特点以及装饰图案的纹样种类和特点等方面来看,两处西夏洞窟第一期基本相同。莫高窟第二期仍沿用旧题材,佛、菩萨像面部造型和装饰图案较清晰,比较接近榆林窟第一期。而莫高窟第三期除了出现榆林窟第二期就已有的罗汉之外,基本上仍沿用旧题材,佛、菩萨像面部造型特点与榆林窟第二期大体相当(表3,3)。榆林窟第三期洞窟中央设坛(第29窟中央设多层塔柱式圆坛)、密宗题材的出现和与此相应的密宗尊像、壁画作风以及藻井心装饰出现真言莲座纹、坛样纹,还有许多新颖的别具一格的边饰纹样(表11—13),等等,都与以前有较大变化,而莫高窟还没有发现这类洞窟。

莫高窟、榆林窟的西夏洞窟分期虽有上述差异,也有犬牙交错的复杂情况,但根据它们在基本方面的一致,可以进行合并,统一分为三大期:

第一期:包括莫高窟的第一期、第二期,榆林窟的第一期。

第二期:包括莫高窟第三期,榆林窟第二期。

第三期:榆林窟第三期。

---

① 敦煌文物研究所:《敦煌艺术画库》,北京:中国古典艺术出版社,1957—1959年。参见1957年出版的《敦煌艺术画库·榆林窟》一书中的图版19、20、21和1958年出版的《敦煌艺术画库·敦煌壁画·西夏、元》一书中的图版第7、20。

(二)莫高窟、榆林窟的西夏洞窟年代推断

目前尚未发现有直接纪年的西夏洞窟,因此要考定出各期的确切年代是相当困难的。但我们可以根据已掌握的与西夏有关的题记,包括西夏时期汉文与西夏文题记,对莫高窟、榆林窟的西夏洞窟的相对年代作如下推断:

属于第一期的莫高窟第65窟西龛帐门外南壁联珠纹边饰一侧,有一则长达60字的西夏文题记(图3)。现将原文和译文录于下:

西夏文 ⑴	西夏文	西夏文	西夏文	西夏文	西夏文	西夏文	西夏文	西夏文	西夏文	西夏文	西夏文	西夏文	西夏文
甲	丑	年	五	月	一	日	福	全	凉	州	中	料	搜
乙	丑	年	五	月	一	日	福	全	凉	州	中		搜料

西夏文	西夏文	西夏文	西夏文	西夏文	西夏文	西夏文	西夏文	西夏文	西夏文	西夏文	西夏文	西夏文	西夏文
	沙	州	地		城	到	我	城	圣	宫	沙	满	福 得
	到		沙	州	地		城	我	城	圣	宫	沙	满 为 得 福

西夏文	西夏文	西夏文	西夏文	西夏文	西夏文	西夏文	西夏文	西夏文	西夏文	西夏文	西夏文	西夏文	西夏文
利		故	二	座	众	宫	沙		弃	我	法	界	情 有 一 切 皆
利		故	弃	二	座	众	宫	沙	我	法	界	有	情 一 切 皆

西夏文	西夏文	西夏文	西夏文	西夏文	西夏文	西夏文	西夏文
共		聚	西	方	净	国	之 深 当
共	聚		当	西	方	净	国 之 深

注⑴ "荡",可能为"㔆"之误。"㔆"为"乙"。另汉译文第一行为对译,第二行为直译,原文为竖写一行。

从题记内容看,属于游人清除洞窟积沙后的功德记,似乎与开凿或重修洞窟无关。然而,值得注意的是最末六个字的表面,覆盖有石绿颜色一笔。这又该如何解释呢?无非有三种可能:一是后人临摹或复制该窟壁画、彩塑时不小心滴落上去的;二是在重修该窟(原修是唐代)过程中,当即将重修完工但还未全部完工时,先书写好此题记,然后画工在继续彩绘洞窟时滴落上去的;三是重修完洞窟若干年之后,游人清除积沙而作功德记,之后若干年再一次局部彩绘洞窟时滴落上去的。那么哪一种可能比较合乎情理呢?据调查,该洞从未有人进行过临摹复制或修复工作。因此后人滴落石绿色的可能性应首先排除。关于第三种可能,从该窟的变迁史和现状看,在游人题记后,不见有再次哪怕局部彩绘洞窟的痕迹。因此,第三种可能也难以成立。剩下第二种可能,我们认为比较符合情理。另外,我们观察到覆盖在题记上的石绿颜色,无论是色质、色度(色的明度),

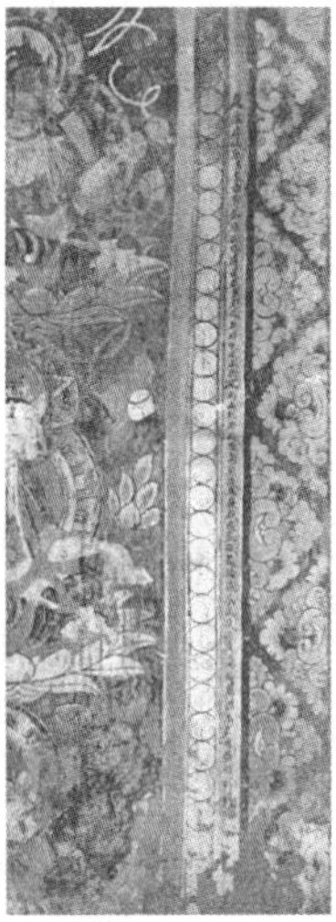

都与它周围特别是上端窟顶团花图案的石绿色相同,而且从石绿色覆盖的走向来看,既不是用笔涂抹上的,也不是由下而上甩上去的,而是从上往下滴落下来的。这就是说,西夏文题记与其重修壁画大体上是同时的。但为什么功德记只提清沙不提重新彩绘洞窟呢?可能因为重修洞窟尚未完成时,由于某种原因暂停了一段时间,在暂停过程中,游人在已重绘完的西壁上作功德记,之后,继续重修时,颜色滴落在功德记上。因此称为"大体同时",而不一定是一次完成的。总之,无论如何,从层位关系来说,功德记一定要早于滴落的颜色,这是没有问题的。

另外,功德记中的"甲丑年",应是"乙丑年"之误,因为没有"甲丑"干支。但是西夏时期共有三个乙丑年:第一个是1085年,第二个是1145年,第三个是1205年。我们认为功德记中的乙丑年应是第一个乙丑年。因为第65窟在第一期的编年中,处于较早阶段,其壁画题材布局、艺术造型及艺术作风诸方面,均与宋代曹家晚期洞窟相似。1085年,上距西夏攻陷瓜、沙二州之年(1036年)仅50年。因此,与第65窟同为第一期的洞窟的相对年代,大约相当于西夏历史的早期,抑或相当于北宋初年曹家晚期到西夏统治瓜、沙二州初期的过渡阶段。

图3 西夏文题记 莫高窟第65窟西龛外南侧 摄录部摄

属于第三期的榆林窟第29窟(坐东向西),西壁有西夏武官供养人像及西夏文题名:

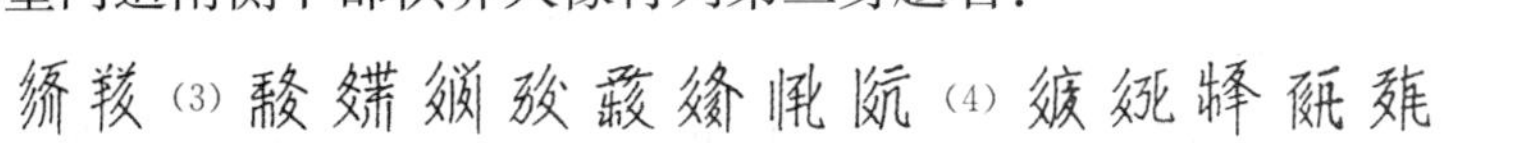

[西夏文] (3) [西夏文] (4) [西夏文]
△弟　子大瓜州监军司[唐]　[盘]…纳[赵][没]…

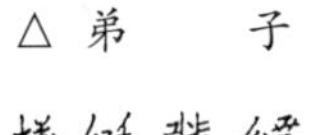

[西夏文]
一心皈依

又西壁门道南侧下部供养人像行列第二身题名:

[西夏文] (3) [西夏文] (4) [西夏文]
△弟　子大瓜州监军司[唐]　[盘]…纳[赵][没]

[西夏文]
一心皈依

说明:(3)疑为䐴,意为"弟"。(4)疑为𪚥,音"唐"。"△"为尚未译出之字。"[ ]"代表音译字。

监军司、统军使，为西夏武官名。《西夏书事》卷一二云："元昊地广兵众，因分左右厢，立十二监军司。"又云："诸军并设有都统军、副统军、监军使一员，以贵戚豪右领其职。"当时十二监军司之一的瓜州西平军就驻在瓜州。题记中的"正统军"史称"都统军"，是对"副统军"而言。

《西夏书事》卷一一云："文职则幞头、靴、笏、紫衣；武职则冠金帖起云镂冠、绯衣、金涂银黑束带、垂蹀躞、穿靴或金帖纸冠间起云银帖纸冠。"榆林窟第29窟文武官供养人的衣冠服饰，与史载是基本吻合的，这些供养人像都是西夏人的面貌特征。

榆林窟第29窟，在石窟群中最深最暗，其洞窟的结构布局和某些壁画题材以及艺术作风，有较为浓厚的所谓早期藏密成分，且附近又多凿禅窟。这种情况与元代人称为"秘密寺"的莫高窟第465窟很类似。榆林窟第19窟（五代曹元忠开），甬道北壁刀刻游人题记："乾祐二十四年□□□日画师甘州住户高崇德小名那征到此画秘密堂记之。""那征"为西夏人名，西夏画师来榆林窟作画。所谓"秘密堂"，很可能即指第29窟，乾祐二十四年（1193年），下距西夏灭亡之年（1227年）不过30余年，因此与第29窟同为第三期的洞窟相对年代，相当于西夏历史的晚期。

第二期洞窟，目前尚未发现有直接、间接开窟或重修洞窟的题记。但是我们可以根据第一、三两期的相对时间范围，推算出第二期洞窟的相对时间，大约相当于西夏历史的中期。

莫高窟、榆林窟西夏洞窟的年代问题，目前由于材料不足和作者水平的限制，只能作上述粗浅的推断，有待今后进一步深入探讨，专文论述。

后记：

本文的提纲是北京大学历史系宿白先生拟就的。在完成初稿的过程中，又曾多次得到宿白先生的指教。另外，文内所引西夏文题记及其汉译文，是中国社会科学院民族研究所提供的，这里一并致以深切的谢意！

（原载于敦煌研究院：《敦煌研究文集》，兰州：甘肃人民出版社，1982年）

敦煌西夏洞窟分期再议

20世纪60年代中期,我们对敦煌石窟群中的莫高、榆林两处石窟的西夏洞窟进行了初步分期。论文发表在敦煌文物研究所编、甘肃人民出版社出版的《敦煌研究文集》之中。回首昔稿,深感有作一次补充、调整与修订的必要。随着国内外西夏文物考古研究工作的迅速发展,有关西夏年代学方面直接或间接的比较研究新资料及西夏石窟新资料(甚至是属于敦煌石窟系统的西夏石窟新资料)被发现并相继刊布问世,今天来进行此项工作,想必是其时矣。然学识无涯,个人能力有限,因此,此稿也未必妥帖、详备,故恳请方家不吝赐正。

一、问题的提出

1964年,我们在进行莫高、榆林窟西夏洞窟分期工作的过程中,有这样一种感觉:被划分在西夏第二期(当时将西夏洞窟划分为三期)的洞窟,绝大部分都具有两个明显特征:其一是同西夏第一期洞窟在壁画题材、布局、人物造型与绘画风格方面有较大的差异;其二是同高昌回鹘洞窟壁画风格颇相类似。当时将这种现象解释为是接受了高昌回鹘佛教艺术的影响所致,是西夏石窟由早期到晚期的过渡阶段出现的一种自然现象。当然,这个时候我们尚未去高昌回鹘艺术宝库——柏孜克里克石窟寺参观考察。而另一高昌回鹘艺术宝藏北庭高昌回鹘佛寺遗址,尚未发掘出来。我们唯一见到的这方面的资料是德人勒柯克的德文版《火州》。柏孜克里克石窟被认为是高昌回鹘王家石窟寺院,北庭佛寺遗址也被认为是高昌回鹘王家寺院,它们对研究回鹘佛教文化艺术的重要性可想而知。

随着敦煌吐鲁番学研究和西夏学以及回鹘学研究的步步深入,相应地给敦煌西夏洞窟分期提出了一些新问题,归纳言之主要有以下两个问题。

1.关于西夏洞窟中的西夏王问题

在原西夏洞窟分期第二期的窟中有几幅北方民族首领供养人画像,如莫高窟第409窟、第237窟,前者绘于后室东壁,后者绘于甬道口内。由于上述供养人画像所在窟被划在西夏时代,而首领的面形与衣冠服饰又同西夏历史文献某些描述西夏王的记载相一致,就当然地将其解释为西夏供养画像。还有当时未划进西夏时代的莫高窟第148窟(甬道口内)、西千佛洞第10窟和第13窟等。应该说,回鹘与西夏都属我国西北方以游牧业为主的"骑马民族",衣冠服饰制度和民族风俗都有不少相近或相似之处。加之上述供养人画像题名及发愿文已经消逝以及壁画变色、剥蚀,细部难以辨认等因素,也很难穷其究竟。随后,有关高昌回鹘佛教艺术图像资料和研究成果陆续刊布问世,渐渐感觉到上述所谓西夏王供养画像,其实与高昌回鹘佛教艺术中的回鹘可汗供养画像很相似。于是,我们开始改变过去的看法,放弃西夏王说,而代之以"回鹘王"或"回鹘可汗"说,然时代不变。其结果便是:西夏时代洞窟中的回鹘王供养画像,换句话说,就是承认回鹘王供养画像在西夏时代西夏人佛窟中的合理存在。当然,不能完全否认这种可能性,但总还感到"言犹未尽"。至少在笔者头脑里还留下疑问,认为尚有继续探讨寻求更为合理答案的必要。

2.关于莫高窟第130窟表层壁画的时代问题

原属于西夏第一期的莫高窟第130窟(此专指表层壁画),自从伯希和《敦煌石窟笔记》(中译本)刊布之后,由于20世纪初叶他在该窟抄录下了一则题记,使该窟表层壁画的原定时代发生了疑问。这则题记为:

故叔谒(系"竭"之误——笔者注)诚□化功臣河西一十……[1]

该题记无纪年、无明确的人名和完整的职称结衔,但可从其中反映的人际关系和其他洞窟完整题名中获得相对时代。贺世哲先生即据此题记及其相关资料论证了该窟(表层壁画)的时代应属北宋曹氏晚期,并以此作为推断藏经洞封闭时间的依据[2]。笔者同意贺世哲对莫高窟第130窟(表层壁画)时代的推断,因此笔者在此次的调整分期中,将该窟从原西夏窟的名单中划分出来。然而与第130窟画风近似又同为原西夏第一期的其他洞窟,是否也可以此类推为北宋洞窟呢?是否需进行同样调整?笔者将在稍后给出自己的答案。

以上所提出的有关敦煌西夏石窟分期的两个问题,在过去较长一段时间里没有得到解决,从而不可避免地涉及某些相关洞窟(特别涉及较多的譬如莫高窟第409窟以及刚刚谈到的莫高窟第130窟等)的时代和供养人画像的民族属性时,时而曰西夏,时而曰回鹘,时而曰西夏王,时而曰回鹘王。作为长年身居敦煌从事石窟考古的我们都前矛后盾,言犹未定,当然会使敦煌学界同仁,特别是广大读者感到无所适从。所以写这篇短文来弥补这一过失,澄清过去的混乱,消除所造成的不良影响。正是:解铃还须系铃人。

二、问题的解决

关于敦煌西夏洞窟分期所出现的以上两个问题,我们在长时间反复分析、研究的基础上,对过去的分析进行了实事求是的必要调整,该减的减,该增的增,该改正则改正之。具体分别叙述如下:

1.西夏窟调整分期

鉴于原分期的第2期绝大部分洞窟需作为沙州回鹘时期的洞窟划分出来[3],因此原把西夏洞窟划分为三个时期,相应需调整成两期。另外,由于需增补进来的安西东千佛洞和肃北五个庙石窟中的西夏洞窟,均属于西夏晚期,因此不太有进行单独分期的必要,而是将它们放在一起综合分期。调整后的综合分期结果见表1。

表中在窟号前加有"▲"符号者,为新增补的西夏洞窟;在窟号前加有"△"符号者,系原划在西夏第二期,现调整入西夏前期的洞窟。由原西夏第二期划出来归入沙州回鹘的洞窟有:

莫高窟:306、307、308、363、399、418、244(前室、甬道)、409、237(前室、甬道)、148(甬道及后室一部分)。其中第148窟(甬道及后室一部分)系原未划入西夏窟而后来划入沙州回鹘的洞窟。

由原西夏第三期划出来归入沙州回鹘的洞窟有:莫高窟第245、207、310、330、309、97等窟;榆林窟:21(前室、甬道)、39。

表1

石窟	西夏前期	西夏后期
莫高窟	368、356、408、65、352、327、281、142、355、354、460、70、30、27、353、420、35、29、38、265、34、6、88、87、16、350、263、291、84、83、81、78、224、450、234、376、378、348、382、169、347、165、223、345、365、366、151、233、351、326、328、344、252、430、400、367、△164、△140。	206、491、▲395 4号塔婆
榆林窟	21(后室)、22、26、13、17、14、15	29、2、3
东千佛洞		▲2、▲5
五个庙		▲1、▲3、▲4

编者按:"东千佛洞"作为简名,原误排入窟号栏,现予更正。

调整后的全部西夏洞窟共计77个,其中莫高窟有62个,榆林窟有10个,东千佛洞有2个,五个庙有3个。将这77个西夏洞窟综合分为两期,即西夏前期和西夏后期。前期有窟计65个,后期有窟计12个。

鉴于原西夏洞窟分成三期,而第二期洞窟绝大多数应划出来归入沙州回鹘洞窟中去,因此调整后的西夏洞窟分期自然地调整为两期,这已如前述。现在的问题是需要对调整后的两期西夏洞窟所属的相对时间加以补充论述。

首先需明确它们各自的标尺洞窟。不过这一点因为基本无变动,略加说明即可。前期有1085年功德题记的莫高窟第65窟,而后期又有营建于1193年的榆林窟第29窟。参考当今西夏学中有关西夏历史、佛教文化的一般说明,参考宿白先生新近关于西夏佛塔的分期,考虑到佛塔作为一种佛教纪念性建筑,与石窟(一般包含洞窟建筑、彩塑与壁画等主要艺术形式)亲近而堪称姐妹艺术的这种亲密关系,以及考虑敦煌地区的具体历史情况,我们将西夏第一期(即西夏前期)洞窟的上限定在元昊占据瓜、沙、肃三州这一年,下限定在乾顺在位结束后(1036—1139年前后);西夏第二期(即西夏后期)洞窟的上限定在仁孝在位前后,下限定在蒙古军攻占沙州时期(1140—1227年)。

2. 关于与莫高窟第130窟同类洞窟的时代

前面谈到原在西夏第一期洞窟中的莫高窟第130窟(表层壁画),依据伯希和敦煌石窟笔记,大体可推断出应属北宋曹氏晚期,而自然连带的一个问题是原与第130窟同处一期、画风相近的其他一批洞窟,是否也可认为属于北宋曹家晚期窟而被划出西夏洞窟的行列呢?我们以为提出这个问题是完全可以理解的。但不能就此简单类比。理由很简单,第130窟是有相对可靠的证据才由原西夏窟中划分出来的,而其余同处一期的洞窟却无可靠证据说明它们也不属于西夏洞窟,此其一。其二,更重要、更关键的是,要证明与其同处一期的一批洞窟不属于西夏窟,必须将该期洞窟赖以存在的标尺洞窟否定,而至少在目前还无确凿可靠证据能做到这一点。莫高窟第65窟由于壁面上有1085年的西夏文字题记,而题记之上又滴落下与题记同时或稍后重装该窟使用的石绿颜色,因而一直被证明是西夏前期标尺洞窟。其三,莫高窟第130窟同第65窟在画风上相似,并不就等于相同。而画风不可能与政权、时代同步变化发展,不可以一刀切,一种画风一旦被社会和画家们接受,不可以一朝一夕即变即改,这是为世人所共知的常识。因此,我们只能视具体问题、具体情况而具体对待。

最后,鉴于调整分期,分别在莫高窟、东千佛洞及五个庙等处石窟新增加了几个西夏后期的洞窟,同时又划出了一些属于沙州回鹘的洞窟,因此在类型分析

的几个内容上,相应有所增减变动和调整。此处仅将最主要的增减变动和调整略加补充说明:

第一,关于"主要壁画题材的分类"——原分期中的《十六罗汉》《罗汉》《儒童本生》《行脚僧》《弥勒三尊像》等题材,由于所在的洞窟系要划出去的沙州回鹘洞窟,需从原西夏"主要壁画题材的分类"中减去。同时《涅槃经变》《维摩诘经变》《劳度叉斗圣变》《炽盛光佛经变》《弥勒下生经变》等重要的大型经变,由于它们存在于东千佛洞和五个庙石窟新增加的西夏洞窟而增入壁画题材的分类。像这种复杂而又较大的《涅槃经变》《劳度叉斗圣变》《炽盛光佛经变》《弥勒下生经变》《维摩诘经变》《东方药师经变》等壁画题材,宋以后沙州回鹘洞窟乃至在莫高、榆林两处石窟寺的西夏洞窟中都已基本消失或极少见,但在东千佛洞和五个庙西夏石窟中却又相对"成群结队"地涌现出来。这样就丰富了西夏洞窟的壁画内容。西夏壁画种类多样,画幅规模宏大,作风细致,画技高超,都是沙州回鹘洞窟所望尘莫及的。像榆林窟大型精致的《文殊变》《普贤变》《西方净土变》及《观无量寿经变》《千手经变》,东千佛洞的《涅槃经变》,五个庙的《劳度叉斗圣经变》《东方药师经变》《维摩诘经变》《弥勒下生经变》,等等,都是西夏晚期洞窟颇有分量而地位和价值比较重要的壁画作品。

第二,关于"主要装饰图案的分类"——原分期中的以下主要装饰图案,因为以上原因,应从西夏洞窟中划出而放到沙州回鹘洞窟中去。

(1)原西夏第二期和第三期部分洞窟藻井心龙纹图案,龙身比较粗短,形象凶猛可畏,而不用浮塑贴金,如237(前室)、245、310、309、207窟等。

(2)莲纹团花图案中,莲瓣比较尖削,八瓣莲纹用两三层勾线填色叠晕,如莫高窟第245、207窟等。

(3)一种独特的卷云火焰宝珠团花图案,如莫高窟第330窟顶图案。

(4)边饰(花边)图案中的连续波状纹。

第三,西夏晚期洞窟调整分期之后,仅有莫高窟第206、491和第4号塔婆三个窟,榆林第2、3、29三个窟,加在一起也不过寥寥数窟而已。这次新增入东千佛洞2个窟,五个庙3个窟。此外在莫高窟新增入第395窟,使西夏晚期洞窟由原来6个窟增至12个窟(增多了一倍)。这对西夏洞窟考古分期、西夏艺术研究、西夏后期佛教研究都具有重要意义,对研究敦煌晚期洞窟壁画题材的特点及演变规律也都有较重要的意义。

参考文献

[1]伯希和.伯希和敦煌石窟笔记[M].耿昇等,译.兰州:甘肃人民出版社,1993.

[2]贺世哲.从一条新资料谈藏经洞的封闭[J].西北史地,1984(3).

[3]刘玉权.关于沙州回鹘洞窟的划分[C].1987敦煌石窟研究国际讨论会文集·石窟考古编.沈阳:辽宁美术出版社,1990.

(原载于《敦煌研究》1998年第3期)

瓜、沙西夏石窟概论

我们通常所说的敦煌石窟，主要包括莫高窟、西千佛洞、榆林窟三处石窟群，总共有五百五十多个洞窟，其中保存着北凉、北魏、西魏、北周、隋、唐、五代、宋、西夏、元计十个朝代、上下一千年的艺术，它们是汉、鲜卑、吐蕃、回鹘、党项、蒙古等古代民族的共同创造。当大家对那古朴豪放的北朝艺术、辉煌富丽的隋唐石窟发出赞叹的时候，很少有人留意敦煌为数众多的西夏洞窟，但它们却是我国西夏石窟艺术最丰富多彩的一批遗存。

总的来讲，唐朝以后的佛教艺术已经度过了自己的极盛期，到了西夏，颇似"日薄西山"。然而，夕阳不也是很美的吗？何况它毕竟属于"一个时代"的艺术，有它自己的民族风格和特点，是中华民族文化的一个组成部分。因此，同样需要我们去认真地考察和研究。过去，对于西夏的研究，多集中在语言文字、历史地理、政治经济、宗教、文化、民俗等诸方面，很少触及西夏的艺术领域。本人不揣冒昧，这里试对瓜、沙二州的西夏石窟（重点是对其艺术）作一概略的介绍，并加以探讨。

一、西夏石窟概述

公元11世纪初，中原正当北宋前期，河西走廊已开始了以党项羌为主体的西夏政权的统治。西夏与北宋、吐蕃、回鹘、辽为邻。西夏政权建立前，就已受到周边地区佛教文化的长期熏陶和影响。西夏历史上两个重要的首领李德明、李元昊父子，都是通蕃汉文字、晓浮屠学的人。西夏政权建立之后，在李元昊及笃信佛教的历代统治者的提倡、扶持下，在河西走廊流传、发展了六七百年的佛教和佛教文化，得到了迅速而长足的发展。

建于1094年的《凉州重修护国寺感应塔碑铭》[①]载:"至于释教,尤所崇奉。近自畿甸,远及荒要,山林溪谷,村落坊聚,佛宇遗址,尺椽片瓦,但仿佛有存者,无不必葺。"这段文字重点反映了西夏政权建立之后,以王室为核心的统治阶级对于原有佛教遗址、遗迹采取保护维修的政策和措施。该碑又说:"浮屠梵刹,遍满天下。"这两句话概括了在原有基础上经过发展,西夏佛教的兴盛景况。根据中华人民共和国成立以来各地公布的调查材料,在内蒙古的鄂托克旗百眼窑石窟,在甘肃河西走廊的武威天梯山石窟、张掖马蹄寺石窟、酒泉文殊山石窟、玉门昌马石窟、安西榆林窟、敦煌莫高窟和西千佛洞,以及肃北蒙古族自治县的五个庙,等等,都有一定数量西夏时期开凿或重修妆銮过的佛窟。其中,以敦煌莫高窟和安西榆林窟的西夏石窟数量最多、规模最大、保存最完整。西夏时期在莫高窟新建与重修了77个洞窟[②],二三十尊彩塑,营建或重建了窟前木构殿堂4座;在榆林窟创建与重修了11个洞窟[③]。毫无疑问,敦煌称得上是我国最大的西夏艺术陈列馆。

二、西夏洞窟的分布与形制

在莫高窟,西夏洞窟主要分布于南起第96窟(俗称"大佛殿"或"九层楼",即唐之"北大像"),北至第16窟(俗称"三层楼",有名的藏经洞就在该窟甬道北壁)之间的这一段上下层的窟群中。在榆林窟,西夏洞窟全部分布于榆林河东岸崖壁上的窟群中[④]。瓜、沙二州的西夏洞窟,除少数是新开凿营造的以外,绝大多数都是利用北朝、隋、唐、五代、宋等历代洞窟重修、装绘,因此,这部分洞窟的形制是多样而复杂的,显然囊括了敦煌石窟从早到晚各种窟形。不过这是西夏早期和中期的情况。到了晚期,出现了西夏的新开洞窟,形制为:覆斗顶(或穹窿顶)、

[①] 凉州重修护国寺感应塔碑铭,现存甘肃省武威博物馆,系国务院公布的第一批全国重点文物保护单位之一。其铭文先后著录于《金石续编》《西陲石刻录》《铁桥金石跋尾》《陇右金石录》及罗福颐《西夏护国寺感应塔碑介绍》,《文物》1961年第4、5期。

[②] 敦煌莫高窟与安西榆林窟,过去由于未进行科学系统的分期排年工作,只在两处石窟群中认定了几个西夏洞窟,相当一批西夏洞窟的时代被误认为北宋或元代。1964年,敦煌文物研究所与中国科学院民族研究所合作,成立了西夏工作组,对两处石窟的北宋、西夏、元代洞窟做了调查,并在此基础上进行了分期排年工作。在莫高窟初步确定了77个、在榆林窟初步确定了11个西夏新建和重修装绘的洞窟(零星小面积重修重绘过的洞窟未计在内),分为早、中、晚三期。笔者据此写成《敦煌莫高窟、安西榆林窟西夏洞窟分期》,载《敦煌研究文集》,兰州:甘肃人民出版社,1982年。

[③] 西夏时期在榆林窟新建的洞窟也很少,大多数亦系利用前人洞窟重修重绘。其中第21窟因西夏早期和中期两次重修重绘,所以在《敦煌莫高窟、安西榆林窟西夏洞窟分期》一文的分期表中两次出现,而计算窟数时,仅算一个窟。

[④] 榆林窟开凿的地理环境和位置与莫高窟有所不同。因榆林河自南至北流过,冲刷而成峡谷,洞窟开凿于峡谷两侧陡峭的崖壁上,因此有东崖窟群与西崖窟群之称。榆林窟西夏洞窟全都分布于东崖。

平面方形、中央设坛(图1)。另外,在莫高窟宕泉河东岸的第4号塔婆形制,是平面方形、穹窿顶、正壁设坛的一种仿"蒙古包"的形式(图2),时间大约相当于西夏中晚期。最突出的一个变化是基本抛弃了窟内开龛的格局,将各种偶像安置于中央佛坛上。不难看出,西夏早、中期的窟形大体都沿袭唐、宋,而晚期出现的新式窟形,则全为密宗的样式,它是西夏晚期密宗盛行的必然结果。这种密宗样式,不但流行于西夏晚期,而且一直影响到元代。

三、西夏洞窟壁画的题材布局

据调查,瓜、沙西夏石窟,其壁画题材有二十多种,但主要流行的不过十余种。为简便起见,将其主要题材及布局列表于后(表1)。

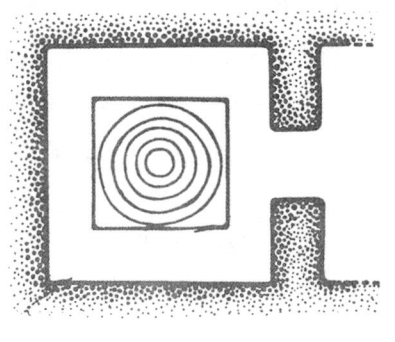

图1　西夏晚期洞窟平面、纵剖面示意图
榆林窟第29窟　扫描图

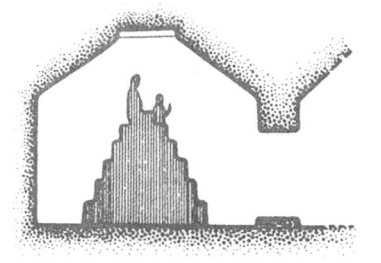

从表1可以看到,大多数沿袭唐、宋的壁画题材及其布局。新出现的题材是十六罗汉、儒童本生、金刚手、释迦降魔塔、曼荼罗五方佛及水月观音等。另外,还有一种单绘药师佛的题材,虽然唐代就有,但并不很多,而在西夏早、中期洞窟中比较流行。畜牧地区,地广人稀,缺医少药,这也是西北各少数民族地区过去普遍存

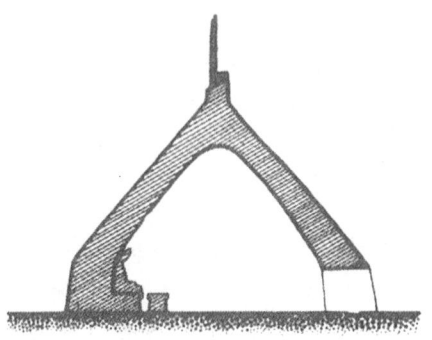

图2　莫高窟第4号塔婆纵剖面示意图
扫描图

在的现象。史书上每有反映西夏上层人物生病,向邻国乞医求药的记载①。生疾病而不得治疗,人们只好把希望寄托在神的身上。

水月观音这种题材,用绘画来表现,据画史记载,是唐代名画家周昉的创

---

① 《西夏纪》卷二六:"西夏称天庆七年(1200年)春正月,遣武节大夫连都敦信、宣德郎丁师周,如金贺正旦,附奏为母疾求医……"同年秋八月,"金再来赐医药"。卷二五:"西夏称天盛十九年(1167年)……仁孝章乞良医,为得敬治疾。"

造[①]。敦煌藏经洞里发现的绘制于五代天福八年(943年)的绢本着色水月观音图(系千手千眼观音经变下段一幅小附图),是有明确纪年的现存最早的水月观音图像。另有几幅藏经洞出土的纸、绢本着色水月观音图,按其画风,最早的约可推到晚唐末年或五代初年[②]。西夏的水月观音图,早期见于莫高窟第164窟等,但直到西夏晚期才真正流行起来,而且画的规模、内容、表现技巧都大有进步,意境深远。更值得注意的是,在榆林窟第2窟(西夏晚期)、第29窟(西夏晚期)所画的水月观音图与第3窟(西夏晚期)所绘的普贤变中,都绘有唐僧取经图。据知,它们是这种题材现存最早的图像,对于研究以玄奘取经故事为题材的取经图的形成及其演变,是难得的形象资料[1]。

表1

题　材	位　　置
千佛	主室四壁及覆斗顶四坡
供养(赴会)菩萨	甬道两侧及主室四壁(或主室东、南、北三壁)下段
说法图	主室南、北壁
西方净土变	主室南、北壁
药师净土变	甬道两侧壁或前室四壁*
弥勒净土变	主室四壁及甬道两侧壁*
弥勒三尊	主室南北壁*
文殊、普贤	主室正龛外两侧壁面;主室东壁或前室西壁
药师佛	主室正龛外侧壁面、前室甬道
观音经变	主室甬道两侧壁*
如意轮与不空羂索观音	主室东壁**
十六罗汉	主室东、南、北壁**
儒童本生	主室东壁*
金刚手	主室南、北壁西端*
释迦降魔塔	主室东(正)壁中央*
曼荼罗五方佛	主室南、北壁的两端及窟顶中央*
水月观音	主室东(正)壁及西壁左右两端*

说明:1.表中注有*者,是榆林窟的布局情况;注有**者,是莫高窟的布局情况;其余未标注者,是两处石窟所共有的情况。

2.莫高窟的洞窟方向是坐西向东,榆林窟东崖石窟的方向为坐东向西。

[①] [唐]张彦远《历代名画记》卷一〇:"周昉,字景玄……初效张萱画,后则小异,颇极风姿,全法衣冠,不近闾里,衣裳劲简,彩色柔丽,菩萨端严,妙创水月之体。"(北京:人民美术出版社,1963年)

[②] [日]松本荣一:《敦煌画の研究》,东方文化学院东京研究所,1937年。

从表中,我们还可看出,西夏时期的主要壁画题材,虽然承袭唐、宋流行的种种经变和说法图,甚至连布局构图、表现规模都仿照唐、宋。但是,它仅仅保留了唐、宋佛画的形式和外貌,或者说仅仅保留了唐、宋佛画艺术的躯壳,内容和形式都已经没有唐、宋佛画艺术的丰富多彩、宏伟富丽,而是单调、贫乏、空洞,就像一个病态的巨人,呈现出衰败景象。其后,来自西藏的喇嘛教代之而兴,致使西夏晚期洞窟壁画出现较多的密宗题材。

四、西夏洞窟的造像

就现状而言,西夏造像遗留下来的很少,且难以找到完整的一铺西夏造像原作,至于整窟造像原作,就更不容易了。榆林窟没有保留下任何一尊造像。

整个西夏时期,由于创建洞窟很少,因此造像相应就少。从敦煌石窟历代洞窟创建与重修的演变情况来看,一般不去有意破坏前人造像而重塑新像,多在前人造像已毁或残破不堪的情况下,才重新补塑或修补。壁画就不同了,常常是原画好好的而被抹壁重绘。西夏时期也是如此,它重修重绘过数十个前人洞窟,但却很少去有意损毁原塑而重塑新像。在莫高窟留存下来的二三十尊西夏彩塑,除个别的是西夏时期在自己创建的洞窟中塑造以外,其余都是在重修前人洞窟时,在原塑损毁的情况下,重新补塑的。在这种条件下,西夏彩塑很少是自然的。

西夏晚期一批密宗洞窟的造像,可能被后人有意毁掉了。前面已经提到,西夏晚期出现的中央设坛的密宗洞窟,设坛本身就是为了立像,想必原来也是立了像的。关于这方面,现在没有直接可靠的材料来加以证明,我们只能从某些可供参考的间接材料来判断。洪皓在他所写的《松漠纪闻》中,曾经谈到过西夏统治甘、凉、瓜、沙时期的回鹘人信奉佛教的情况,他说:甘、凉、瓜、沙一带的回鹘人"奉释氏最盛,共为一堂,塑佛像其中……"[2]又,元初游历过河西的意大利人马可·波罗,也曾谈到"沙州……居民多是偶像教徒,……境内有寺庙不少,其中满布种种偶像,居民虔诚大礼供奉……"[3]洪皓说的虽是回鹘人在寺庙里供佛礼佛的状况,但包括党项在内的各族都同样是信奉佛教的,情形大体是相同的。马可·波罗也曾记述眼见的元代初年情况,离它不远的西夏晚期,其情形大体也相仿佛。佛窟与寺庙一样,同样要列置偶像。而西夏晚期一直到元代,密教兴盛不衰,无论是寺庙中还是佛窟里,密宗造像是一定少不了的。

那么,这些偶像为什么连一尊也没有保存下来呢?当然可以考虑自然损毁是原因之一,可能还存在有意识的人为破坏。

至今尚存这部分为数不多的西夏造像，一般地说，受唐、宋影响较深，唐代遗风甚浓，然而艺术造诣和艺术水平又远不及唐宋，特点是体态比较僵硬，神情比较呆滞，缺乏唐塑那种婀娜多姿的动态、圆润细腻的笔触、辉煌富丽的色调和丰满健美的气质。在形象上，多为修眉细眼，鼻梁高，与额齐平。菩萨造像往往唇微启而露其齿。这一点颇与辽代彩塑相像（图3）。

1965年，在莫高窟加固工程窟前发掘中，新发现的第491窟[4]，出土了几尊西夏彩塑，其中保存较完整的一尊供养天女像，具有明显的西夏特征①。1979年，敦煌文物研究所考古组在莫高窟第130窟窟前发掘中，揭露出规模宏伟的西夏殿堂遗址。在殿堂的西壁（即第130窟前室西壁）甬道口两侧，发现了四尊天王造像，惜已大部残毁，仅残存天王像局部，如天王的脚及脚下的"小鬼"，风化剥蚀严重。其形象粗壮浑圆，厚重结实，造像作风和手法与银川西夏陵区一号陵和八号陵的人像石座雕刻颇

图3　南侧菩萨像　莫高窟第65窟西壁龛内扫描图

有类似之处[5]。根据天王脚的大小与崖面遗迹（如像背后楔入崖体的桩孔的高度），可以大体推测天王像全高至少6米，无疑是西夏石窟造像中的巨作。

五、西夏洞窟的壁画艺术

一般地说，西夏壁画艺术与唐、宋两朝壁画艺术关系相当密切。其早期壁画艺术，在一定意义上讲，是北宋壁画艺术的直接继承和延续；无论在内容布局、画面构图或人物造型与衣冠服饰方面，以及线描、敷色等表现手法方面，都与北宋壁画艺术一脉相承。在许多情况下，宋与西夏早期壁画往往难以区分，细审之，方能发现两者的差异。

西夏早期重修的洞窟，壁画内容多是整窟的千佛或大量的供养菩萨，虽然洞

---

① 敦煌文物研究所：《敦煌彩塑》，北京：文物出版社，1978年，图版85及图版说明。

瓜、沙西夏石窟概论 >> 039

图 4　供养菩萨　莫高窟第 326 窟甬道北壁
扫描图

窟较大，画幅规模也不小，但毕竟内容单一，加上艺术水准较低，绘工简略粗糙，确实"少情味"[6]。也有相当多的早期洞窟，虽然布满各种经变图像，论其内容题材，不算贫乏，画幅规模有时也不算小，却仍是"气宇偏小"。许多净土变，虽然挤满了各种人物，画面也较大，但由于缺少或干脆没有宏伟的楼台亭阁、宝池瑞禽，加上绘工粗简，画面效果与一般说法图相差不大。再如相当一批洞窟经西夏早期重修后，多绘甚至全绘大身供养（赴会）菩萨，形象千篇一律，动态缺乏变化，神情呆板，缺乏艺术感染力（图4）。这些都说明，这个阶段的艺术，有大而空、数量多而质量差的倾向，反映出佛教艺术在创作和制作态度方面，已经远不如北朝、隋、唐那样虔诚认真了。

敦煌石窟，从一开始，一般少不了要画供养人像，代代相传，无一例外。而恰恰到了西夏早期，竟一反常态，除极个别洞窟外，均不画供养人，而且往往将前人洞窟画供养人像的地方抹壁重画成供养（赴会）菩萨。这是西夏早期壁画又一个值得注意的特点。

然而，西夏历代统治者都崇奉佛教，就是元昊本人也"自幼晓浮屠学，通蕃汉文字"[①]。瓜、沙地区佛教文化早已相当发达，西夏占领后，继续从事佛教艺术的能工巧匠，不可避免地给予西夏艺术以巨大影响，而西夏本来就缺乏这方面的人才，因此，西夏早期壁画，无论题材布局、人物形象、衣冠服饰、绘画技法等方面，在相当程度上是对北宋壁画艺术的学习模仿和直接承袭。这也是西夏统治阶级实行封建化政策的一个组成部分。在这种状况下的壁画艺术，自然还不能充分显示出自身的特点，需要经过一段学习、模仿、消化的过程，在不断实践中探索特色独具的新艺术。到了中期以后，逐渐孕育发展了具有西夏风格和特征的壁画艺术。这时一个

————————
① [清]厉鹗：《辽史拾遗》卷二二《国外纪第四十五》，载王云五主编：《丛书集成》，上海：商务印书馆，1973年。

较明显的特点是壁画中人物形象上的变化。人物面形浑圆而长,两腮较突出,鼻梁高,细眉修目(图5)。供养人像的衣冠服饰则为秃发毡冠,或云镂冠,后垂红结绶,圆领窄袖团花袍,腰束带。这显然已不是汉族的样式,而是西夏人的形象和装束。

西夏晚期是壁画艺术风格和特点进一步发展和成熟的时期。这时的人物形象,特别是世俗人物形象,可以榆林窟第29窟为典型代表:身材修长,秃发,长圆形的面孔,两腮外鼓,深目,高鼻,耳垂重环,脚穿钩鞋。文武职官和庶民百姓的衣冠服饰都与史书记载相吻合,是典型的党项人的形象和装束打扮(图版39、图版51)。

西夏晚期壁画艺术,大体有两种画风:一种敷色厚重,色彩与线描并重,具有浓厚的神秘色彩,例如榆林窟第2、3等窟部分壁画,显然是深受西藏密宗艺术影响的一种画风;另一种以线描为主,色彩为辅,是从中原汉族绘画传统发展而来的画风,例如榆林窟第29窟和第2、3窟一部分壁画(图版52)以及莫高窟第97窟等。

西夏晚期壁画,在线描艺术方面是很有成就的。其代表性的作品要算榆林窟第29窟和第2、3等窟的壁画,尤其是第3窟南、北壁中央西方净土变中大规模的建筑界画。除了建筑结构本身形象的精确和透视关系的妥帖之外,建筑界画一丝不苟和精致流畅的线描功力,也是值得称道的。画家继承中国绘画的传统,充分发挥了线描艺术在建筑界画上的表现力,取得了相当的成功(图版53),给后来元代荟萃诸家之长,取得线描艺术的空前发展做了坚实的铺垫。

图5 药师佛 莫高窟第310窟西壁龛外北侧 孙志军摄

西夏壁画中的山水画也是值得一提的。它的代表作品要算榆林窟第2窟水月观音图和第3窟文殊变、普贤变中的山水画。有的是青绿山水,有的是水墨山水。其山峰峦叠嶂,云烟环绕,缥缥缈缈。山中林木葱郁,楼阁掩映,气势浑雄。北宋初期山水名家郭熙说,"山有三远:自山下而仰山巅谓之高远,自山前而窥山后谓之深远,自近山而望远山谓之平远。"① 上述西夏山水画,具备了这样的特点。

---

① [宋]郭熙:《林泉高致集·山水训》,载于安澜编:《画论丛刊》上卷。

图版39

图版51

图版52

图版53

画家继承了中国山水画的优秀传统,充分运用勾描、皴擦、点染等技法,使画面达到了较高的意境(图6)。从中可以看到,中原高度发展起来的青绿山水和水墨山水画对西夏绘画的深刻影响。它是学习继承两宋及其以前山水画传统的结果,为西夏山水画佳作。

图6 榆林窟第3窟普贤变上部山水画 宋利良摄

西夏壁画在敷彩方面也有自己的特点。在早、中期,整窟的或大面积的千佛、供养(赴会)菩萨,多用贵重的石绿色作地,另有一些说法图、经变等,又多用一种红色(可能是土红色中加辰砂),或者用一种发淡紫的蓝色(可能即魏、隋洞窟常用的那种"青金石",即天然群青)作地,这些都是其他时代的壁画极少见的做法。壁画的装饰部分,很喜欢施金,如藻井图案中的蟠龙、蟠凤,平棋团花图案或边饰,诸如花蕊、铃,人物装饰的璎珞、耳环、手镯、臂钏之类,均流行浮塑贴金、描金或沥粉堆金。浮塑贴金和沥粉堆金之法,虽然过去早已有之,但广泛使用大约由北宋初期开始,在西夏时相当盛行。

在晕染方面,西夏时期没有多大变化和创新,基本还是以前那种中原汉式传统染法①和西域凹凸法②的结合运用,其中略有变化,大同小异而已。晕染所敷色彩,一般比较清淡,着意突出线描在造型上的主导作用。另外,有时所染颜色边界清晰而不晕开,因此看上去有一定的装饰效果。如莫高窟第97窟北壁"诺矩罗大阿罗汉"图中的女侍从像和"宾度罗跋啰堕大阿罗汉"图中的男侍从像,其肉体部分采用淡赭红晕染,面部是中原式与西域式的混合,身体部分基本采用西域式晕染法(图7)。

---

① 所谓中原汉式传统染法,意在表现物体的固有色彩,而不强调其受光线影响的效果。如染树叶,向阳面色深而背面色浅;又如染脸,两颊色深(以表现脸颊固有的红晕),周围色浅。
② [唐]许嵩:《建康实录》,北京:中华书局,1986年。所谓西域凹凸法,意在强调物体受光后的立体效果。如染面部,低处色深,高处色浅;染胳膊,中央色浅,两侧色深。即《建康实录》中所说"远望眼晕如凹凸,就视乃平"的效果。

图7 莫高窟第97窟西夏壁画人物晕染扫描图

图8 莫高窟第368窟窟顶扫描图

图版46

图9 莫高窟第16窟窟顶藻井 摄录部摄

图10 莫高窟第330窟窟顶(摹本)扫描图

六、西夏洞窟的装饰图案

西夏洞窟的装饰图案，无论在装饰纹样方面，还是组织结构方面，抑或色彩配置方面，都有较鲜明的特色。

首先，西夏装饰图案在整个洞窟中所占面积的比例，是历代洞窟之最。除了窟顶藻井图案之外，相当多数的洞窟覆斗形窟顶的四坡、盝形龛的整个龛顶（包括中央的长方形平顶及四面斜坡），以及甬道顶等，大凡窟中各个较高的建筑部位，都满布平棋图案或团花图案（图8）。各种说法图和经变画等的四周以及龛、甬道的边沿，当然也都配置着花边图案。

在藻井图案方面，西夏时期始终流行龙纹作为藻井井心的主要图案纹样；一龙，或二龙，或五龙，根据部位的不同，或蟠卷成圆形，或者作波浪式蜿蜒云游之状，配以彩莲、祥云之属；有的描绘，有的浮塑贴金或涂金。莫高窟第16窟藻井中心纹样由一凤、四龙组成。凤居正中央，两翅自然而有力地展开，做飞翔状，尾特别长，连同身体一起，蟠卷成圆形。凤外周为旋转式卷瓣莲花。井心四角各有一龙，向着顺时针方向作相互追逐之势，造成旋转飞腾的生动气势。图案施以朱、绿、金等色，色调鲜明热烈而又雅致稳重，使藻井显得非常豪华富丽（图9）。

莫高窟第366、367两窟藻井中心，均为凤纹，形象动态与第16窟一样，做圆形蟠卷飞翔状。运用浮塑贴金法，金色的凤衬以朱色底，色调简单明快，鲜丽悦目。还有的以密宗坛城（曼荼罗）作窟顶图案，如榆林窟第3窟，窟顶中心为圆形坛城，往内则一层方坛，一层圆坛，其中绘若干佛、菩萨、金刚等像。大坛外周有数层边饰。这种窟顶图案，是西夏时期的初创（见图版46）。龙凤在封建社会，既是祥瑞的象征，又是皇权的化身，只有最高统治者才能用它作为装饰纹样。佛是彼岸世界的最高主宰，其地位与人间世界天子相当，因此，佛窟里用龙、凤作为华盖的装饰纹样。这在西夏以前的佛窟中并不多见，而西夏佛窟中开始大量使用，并往往做成半立体的浮雕式，再贴金或者涂金，格外讲究和富丽。这也很可能与西夏统治者们为显示他们与中原汉族天子同样尊贵有关。西夏佛窟中两处出现穿着蟠龙纹袍的首领供养像，也都与此有关。莫高窟第330窟覆斗顶四斜坡上，以土红色勾描填绘火焰、卷云为纹饰，组成桃形的单位纹样，作"品"字形四方连续，形成较大面积有如团花的图案，除地色外，不施任何颜色。这种装饰图案是敦煌石窟中的孤例（图10）。

西夏新出现一种波状卷草式的云纹边饰。它的单位纹样看上去有时很像早期洞窟装饰图案中常见的忍冬，但它仍然是一种卷云纹，大体上是上述第330窟

a 莫高窟、榆林窟

b 甘肃武威西夏碑

c 新疆地区石窟

图11　西夏中、晚期波状云纹边饰扫描图

覆斗顶四斜坡上那种纹样的变化，不过是作二方连续罢了。其画法也与第330窟相同，是在地色上用另一种颜色勾勒填绘而成。因此，它是敦煌石窟历代边饰图案中最简单朴素的一种（图11a）。我们暂把它叫作"波状卷云纹边饰"。这种边饰广泛流行于西夏中、晚期，并延续到元代，具有浓厚的民族特点和时代特征。这种纹饰，不但常见于西夏石窟，而且见于西夏其他文物中。例如，有明确西夏纪年（天祐民安五年，1094年）的《凉州重修护国寺感应塔碑铭》，就阴刻出这种边饰（图11b）。在新疆吐鲁番属于回鹘高昌时期的石窟中，例如吐峪沟石窟、柏孜克里克石窟、雅尔湖石窟等（图11c），也常常见到这种边饰，不但纹样和组织方法相同，其敷色、勾勒、填绘的手法也一样。看来，这种纹饰产生并最先流行于回鹘（目前看来，主要是高昌回鹘），稍后即传入近邻的瓜、沙及河西走廊。另外，瓜、沙二州距甘州回鹘很近，也可能受到他们的影响。因此，这种纹饰在敦煌的西夏中、晚期石窟中相当流行。

回鹘佛教艺术对西夏佛教艺术的影响，还见于其他方面，例如在高昌石窟佛画像背光中的编织纹和火焰宝珠纹，在莫高窟西夏晚期洞窟佛画像背光中，也能看见（图12）。此外，还有丰满的两重八瓣莲花、古钱、波状三瓣花卷草等纹样。由此可以看到回鹘和西夏在文化上的密切联系。

七、结语

1.从整个敦煌佛教艺术发展的历史来看，北宋和西夏时期显然已处于衰落阶段。然而，作为西夏这个新兴政权，尽管佛教和佛教艺术还是新事物，但由于它对征服人心十分有效，因此，在统治者的大力提倡扶持下，得到迅猛的发展。所以，对西夏政权来说，佛教及佛教艺术正处于上升、发展阶段。当西夏占领瓜、沙地区之后，在这里重修了一大批佛窟；在一些高达十几米、二十几米的大型洞窟

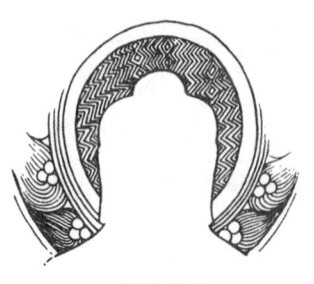

a 敦煌壁画　　　　b 高昌壁画

图12　佛像背光中的编织纹

中,大面积地用贵重的石绿色涂地,到处浮塑贴金或沥粉堆金,重修第130窟窟前大规模的木构殿堂,许多西夏重修洞窟地面铺设花砖……这个新兴的、社会经济尚不很发达的国家,在佛窟里耗费特别巨大的财力、物力和人力,充分表明西夏对佛教特别崇信和高度重视。但是,即使如此,其营建规模、艺术水平和气派,仍无法与上升期和极盛期的佛教艺术相比。洞窟虽多,但题材贫乏,技法简单粗糙,内容布局、壁画构图和人物造型千篇一律,缺乏艺术感染力。到了中期,尤其到了晚期,由于西藏喇嘛教及其艺术的注入,又给西夏佛教艺术增添了新的内容和新的养料,刺激了石窟艺术的发展,出现了崭新的密宗曼荼罗艺术。随着画家实践经验的日益丰富,艺术修养、艺术水平的逐步提高,特别是受宋代高度发展的人物画、山水画、建筑界画艺术强有力的影响,中国汉族传统艺术在西夏石窟艺术中得到继承和发展,形成了来自中原和西藏(吐蕃)两种不同风格绘画艺术的同时并存和相互交流。因此,西夏晚期艺术,具有西夏文化成熟时期的浓厚民族特点,比较丰富多彩,并取得较高的成就。特别是在线描技法、山水画和装饰图案艺术等方面的成就,为以后元朝石窟艺术的进一步发展,准备了良好的条件。

2.西夏是个后进的地方政权,它在政治、经济、文化等方面,都还比它周围的政权落后。但它善于学习,在原始的游牧文化的基础上,模仿、消化、吸收各种先进文化滋补和充实自己。首先是学习历史悠久的汉族文化,其次是与西夏国情民俗都很相近的回鹘、契丹文化,另外还有吐蕃文化等。西夏人始终羡慕并努力模仿汉族的文物制度,曾多次派遣使者到北宋贡马,以此为代价购买《大藏经》及其他汉文史籍,组织人力大量翻译汉文典籍,多次派人到五台山礼佛,一再请求北宋给西夏派遣各种能工巧匠。与此同时,西夏也大力邀请回鹘、吐蕃高僧和喇嘛翻译经文,登台讲经说法。尤其到西夏晚期,最高统治者遣人入西藏,邀请高级喇嘛来西夏译经,充任教师,传授密宗经义和仪轨。所有这些,对于西夏文化,特别是对佛教文化的发展,起着重要作用。北宋初年,朝廷设立了翰林画院,这在中国古代美术史上产生了较大影响。五代、宋初,河西地区统治者曹氏也在瓜、沙设置地方画院。西夏早期不少壁画,有可能就是河西地方画院的画家们的作品。从敦煌壁画或是宁夏、内蒙古以及甘肃武威、张掖等地出土的西夏艺术品来看,已经达到了同时代中原汉族的艺术水准。各民族文化很自然地都各有各自的个性特征,但作为中华民族大家庭的文化,又有着它们的共性。自古以来,各民族文化总是相互交流、相互学习、相互吸收、相互融合,共同创造着源远流长、丰富多彩、绚丽灿烂的中国文化。

3.西夏晚期在安西榆林窟中较为流行密宗题材。具有浓厚西夏民族风格、艺术性较高的一批代表性作品,集中出现在榆林窟。西夏在瓜、沙地区最高军事长官的画像及西夏文题名也出现于榆林窟。这些情况说明:西夏晚期政治军事文化重心在瓜州,而不在沙州,与归义军节度使曹氏统治时期的情况已有所不同。

4.西夏早已成为历史,党项羌也已经融合于其他民族之中。由于过去历史上的种种原因,关于西夏文化艺术方面的记载和实物都比较缺乏,尤其是对于西夏艺术的认识,过去是十分模糊的。敦煌莫高窟、安西榆林窟西夏艺术,正好在这方面提供了非常珍贵的实物。这对于中国美术史的研究,特别对于我国西北地区美术发展情况的研究,提供了非常重要的资料。这批艺术品还反映了西夏社会的农业、手工业生产,西夏时期的音乐、舞蹈、建筑,以及党项人的形貌、衣冠服饰等。此外,还有大量的西夏文题记。这对于考察研究西夏社会的政治、经济、宗教、文化、民俗和语言文字等,都是难得的参考材料。

参考文献

[1] 王静如.敦煌莫高窟和安西榆林窟中的西夏壁画[J].文物,1980(9).

[2] 洪皓.松漠纪闻·上卷[M]//丛书集成初编(补印本).北京:商务印书馆,1959.

[3] 马可·波罗.马可波罗行纪[M].沙海昂注,冯承钧译.北京:中华书局,1954.

[4] 敦煌文物研究所.敦煌莫高窟窟前建筑遗址发掘简记[J].文物,1978(12).

[5] 吴峰云,李范文,李志清.介绍西夏陵区的几件文物[J].文物,1978(8):图5—6.

[6] 谢稚柳.敦煌艺术叙录·概述[M].北京:古典文学出版社,1957:30.

(原载于敦煌文物研究所:《中国石窟·敦煌莫高窟》第五卷,北京:文物出版社,1987年)

略论西夏壁画艺术

一

西夏,作为中华民族大家庭里一个成员,曾有声有色地活跃在公元11至13世纪中国历史的舞台上,对古代西北地区物质文化和精神文化建设做出过自己的贡献。可是,从1227年西夏被蒙古军征服后,便渐渐地销声匿迹了。到20世纪之前,人们对西夏的历史和文化尚知之甚少,至于西夏的壁画艺术,更是无从说起。20世纪初叶,沙俄奥勃鲁切夫与科兹洛夫以及英国斯坦因等人,相继潜入黑水城,劫走了大量西夏文物。其中既包括不少珍贵的西夏艺术品,也有壁画。

中华人民共和国成立以来,我国文物考古工作者先后发现不少西夏壁画艺术品。20世纪五六十年代,敦煌文物研究所首次将敦煌莫高窟和安西榆林窟初步鉴定出来的几个西夏洞窟中的壁画艺术向读者做了介绍[1]。1964年,由中国科学院民族研究所与敦煌文物研究所共同组成的"西夏工作组",对敦煌莫高窟、安西榆林窟等石窟群中的西夏洞窟进行了专门调查。西夏工作组在北京大学历史系宿白先生的帮助下,用考古类型学方法,在莫高窟划分出77个、在榆林窟划分出11个西夏洞窟[2]。上述工作为了解、认识以及研究西夏艺术提供了丰富的实物资料。

在此前后,内蒙古、宁夏及甘肃等地,或寺庙壁画,或墓室壁画,或石窟壁画,也陆续有所发现[3]。1982年,敦煌文物研究所同安西县(今瓜州县)有关部门又在甘肃安西县桥子乡东南35公里处的峡谷中,发现一座石窟寺,名叫"东千佛洞"。

---

[1] 敦煌文物研究所:《敦煌艺术画库·敦煌壁画·西夏、元》,北京:中国古典艺术出版社,1958年。
[2] 刘玉权:《敦煌莫高窟、安西榆林窟西夏洞窟分期》,载《敦煌研究文集》,兰州:甘肃人民出版社,1982年。
[3] 除敦煌莫高窟和安西榆林窟外,在内蒙古、宁夏以及甘肃其他地方发现有西夏壁画。如内蒙古的寺庙壁画,参见内蒙古文物工作队:《额济纳旗沙漠中的古庙清理记》,《内蒙古文物考古》1981年创刊号;宁夏的墓室壁画,参见宁夏博物馆:《西夏八号陵发掘简报》,《文物》1978年第8期。其余如甘肃肃北蒙古族自治县的五个庙、酒泉的文殊山、玉门的昌马石窟、敦煌西千佛洞,等等,都有西夏壁画。

其中鉴定出西夏洞窟3个,又为研究西夏壁画艺术提供了新资料[①]。遗憾的是这些西夏壁画为数过少,零碎不全。相比之下,唯有敦煌莫高窟与安西榆林窟现存这批西夏壁画,不仅数量多、规模大,而且涉及西夏历史的早、中、晚各个时期,相当完整系统。毫无疑问,这两座石窟是我国保存西夏壁画艺术最多的地方。

由于上述原因,本文原则上以莫高窟和榆林窟的西夏壁画艺术为讨论重点。最近新发现的安西东千佛洞西夏壁画艺术,因笔者尚未作实地考察,不敢妄加评述,只是在某些方面偶有涉及而已。

二

现存西夏壁画艺术,就内容或性质而论,绝大多数属于佛教壁画艺术。不仅西夏时期如此,佛教盛行的其他时代也如此。这正是我国中古时期文化艺术上的一大特点。

从中国佛教译经史角度说,到唐代已具整体规模,堪称全盛时期。与此相适应,佛教壁画的题材内容到唐代时,该绘制表现的基本上已经绘制表现出来了,而且在表现形式方面已成一定格局。到西夏,大体不过是沿袭旧有题材内容而已。然而,也不可忽视西夏中晚期,特别是晚期,由于来自西藏的喇嘛教的影响,也出现了一些密宗新题材。据调查统计,西夏壁画的主要题材约二十种,而较为流行的不过十余种。可分八类:(1)尊像;(2)本生故事;(3)说法图;(4)经变画;(5)千佛;(6)供养(赴会)菩萨;(7)窟主(供养人)像;(8)装饰图案。此外,还有像舞乐图、飞天、水月观音、唐僧取经图、农耕图、踏碓图、酿酒图、锻铁图以及各种生产工具等图像,即使是反映西夏社会生产和社会生活情景的那些珍贵画面,也大多附属于有关经变画之中,目的仍然是阐发经义。

具体说,西夏壁画在题材及其布局方面有以下一些特点:

(一)西夏早期和中期,流行绘制供养菩萨。一般绘在甬道南、北两侧壁,主室东壁甬道内口两壁,或者主室四壁下段。多呈列队式群像,或手持鲜花,或手执香炉,或双手合十,均向着窟内主尊作供奉礼拜之状。其内容、形式都沿袭北宋。但值得注意的一个现象是,西夏时期绘制这类壁画大多用以覆盖前人的窟主像,表明是一种有意识的行为。

(二)西夏早、中期较流行绘制药师佛像。多布局于正龛外两侧壁,也有的布局于甬道内两侧壁。一般以单像出现,并无眷属。均半侧面向主尊,左右相互对

[①] 张伯元:《东千佛洞调查简记》,载敦煌文物研究所编:《敦煌研究》创刊号(总第三期),兰州:甘肃人民出版社,1983年。

称呼应。在唐宋时期已有这种题材出现,仅偶有绘制,并不流行。西夏时较大量地绘制这类题材,不是没有原因的,它反映了当时社会普遍崇奉药师佛。西夏地处西北边陲,地广人稀,畜牧业发达,而医药卫生较落后,人、畜有病,就医困难。西夏文献中,上层人物有病向邻国求医乞药的记载屡见不鲜[①]。至于广大平民就可想而知了。由于社会上从上到下的需要,在佛教盛行的西夏境内,自然会出现较多的表现药师佛尊像的壁画。

（三）西夏早、中两期石窟占统治地位的仍然是非密宗题材,而西夏晚期,由于统治者的倡导,积极从西藏引进喇嘛教[②],在佛教石窟中,较多出现密宗题材的壁画。这种所谓"藏密"题材和风格的壁画,对西夏佛教画坛影响甚大,它给已经陷入严重程式化而一蹶不振的西夏佛教画坛注入了新的血液,使濒临衰败的西夏佛教壁画艺术重新振作起来。同过去相比,"藏密"题材和"藏密"风格的壁画艺术的出现与流行,是西夏佛教壁画艺术的一个新特点。

（四）西夏时期(主要是西夏晚期)壁画中出现较多水月观音图、唐僧取经图,这是西夏壁画艺术在题材方面的又一特点。前者在莫高窟绘制较少,而在榆林窟绘制较多。在文殊山石窟西夏壁画中也有发现[③]。最近在安西东千佛洞石窟寺西夏壁画中再次发现[④]。敦煌文物研究所藏图解本西夏文《妙法莲华经观音普门品》扉页木刻版画也是一幅水月观音图。说明在西夏统治区,至少在西夏统治的河西地区,信仰观音是相当普遍的。唐僧取经图集中出现于安西榆林窟和东千佛洞的西夏壁画中。有的绘制在水月观音图中,有的则出现在普贤变相图里,也有的绘于观音经变图中。该图人物仅有唐僧、孙行者师徒二人及其驮经的白马,尚未出现沙和尚与猪八戒。这一点同南宋文学作品《大唐三藏取经诗话》所记相符。以玄奘西天取经故事为题材的壁画,最早见于欧阳修《于役志》中,志中对五代时期扬州寿宁寺壁画中的唐僧取经图有所记述[⑤],可惜早已化为灰烬。安西榆林窟和东千佛洞现存五幅唐僧取经图便成为最早记录唐僧取经的壁画了。这对于研究以玄奘取经故事为题材的唐僧取经图的产生、形成及其演变过程,提

---

① 如《西夏纪》卷二六:"西夏称天庆七年,春正月,遣武节大夫连都敦信、宣德郎丁师周,如金贺正旦,附奏为母疾求医……"同年八月,"金再来(西夏)赐医药"。又如《西夏纪》卷二五:"西夏称天盛十九年……仁孝章乞良医,为(任)得敬治疾。"

② 吴天墀:《西夏史稿》,成都:四川人民出版社,1982年,第224页。

③ 张宝玺:《文殊山万佛洞西夏壁画的内容》,载《1983年全国敦煌学术讨论会文集·石窟·艺术编上》,兰州:甘肃人民出版社,1985年。

④ 张伯元:《东千佛洞调查简记》,载敦煌文物研究所编:《敦煌研究》创刊号(总第三期),兰州:甘肃人民出版社,1983年。

⑤ 王静如:《敦煌莫高窟和安西榆林窟中的西夏壁画》,《文物》1980年第9期。

供了最古老、最珍贵的实物资料。

（五）西夏晚期，在文殊山千佛洞新出现布袋和尚画像。据知，这是西夏壁画中仅有的一幅。这种题材的造像或画像，宋代开始流行，见于崔白的《布袋真仪图》及山东益都石佛寺、杭州飞来峰、河南辉县等地①。西夏境内佛窟中出现这种题材的画像，显然是受了中原的影响，由中原流传过来。

还需一提的是文殊山千佛洞绘制的弥勒上生经变。据知，在西夏壁画中也仅有此一幅。

（六）在题材及布局方面还有一大特点需要提及，就是关于装饰图案。它在洞窟中所占面积（数量）惹人注目，大凡石窟建设各部分的最高部位，如甬道顶、主室窟顶、龛顶以至前室顶，无不被装饰图案所占领。这一点是历代洞窟所不及的。具体说，有以下几个特点：

1.西夏洞窟从早期到晚期喜欢用龙、凤作为窟顶藻井中心的装饰纹样。或单绘团龙、团凤纹，四角配以云纹；或二龙戏珠；或中央团凤，四角配四龙；或中央团花配五龙……虽然以龙或凤为藻井纹样早在唐后期就已在佛窟中出现，但毕竟并不流行，而唯独西夏时期格外普遍，除当时普遍将龙凤视为神瑞动物，用以象征丰乐吉庆以外，更重要的是龙还象征天子和至高无上的皇权。西夏统治者（特别是开国皇帝嵬名元昊）一贯主张要与中原汉族皇帝平起平坐，分庭抗礼。在他的言论与行动中，这种意识表现得非常强烈。在西夏佛窟中如此喜欢用龙纹作藻井中心纹饰，可能正是西夏统治阶级上述意识的一种反映。

2.以绘制莲花（变形莲花）或者牡丹花等组成的团花和平棋图案特别普遍，多布置在甬道顶、窟顶及龛顶或者前室顶，在很大程度上增强了佛窟的装饰效果，充分说明以党项人为主体的西夏是何等崇饰尚美。

3.在西夏中、晚期边饰图案中，新出现一种变形云纹卷草边饰。在波浪起伏的一条藤蔓（主线）的两侧，一上一下（或一左一右）地派生出状似早期忍冬叶的卷云（经过变形的云头适合纹样）。因它基本在北宋、西夏之前、后都不曾出现，仅在北宋和西夏时期流行，所以其时代特点显著。考古材料大体可以说明这种样式的花边，是北宋时期由中原传入河西及新疆吐鲁番（高昌回鹘），较普遍地流

---

① 张宝玺：《文殊山万佛洞壁画的内容》，载《1983年全国敦煌学术讨论会文集·石窟·艺术编上》，兰州：甘肃人民出版社，1985年。

行于西夏统治时期的河西走廊①。

三

南北朝隋唐时期,是我国佛教和佛教艺术的兴盛及全盛期,唐以后,由盛转衰,开始走下坡路。西夏时期正处在下坡途中。其壁画就艺术性而论,难以同南北朝隋唐时期相媲美。但是,从中国佛教美术史的角度看,它有自己的时代特点,是绝不能被忽视的。

对西夏壁画的系统和风格特点,谢稚柳先生曾经说过:"其画派远宗唐法,不入宋初人一笔,妙能自创,俨然成一家。画颇整饰,但气宇偏小,少情味耳。"②

依笔者愚见,谢稚柳先生上述论断除"不入宋初人一笔"言之欠妥外,其余均言之在理。如果我们以简明扼要的语言来概括西夏壁画艺术的基本面貌和大体轮廓,那就是:远宗唐法,近承宋风;气宇虽小,情味虽少,而妙能自创,俨然成一家。

在考察西夏壁画演变发展的全部过程之后,可以将其分为早、中、晚三个时期③:早期模仿继承北宋,可以认为是北宋壁画艺术的延续和发展;中期吸收了回鹘(主要指高昌回鹘)佛教壁画艺术的某些成分,并探索着特色化道路;晚期在吸收南宋中原绘画的同时,又受到来自西藏的喇嘛教绘画艺术的影响,逐渐形成了自身的风格特点,并趋于成熟。

以下分别从构图、造型、线描、敷彩等几方面,对西夏壁画艺术在表现技法上的风格特点进行粗略的探讨。

(一)构图。中国的佛教绘画(包括壁画)经过长期发展,到唐代无论题材内容还是表现形式,已堪称完备,达到了发展历程中的顶峰。对以后的佛教绘画的发展,有相当深远的影响。西夏壁画在构图上从总体看,承袭唐、宋,尤其早期与唐、宋(特别是北宋)一脉相承。以壁画中占主导地位的经变画为例,其构图与唐、宋壁画构图一样,具有饱满、严谨、对称、均衡的风格和特点。唐代壁画(尤其是初唐壁画),构图上最大的特色是"满"和"动"。"满",就是充实饱满,将一切可能利用的画幅空间都利用上,虽饱满却并不复杂;"动",就是飞动、生动,本来静止的画面,给人以运动感。把静止僵硬的幻灯式画面,变成运动连贯的电影式镜

---

① 这种波状卷云纹边饰,最先见于北宋时期的墓室壁画中。如宿白著:《白沙宋墓》,北京:文物出版社,1957年,图版8—13;图版19—20;图版23、25、35、37—39等。稍后由中原传入河西及新疆吐鲁番。因此在相当于宋和西夏时期的柏孜克里克石窟、雅尔湖石窟、吐峪沟石窟,以及敦煌莫高窟、西千佛洞、安西榆林窟等壁画中屡有出现。
② 谢稚柳:《敦煌艺术叙录》,北京:古典文学出版社,以1957年,第30页。
③ 刘玉权:《敦煌莫高窟、安西榆林窟西夏洞窟分期》,载《敦煌研究文集》,兰州:甘肃人民出版社,1982年。

头。虽然画面空间满得似乎透不过气,然而正因为有动感,所以满而不乱不死,动而稳定平衡,使整个画面构图达到对立统一的完美效果。西夏早期经变画构图,虽然也"满",但是与唐代经变画构图的"满"在程度上是不同的,既没有唐代经变画那样饱满,又使人感到画面的动感不足。西夏早期经变画正因为缺少动感,所以使画面缺少生机,加上人物造型缺乏个性,画面色彩清冷静穆,因此,从总体上来看,给人以平庸、板滞、缺乏神韵、缺乏艺术感染力的感觉。

西夏中期壁画构图最明显的特点是简约、疏空。仍以经变画为例,画面人物减少而形体增大,同时省去建筑衬景。偌大画面,仅寥寥数人,空空荡荡。经变构图简化到同说法图无甚差异。加上画风比较粗放,敷彩比较简约,已距唐宋壁画构图的传统较远,倒与高昌回鹘佛画构图颇为相近。

西夏晚期壁画构图产生较大变化,复又出现像唐宋那样场面宏伟、人物众多、建筑复杂、相当谨严饱满的构图。如榆林窟第2窟南、北壁的西方净土经变和文殊山千佛洞东壁的弥勒上生经变,都是人物众多、建筑成组成院宏伟壮观的构图。这种经变画占着很突出、很重要的地位。运用中原自宋朝兴盛发展起来的界画来表现建筑,结构精确写实,绘工精微,作风严整。与山西高平开化寺宋代壁画建筑界画[①]相比,其界画的精细程度有过之而无不及。

榆林窟第3窟的文殊、普贤经变画构图,以人物为主体,衬景山水画相当完美。以情设景,以景抒情,情景相融,和谐统一。人物有主有从,有聚有散,有呼有应。众多人物被云彩承托、环绕,统一在一幅画面里;透过云层,是由近及远的山水树石,有虚有实,有浓有淡,有疏有密,阴阳向背,层次分明,画面缥缈,意境幽深。人物与山水相比,人物取动势,山水处静势。构图上运用中国传统的散点透视法,人物总体布局用俯视,而远景又用仰视,个别则用平视;山水近、中景用俯视,山林中的建筑却又用平视。更为有趣的是在普贤经变图中,又加进了唐僧取经图,布置在画面左侧山水画中的水边平岗上,成为一幅相对独立的大图中的小图,唐僧、孙行者及白马均面向普贤做礼拜状,使大图、小图中人物相互呼应,人物、景物气势连贯。整个画面构图严谨,统一完美,"拆开则逐物有致,合拢则通体联络"[②]。这种构图形式在历代壁画中也不多见,是西夏壁画的佳作。它与莫高窟第172窟(盛唐)文殊普贤经变图的构图相比,其意境有过之而无不及。前者为唐末宋初逐渐发展并流行起来的所谓"焦墨薄彩"山水之佳作,后者系隋唐时期盛行的青绿重彩山水的上品。

---

① 山西省古建筑保护研究所:《开化寺宋代壁画》,北京:文物出版社,1983年,图版11《舞乐图》。
② 沈宗骞:《芥舟学画篇》卷一《布置》。转引自姜今:《画境》,长沙:湖南美术出版社,1982年,第68页。

西夏晚期表现密宗曼荼罗壁画的构图,其形式比较特殊。或方或圆,方圆结合,由内到外,四面八方,将各种佛像布满坛城。佛像的排列作辐射状。这是受西藏密宗艺术影响的一种特殊构图,是为密宗宗教仪轨的内容服务的,颇有几分类似我国道教的八卦图的构图。

(二)造型。任何艺术都是通过塑造典型形象来感染人、教育人、影响人的。佛教壁画是表现信仰佛教的各种人物及其故事的绘画。人物造型或清瘦,或丰满,或粗壮,或窈窕;或方或圆,或曲或直,或隐或露,或传神或呆滞……都依着不同时代、不同审美要求的变化而变化,特别是依着统治阶级的审美观点和审美要求的变化而变化。西夏早期壁画中的人物造型,由于前已讲到的原因,受唐、宋影响较深。所有属于佛教偶像的造型,同北宋曹氏归义军政权时期相同,完全属于汉族传统的形象和模式,一点也不曾表现出党项人的特点。人物面相"千人一面",表现出程式化与概念化(归结起来就是僵化)倾向。由于没有个性差异,因而神态显得平庸呆板。这方面最有代表性的例子,就是那些充斥佛窟的等身或差不多等身大小的供养菩萨像。这种形象已经无"美"可谈。这正是艺术创作严重脱离现实生活,脱离中国绘画现实主义与浪漫主义相结合的优良传统而结出的苦果。只有在极少数属于世俗人物的窟主像中,才可以窥见与汉族造型模式迥然不同的民族形象。如莫高窟第409窟东壁与第237窟甬道内两侧壁的供养人像,面形浑圆,身体丰满壮实,柳眉修鼻,八字胡须。身着圆领窄袖团龙长袍,脚蹬毡靴,腰束带。上佩解结锥、短刀、荷包等,所谓蹀躞七事,具有非常鲜明的北方少数民族首领的形象特征①。

西夏中期人物造型,无论佛教偶像还是世俗人物都发生了变化。以佛、菩萨像为例,其面部造型一般为长圆形,腮部肥大,柳眉细眼,高直而修长的鼻准。身材比较高大修长。这显然与唐宋时期佛、菩萨像的造型不同,已非汉族人的形象,而是北方少数民族的特征。类似这样的佛、菩萨形象,我们在新疆吐鲁番的石窟寺壁画中可以见到,如柏孜克里克石窟属于高昌回鹘时代的壁画,其佛、菩萨的形象,乃至衣冠服饰、表现技法,都与敦煌壁画相似。西夏与回鹘,在军事、经济、文化等方面,尤其在佛教及佛教文化方面,有着十分密切的关系。西夏统治者对回鹘人相当高深的文化修养(特别在佛教文化方面的修养),非常敬佩。西夏早、中期,除直接派人从中原(北宋)学习、吸收佛教文化外,很重要的一条途径就是依靠回鹘人将佛教及其文化介绍到西夏。敦煌西连回鹘高昌,又当丝路

---

① 关于莫高窟第409窟窟主族属问题及相关联的时代问题,尚有争议,为稳妥起见,这里权作"北方少数民族首领"解释。

要冲,在往来交流中,受到回鹘高昌佛教文化的影响是极其自然的现象。

西夏晚期,随着民族艺术的逐步成熟,表现在人物造型方面,也充分地反映出西夏主体党项人的面貌和气质特点。当然最为典型的例子,莫过于供养人形象。如榆林窟第29窟,有西夏文职、武职官员形象,有他们的侍从、夫人、小孩形象,还有国师、僧人等形象。他们的画像旁边,都有用西夏文书写的题名。成年人无论男女,大都身材修长高大。特别是男像,均圆面高准,两腮肥硕,体魄魁伟,加上别具特色的民族服装和佩饰,将党项人剽悍尚武、质直而好义、粗犷豪爽的民族气质展现出来。

榆林窟第3窟东壁千手千眼观音图中,有许多描写西夏社会农业和手工业生产场景的小画面,如犁耕(二牛抬杠)图、踏碓图、酿酒图、锻铁图等。人物大都形体瘦小纤弱,除酿酒图反映的是党项妇女外,其余为汉族形象。这些西夏社会中的下层劳动人民形象同前面那些西夏社会中、上层的贵族官僚形象形成了鲜明的对比,一个高大魁伟,一个瘦小纤弱,充分反映了西夏统治阶级的尊卑高下观念和审美观念。很显然,在这里,劳动人民、平民百姓的形象是被贬低了的,而中、上层统治者们的形象却是被拔高美化了的。尽管如此,作为反映西夏社会生产、生活的形象资料,仍然是不可多得而又非常珍贵的。

前已提及的榆林窟与东千佛洞几幅唐僧取经图,其中最有特点而又最值得一提的是孙行者的形象——人身、猴面,布衣麻鞋。人猴浑然一体,给猴赋予人性,将猴人格化。或者说给人赋予猴性,将人猴化。古代画工大胆地运用现实主义与浪漫主义相结合的我国传统绘画的创作方法,成功地塑造了早期孙悟空的艺术形象。

西夏晚期许多水月观音图中观世音菩萨的造型,既庄重大方、雍容华贵,又慈眉善目、潇洒俊逸。将人性赋予"神"性,人"神"融于一体。既要使过于庄严肃穆而神秘的"神"不要距人间太远,让人感到高不可攀,不可亲近,从而失去人们的信仰;又不能让"神"和人毫无区别,没有超人的力量,也同样会失去人们的崇拜信仰。古代画工运用现实主义同浪漫主义结合的创作方法,恰如其分地把握住两者间的平衡辩证关系,塑造出大慈大悲,救苦救难,既当崇拜,又可亲近的观音形象。在构思和境界方面比敦煌出土晚唐、五代、宋佛画中的水月观音图,更优美,更成熟。

(三)线描。壁画属中国绘画系统,而中国绘画很重要的一个特点是运用线描这种艺术语言来塑造形象。唐以前,线描主要是铁线描和游丝描;唐以后主要为兰叶描;唐末、五代除兰叶描外,还有莼菜条和折芦描;宋、西夏、元又有钉头鼠尾描。尤其元代,集中国历代线描艺术之大成,综合运用多种描法,使壁画线描艺术炉火纯青,达到空前水平。而西夏正处在这个空前水平的前夜,为元代线描艺术的高度发展准备了良好条件

西夏时期壁画的线描总的来说,以铁线与兰叶描为主,辅以折芦、莼菜条。像早期的莫高窟第409、328等窟,中期的莫高窟第310、245等窟以及晚期的榆林窟第29、2、3等窟,绝大多数壁画都用比较匀称流畅而圆润的铁线与兰叶描法。晚期的榆林窟第29窟颇具代表性,其用线颇似唐代,运笔准确,线条富有弹性,表现力较强。榆林窟第2窟南北壁西方净土变规模宏大的建筑群体,运用较粗壮的铁线界画,线条匀称畅达,作风严整细腻,一丝不苟,准确地表现出建筑的结构、远近层次和透视,是一幅优秀的建筑界画。文殊山石窟的千佛洞东壁西夏绘《弥勒上生经变图》,其界画建筑水平相当高,风格与榆林窟第2窟《西方净土变》相似。这些出自西夏画家的作品,完整如新地保留至今,是难得的,它与中原同时期高水平的建筑界画《清明上河图》及山西高平开化寺壁画中的建筑界画相比较,并不逊色。

莫高窟第97窟《十六罗汉图》,人物肉体及衣服部分用铁线、兰叶描,而山石则用折芦和莼菜条,但笔法技巧不甚高雅成熟。榆林窟第3窟《普贤变》中的山水画,用勾描、皴擦、点染等笔法,极少敷彩,即使染色处也相应清淡稀薄,是一幅类似吴道子所谓"焦墨薄彩"的白描山水图,充分发挥线描这种中国绘画特有的艺术语言,达到"不施丹青而光彩照人"的效果。

西夏晚期壁画中,出现了一些轻施淡彩,而以线描为主,突出线描造型作用的近似白描图。检阅有关两宋时期画史资料和传世绘画的实物资料,处处都可以发现大量的白描图。许多有影响的名画家,都留下了不少白描或近似白描的人物故事及山水花鸟图卷。例如民国十四年(1925年)北京京华印书局刊印的《内务部古物陈列所书画目录》中,就有李公麟、夏珪、释巨然、赵孟坚等宋代名家的大量白描(或近似白描)图卷。西夏文化受中原文化影响,晚期壁画中出现一批以线描为主的"焦墨淡彩"画,显然是受中原画坛流行的白描画影响所致。

(四)敷彩。西夏壁画在敷彩方面很有特点,最突出的一点是早、中期壁画大量使用石绿打底。如大面积的千佛、供养菩萨,或者一些说法图、经变画等,不惜工本地使用这种很贵重的矿物颜料作底色。加上一些原有暖色变为冷色的灰或黑色,使画面呈现冷色调,这就是人们常说的西夏"绿壁画"。这种造型上"千人一面",色彩上大胆使用石绿的壁画,宋、夏以前是极为罕见的,仅见于北宋沙州归义军政权末期(曹宗寿、曹贤顺时期),而在西夏早期到中期则相当盛行。这不仅是西夏壁画

在敷彩上的一大特点,也构成整个西夏壁画艺术的一大特点和风格。

敷彩方面第二大特点,是广泛地使用昂贵的金。敦煌壁画早期(指隋以前)用金,主要集中在佛像肉体上,以表现佛教经典上所说的释迦"丈六金身"。中期(指隋唐)除用于佛像之外,还施于其他偶像的衣冠服饰之上,但都不甚广泛。方法上局限于贴金(金箔)、描金,仅有极个别的沥粉堆金(如莫高窟唐初第57窟)。晚期(一般指五代至元,这里主要指西夏)对于金的运用非常广泛,方法多样。使用较多的是在菩萨佩戴的装饰上。如宝冠、臂钏、手镯、耳环(耳珰)、项圈、璎珞,等等。使用最多的是在洞窟的装饰图案方面。如藻井中心纹样的龙、凤、交杵,团花、平棋的花蕊(芯),纵横棋格的交叉处装饰等。施金有多种方法,有的是涂金(以蜜或胶调金粉成液体状),有的则是贴金(以金箔直接附贴上去),有的是沥粉堆金。有的是在浮塑好的形象(如浮塑的龙、凤纹样)之上涂金或贴金,有的则是在平面的壁画上沥粉堆金(如臂钏、手镯、璎珞等)。

总的来讲,西夏壁画在敷彩方面,早、中两期承唐、宋(尤其后者)余绪,仍较浓重厚实但并不显得金碧富丽,晚期相对清淡简约。这是受中原画坛画风的影响。我国唐后期画坛,已出现重墨轻彩的所谓"焦墨薄彩",即于"焦墨痕中略施微染"的画法。到两宋时期,这种风格的绘画进一步流行,并逐渐发展。它不但用于人物故事画,而且用于山水风景画。宋初名家董源的"淡墨轻岚"山水,南宋李公麟的"淡毫轻墨",甚至"不施丹青而光彩动人"的白描画法,在社会上影响较大。前述榆林窟第3窟《文殊变》《普贤变》中的山水画,第2窟的《西方净土变》等西夏晚期有代表性的壁画作品,都有重墨轻彩、重线轻色的倾向,较明显地反映出受到中原同时期画风的影响,并在这些方面达到中原同时期的艺术水平。

四

通过上述粗浅论述,似可作如下小结:

(一)众所周知,过去对于西夏学的讨论、研究,多偏重语言文字、政治、经济、军事、民俗、历史诸方面,而很少触及西夏的文化艺术,尤其是西夏的绘画艺术。因此,学术界多年来对西夏在文化艺术方面的基本面貌和轮廓认识不清。20世纪五六十年代后,随着我国西夏文物考古工作的进展,过去罕见的西夏艺术品,陆续有所发现。尤其是西夏壁画艺术的大规模发现,对于填补西夏学研究空白,扩大西夏学研究领域,提供了良好的条件。通过对西夏壁画的研究,有助于弄清西夏的绘画发展面貌,也有助于认识西夏文化艺术同汉、吐蕃、回鹘、契丹、女真等在文化艺术方面的关系。

（二）如前所述，西夏的主体民族——党项羌，长期生息繁衍在中国西北，对古代西北地区的开发，对促进民族团结和边疆稳定繁荣，都做出了贡献。同样，西夏壁画艺术是中国美术史不可分割的一个组成部分，它既有鲜明的民族特点、地方特点与时代特征，又是对我国艺术传统的继承和发展，丰富和充实了我国古代艺术宝库。

（三）现存西夏壁画大多属佛教绘画，是为宣扬佛教、巩固封建经济制度和政治制度服务的。虽然目的是表现和赞颂"天国"，但它从现实社会生活中摄取内容。同时，艺术图像的创作和表现，又必须通过具体的形象。这样一来，佛教和佛教艺术在一定程度上就不可避免地反映了现实。例如敦煌莫高窟、安西榆林窟和东千佛洞等处的佛教壁画中，那些犁耕图、踏碓图、酿酒图、锻铁图、唐僧取经图、国师供养像、男女文武职官及其眷属侍从供养像，还有其他一些壁画，反映了西夏社会的农业、手工业、党项人的相貌、民族服饰、风俗习惯、建筑、音乐舞蹈、文字书法等，对于研究西夏断代史和专业史，都是重要的参考材料。

（原载于史金波：《西夏文物》，北京：文物出版社，1988年）

榆林窟第29窟水月观音图部分内容新析

一

瓜州（原甘肃省安西县，2006年经国务院批准改为瓜州县）榆林窟第29窟，营建于西夏赵仁孝（1140—1193年在位）乾祐二十四年（1193年），系沙州监军司赵麻玉家族的功德窟[1]。

在该窟的正壁（过去习称为东壁，本文依《敦煌石窟内容总录》改称北壁）中央佛说法图东西两侧，各绘一铺水月观音图。在现存的敦煌壁画20多铺水月观音图中，绘于正壁者仅此一例。而且其画幅规模之大、内容之丰富和艺术之精美，在同类壁画中并不多见。

然而，由于残损严重，尤其东侧一铺水月观音图及西侧水月观音图的下部，残损更为严重。因此，长期以来人们并不了解这两铺图的许多细节和全貌。在这种情况下，对西侧水月观音图下部依稀可见的白马和似乎像玄奘、猴（孙）行者等模糊且时断时续的一些图形片段，曾一度被判读为玄奘取经图。前辈段文杰先生对该图的观察、判读与考订用功尤细尤深。他在《玄奘取经图研究》一文中说：

> 榆林窟第29窟北壁东侧（误，应为西侧）水月观音下部附属画面，作横卷式，中绘一大树，枝叶茂密，北侧（误，应为西侧）绘一俗士手持一物，心形似桃，右手指树，回头向猴行者和玄奘谈话。猴（孙）行者和玄奘均为侧面像，猴（孙）行者圆眼，大嘴，披发，戴金环，衩衣，小口裤，背负一袋。后为玄奘，光头着袈裟，合掌，笑容交谈，玄奘身后白马空鞍相随。树的南侧（误，应为东侧），一人手执一桃，回身递与另一人，二人俯身，窃窃私语。更有一僧，头有圆光，着袈裟，右手持桃隐藏身后，秘不示人，仰首与菩萨交谈。菩萨头戴三珠宝冠，高髻，长发披肩，内着衫裙，外套袈裟，双手合十听僧人谈话。僧人背后又出一菩萨，注视僧人手中之桃，而僧人尚未发觉。这一有趣情节，

可能是玄奘与猴(孙)行者在西王母蟠桃林偷桃的故事。由于画面极不清晰,尚待继续考证[2]。

近年来,敦煌研究院开展了榆林窟第29窟全窟原大的临摹复制工作。美术研究所的画家们将传统方法与现代科技相结合,经过精心挖掘探索,整理研究,把原来肉眼看不清楚或看不完整,乃至根本看不到的东西再现出来。经整理复原的水月观音图的白描图稿,相对完整并十分清晰地呈现在人们眼前,让人感到有些不可思议。正是依据白描图稿,才有了条件和机会重新审视水月观音图下部的壁画内容,究竟是不是玄奘取经图。

二

现依据白描图稿,就说法图西侧水月观音图下部内容,作一介绍并试作初步辨析。

西侧水月观音图从内容布局角度,可分上部的观音尊像及其净土和下部的供养朝圣者两部分。本文的任务就是介绍与辨析下部的内容。

在海岸的狭长地带上(即前辈所说"横卷式""附属画面"),横向布列着八人一马。中央画一株贯通画面上下的大树,由此又将画面分割成东、西两小部分。西侧画三人一马。从人形反差和他们服饰的不同可知,此三人中有两位主人,一位侍从。前面一位主人头系英雄结①,着圆领中袖长衫,左手持一桃形物,应是持莲花供养,一边缓缓前行,一边回首与后面一位主人攀谈。后面一位主人头上系英雄结,衣着同前,正侧面躬身向前,双手合十,缓向前行,并同前面那位主人相呼应。在两位主人之间的一侧,一形体稍小的侍从,头也系英雄结,身着窄袖衫,前后襟横缠于腰间,下着小口裤,足蹬麻鞋,背负细口大腹式物具,应是水罐或水囊之类,路旁放有一只大旅行袋,紧束袋口。最后面一匹鞴鞍白马,随其自行。

大树东侧画主、从五人(其中三位主人,两位侍从)。三位主人一作正面,一作正侧面,一作半侧面像,均未蓄发,但有头光,身着袈裟,足蹬麻鞋。前后两位双手合十作礼拜状,中间一位右手执袈裟,左手似作谈话手势。两侍从形体比主人小许多,其一为光头,另一头部不完整,不知是否也是光头,均身着圆领窄袖衫,束腰带,下身穿小口裤,足蹬麻鞋。前者背负行李,后者背负小口大腹物具,也应属水囊之类。

---

① 与该窟南壁男供养人画像中持长竿的侍从头上所系的"英雄结"相同。是用长头巾结成一种向上竖起的装饰,文献上称其为"英雄结"。

从两组人物的造型、服饰、动态及其行李物品以及周边环境等综合因素来分析,其西面一组显然全为世俗人物,而东面一组则为出家人,大体相当于高僧和他们的侍从。两组人物由东西两个不同方向朝着画面中央(同一目标)而行,表示他们来自不同地方而向着同一目的地行进,即向着观音菩萨道场行进。问题已经十分明朗,"横卷式"画面上出现的所有人物,都是不畏艰辛、一心一意赴观音道场的朝圣者(图1、图2)。

图1 水月观音图(白描图)
榆林窟第29窟北壁西侧

图2 水月观音图(局部) 榆林窟第29窟北壁西侧

三

水月观音图中画供养者或朝圣者起于何时？唐朝是否已有？因未见文献记载，也未见传世作品，不得而知。从现存最早的绢纸画和壁画看，至少在唐末五代时期就已有之。最有说服力的实物，当然是出自敦煌而现藏于法国吉美博物馆、作于五代后晋天福八年（943年）的水月观音图。这是将大悲观世音菩萨（千手经变）和水月观音菩萨两图组合在一起的着色绢画。大悲观音（千手经变）为大型主图，而水月观音图为小型辅图。图中发愿文明言"创此新图"。又说"二铺观音救民护国，济拔沉沦……使往来赡礼，莫不倾心显悟，迷途暗增殊祐……缘及有情，同超觉路"。图虽有大小主次，而功能与供养目的相同。图中画有男女供养人像，手持香炉与鲜花，盘腿坐于地毯上，侍从分立男女施主身后，但与佛画相互隔开。

壁画中时代相对较早的水月观音图，如莫高窟第6窟（五代）。图中下部海岸边，画有僧、俗各两位朝圣供养者形象，其中僧人作顶礼朝拜状，而其中一位俗人则以手遥指观世音菩萨像。莫高窟第331窟（唐建，五代重修）的水月观音图，也于图中的左下角海岸上画一僧人，右下角海岸上画一俗人，均用手遥指观音菩萨像。这些水月观音图与朝拜供养者的形象，并不相互隔离，而是组合进同一幅画中，二者均成为水月观音图的有机组成部分。

晚些时候的莫高窟第203窟（唐建，北宋重修）的水月观音图下部海岸上，画有两俗人，其中一人以手遥指观音菩萨。又如黑水城出土现藏俄罗斯艾尔米塔什博物馆的三幅西夏唐卡水月观音图，有两幅画出朝圣供养者形象。其中一幅非常重要，受到人们关注，图的右下角海岸岩石上，画有一组向观音作舞乐供养的人物形象。一人双手向外平伸作舞，三人作乐，所使用的乐器为箜篌、横笛和拍板。旁边还有两匹鞴好马鞍的马，并有一杆高竖的旌旗。这种用舞乐形式向观音菩萨做礼拜供养的水月观音图，为众多同类图中所仅见。

榆林窟第2窟（西夏）和东千佛洞第2窟（西夏）的水月观音图中，还出现了玄奘率猴（孙）行者并携白马向观音菩萨朝拜的形象，这更是这类图像中的特殊实例。

以上所举图例说明，水月观音图中画供养者、朝圣者形象，最迟晚唐五代时即已成定式。他们基本上由僧、俗两种人群构成，或以施主的身份礼拜供养，或以僧人、世俗人的身份礼拜朝圣。不同之处是这类人物或与佛画（此指水月观音图）严格分开，或者直接纳入佛画内容布局。而榆林窟第29窟的水月观音图中，出现了人数众多的礼拜朝圣者,这与大多数同类图像确实有一些不同,而且出现了别的图中未曾出现的行李和储水器等。还应指出的是,人群中显示出比较浓厚的长途跋涉的氛围,这一点也是其他图像所无的。

总之,榆林窟第29窟的水月观音图,无论观音尊像及其道场,还是下部较多的僧俗礼拜朝圣者,都更加与以下所举佛典相契合:

> ……布恒洛迦山,山径危险,岩谷倾斜。山顶有池,其水澄镜,流出大河,周流绕山二十匝入南海。池侧有石天宫,观自在菩萨往来游舍。有愿见菩萨者,不顾身命,涉水登山,忘其艰险,能达之者,盖亦寡矣。①

在中国也有观世音菩萨道场,其中最具代表性而又最著名的就是浙江省的普陀山。《普陀山志》卷一云:

> (观音菩萨道场)洞口峭壁危峻,石色青黝,高三四十丈,陡劈两崖如门,洞深广百丈。礼佛求现者,拜不绝踵。②

关于水月观音图观音道场的佛典依据还有许多,但这已超出本文的范围,不必赘述。我们的讨论只是水月观音图中出现僧俗供养者与朝圣者形象的原因和主要依据。

至此,可以将本文作简要小结:

1.榆林窟第29窟水月观音图下部长卷画的内容并非唐僧取经的故事,而是水月观音图的有机组成部分,是描写有志要去观音道场瞻仰菩萨而不畏艰险的朝圣者。

2.同五代所创新图相比,后来的水月观音图从表现内容到表现形式以及主尊观音菩萨的姿态与造型,都逐渐趋向于自由活泼。画面的意境更加深邃,更加有欣赏价值和审美情趣,也更加大众化和世俗化。如果说早期的水月观音图是功利性第一、审美性第二的话,那么晚期的这类图似乎将功利性与审美性几乎要转换一下位置,但仍然是有机的微妙的统一体。

3.这种变化的原因主要有两点:其一是唐代繁荣昌盛的诗歌,在较大程度上

---

① [唐]辩机:《大唐西域记》卷一〇,载《大正新修大藏经》第五一卷史传部三,第932页。引文中的着重符号系笔者所加。

② 丁福保:《佛学大辞典》"普陀洛伽山"条,北京:文物出版社,1984年,第1046页。

激发了中国自创的有一定抒情空间的水月观音图更加具有诗情画意。其二是中国的山水画自唐朝发展为相对独立的画科,并有了长足的进步。许多人物画及佛画家都工山水,更有不少以山水画擅长的画家。这在一定程度上对包括水月观音图在内的佛教绘画内容和形式的创新产生了积极的影响。

后记：

本文所用的白描图稿,系由敦煌研究院美术研究所候黎明先生临摹、整理、复原,又由他拍摄、制成光盘,交给笔者,且事先征得他的同意在本文中首次发表,对此,笔者感谢侯黎明先生的帮助与支持。

参考文献

[1]刘玉权.榆林窟第29窟窟主及其营建年代考论[G]//段文杰敦煌研究五十年纪念文集.北京:世界图书出版公司,1996:130—138.

[2]段文杰.敦煌石窟艺术研究[M].兰州:甘肃人民出版社,2007:398.

(原载于《敦煌研究》2009年第2期)

西夏对敦煌艺术的特殊贡献

敦煌艺术,是中西文化交流融合的杰出典范,是中国古代各族人民精神生产的智慧结晶。在上下千年绵延不断的艺术创作过程中,凝聚了诸多民族的文化养分。其中的党项羌及其建立的西夏政权,以其饱满的创作激情,为敦煌艺术创造出不少史诗般奇迹,做出了一份不凡的特殊贡献。

一、独一无二的纹样

在敦煌石窟的装饰纹样中,特别是在洞窟顶部的藻井中心纹样中,不乏采用龙、凤等象征吉祥如意与喜庆的传统题材。要么设计单独的蟠龙或者二龙戏珠,要么设计龙与凤组合纹样。唯独西夏时期的莫高窟第400号洞窟的窟顶中心藻井纹样,创造了一个奇特形象:两条相互追逐盘旋的龙形怪兽,其造型均为凤首龙身,姑且称其为"凤首龙"[①]吧,无论是凤首还是龙身,都是当时流行的典型形象。这种单体造型的龙凤复合式图像,据笔者所知,在整个敦煌艺术中首次出现,在中国乃至国外其他石窟寺艺术中似亦未见。虽然是一种小的装饰纹样,但在一定程度上反映出西夏是一个富有想象力和创新精神的群体。

二、新鲜独特的藻井图案

在整个敦煌藻井图案中,虽然偶有将佛的形象组织到藻井中心的设计样式,但将一铺完整的密教曼荼罗(坛城)图像作为洞窟顶部藻井中心纹样,并与其他几何纹样、动植物纹样一起,组成完整的藻井图案,这种新的题材和新的奇特的组合结构形式,是西夏人在敦煌艺术中的发明创造。其典型代表作品是榆林窟第3窟藻井图案。它以藏传佛教艺术风格的金刚界曼荼罗为中心纹样,外周依次为古钱纹、回纹、卷草纹、千佛、莲瓣纹、联珠纹、六出龟背纹、神禽瑞兽卷草纹及垂幔纹等花

[①] 敦煌文物研究所:《中国石窟·敦煌莫高窟》第五卷,北京:文物出版社,1987年,彩色图版第129图。

边,组合成别具一格的藻井图案。将汉族传统纹样及表现形式同藏传佛教题材及艺术风格熔为一炉,最终构成具有西夏时代特征的新颖独特艺术[1]。这种艺术模式在其后的元代乃至明清佛教艺术中,产生了较为深远的影响。

三、最早的连环画书籍

敦煌研究院收藏有一件西夏文图解本《妙法莲华经·观世音菩萨普门品》。据考证,此图本系西夏崇宗李乾顺时期(11世纪后期至12世纪前期)翻译刊印的一部佛经。计有西夏文256行、2324字。此外在第123行下空处,还杂有一个汉字的"五"字。扉页有占两个页面的水月观音图。经文内容系表现善财童子五十三参的五十三段文字,每段文字上面配一幅注释经文内容的版画,计53帧。上图下文,图文互释。文图均为木刻雕版印刷。这是中国现存最为古老的连环画书籍。据有关专家研究考证,它是中国连环画书籍的最早模式[2]。

四、别具一格的千手经变

《千手经变》早在唐初即由印度传入中国,是一种宣扬观世音菩萨无上"功德"的密教图像。在敦煌石窟的莫高窟、西千佛洞、榆林窟、五个庙等石窟寺中,至今在50余个洞窟中留存有约56铺由盛唐至元朝的《千手经变》图像。其中不乏值得称道的佳作。若论规模最宏伟壮观、内容最繁复庞杂、历史文物价值最高、格式最有创新精神者,唯推西夏时期榆林窟第3窟东壁南侧的《千手经变》。与其他同类图像相比,它具有两大特点:一是在千手中出现了特别众多而庞杂的诸般法物、法器,并在布局与构图上采用左右两侧对称的形式。这些法物、法器按类型区分,有人物(佛教人物及世俗人物)、动物(写实性动物与祥瑞动物)、植物、水果、建筑物、交通工具、农业和手工业劳动生产工具、乐器、量具、宝物与宝器、兵器,等等。此外还有工、农、商、艺诸般行当的活动场面与图像。譬如犁耕图(二牛抬杠)、踏碓图、酿酒图、锻铁图、商旅、舞蹈等图像。可以说三教九流,五花八门,包罗万象,试图要把当时一个十分庞杂的社会浓缩在该图像之中。其中不少是历代同类经变图像中未曾见过的内容。此般表现《千手经变》,从内容到形式以及整个构思构图,至少在敦煌壁画艺术中前无古人,后无来者。

二是《千手经变》中的《锻铁图》绘制的风箱是竖式双门推拉式风箱。它可增大送风给氧量,连续不间断送风,既提高炼烧温度,增强钢铁强度,又提高生产效

---

[1] 敦煌研究院:《中国石窟·安西榆林窟》,北京:文物出版社,1997年。
[2] 刘玉权:《本所藏图解本西夏文〈观音经〉版画初探》,《敦煌研究》1985年第3期。

率,是当时世界上最为先进的一种风箱和鼓风设备。这种鼓风技术比欧洲至少要早半个世纪。该图像在中国及世界科技史上具有重要价值。同时还表明西夏与中原地区在这方面的发展水平是齐头并进的。联系西夏当时还使用先进的冷锻技术,就不难理解西夏的剑何以受到各国的青睐而备受赞誉,视为至宝。

五、最早的唐僧取经图

自公元7世纪前半叶玄奘游西域,历经百余国,取回梵文真经657部之后,西天取经壮举及其间动人故事被世人广为传颂,相关文学艺术作品接踵面世。从文献记载看,关于唐僧取经图的最早作品,大抵在唐朝即已出现,采用单幅绘画的形式。北宋欧阳修在景祐三年(1036年)尚见到扬州寿宁寺原绘于唐代的唐僧取经图,虽然早已荡然无存,但是,尚存于世最早的唐僧取经图可见于敦煌石窟中西夏时代的壁画。譬如榆林窟第2、3、29窟以及东千佛洞第2窟等,或绘于水月观音图中,或出现在《普贤经变》中,或画在《供养高僧图》里。图上只有唐僧、孙悟空和白龙马,说明还处于较早的初始阶段。另外,这些图都是单幅画,且多附属于其他较大幅绘画之中,还未出现独立的和连续多幅的图画。

敦煌作为中西交通咽喉之地,"唐僧取经"必经之处,又地接西域这片浪漫神奇的土地,较早诞生表现"唐僧取经"故事的艺术作品,完全是情理之中的事。然而由唐至西夏,历经400年,在西夏之前的唐代中后期和五代宋的漫长岁月里,同是这片土地,何以不曾出现这类绘画,单单只在西夏统治时期出现而且很流行呢?是否有其特殊原因呢?

我们检阅历史文献,注意到:党项人自称其为猕猴种的记载屡屡出现,党项人流传的诗歌里也有反映。保护唐僧取经、除魔降妖的猴(孙)行者,对于党项人来说引以为自豪。因此,唐僧取经的故事在西夏社会中得到特别的宣扬很符合逻辑。人们还注意到,在黑水城出土的西夏文献中,有"大唐三藏西天……"反映唐僧取经故事的文艺作品。无论如何,这一重要题材仅仅在西夏壁画中出现而且流行,也足以说明西夏对敦煌艺术做出了一份特殊而宝贵的贡献。

六、对线描艺术的贡献

敦煌壁画艺术属于中国绘画中的工笔重彩画,主要运用线描来塑造形象。在不同的历史阶段,中国画坛流行不同的线描技法。敦煌壁画艺术由于时空跨度大,延续性强,传承脉络清晰,系统性强,因此,作为中国画"骨骼"的线描,在很大程度上体现中古时期中国绘画史的面貌。敦煌艺术史论家普遍认为,元代是敦煌绘画线描艺术的集大成时期。其最为典型的代表作品是莫高窟第3窟的壁画艺术。但是我们觉得有必要补充指出一点，就是西夏在线描艺术集大成的历史进程中，有一份不可忽视的重要贡献。西夏在学习继承两宋（特别是南宋）以马远、夏珪等为代表的绘画新成就、探索综合运用多种线描技法、创作简约精致的白描人物画方面，充当了"奠基"角色，起到了承上启下的"桥梁"作用。榆林窟第3窟壁画是其典型代表。西壁窟门两侧的《文殊经变》与《普贤经变》，是敦煌历代同类题材的壁画中，画幅规模宏伟壮观、表现手法新颖、率先综合运用线描技法并获成功、富于开创性的上乘之作。构成此两幅画的两个要素是人物和山水背景比前人之作都有大胆的创新。在人物方面更为集中地突出了以线描造型，基本不依赖敷彩而形神兼备；在背景方面一改前人青绿山水的传统表现手法，开创性地、大胆地运用水墨技巧来表现，与近乎白描人物以及界画建筑等达到和谐微妙的组合，使整个画面简约朴素而雅致，气势恢宏而壮观[①]。

从榆林窟第3窟（西夏）到莫高窟第3窟（元代），我们可以清晰地看到敦煌壁画线描艺术综合运用各种技法的演变发展、探索创新的进程，它们在研究中国画后期发展史，尤其是晚期线描艺术发展史方面，具有重要价值。

七、对水墨山水画的贡献

敦煌壁画中的山水画在隋唐以前基本上都是以铁线勾勒轮廓，用青或绿或赭或赤或白等色"随类敷彩"，装饰性和象征性颇强。隋唐至五代宋，则流行"青绿山水"。西夏将水墨山水画带入敦煌石窟，开了敦煌水墨山水画之先河。其最为典型的代表仍是前已提及的榆林窟第3窟《文殊经变》和《普贤经变》。虽然人物仍是表现的主体，占据画面的中心位置，但其山水背景显然已有相对独立性。以文殊（或普贤）菩萨为中心的人物群像，置于构思与构图完整的水墨山水之中，人物、山水并重，是构思构图谨严缜密而统一完整的绘画。对敦煌壁画艺术至少在以下两点上有新的特殊贡献：（1）创造性地继承和发展了两宋（特别是南宋）以李唐、马远、夏珪为代表的传统，开启敦煌白描淡彩画之先河。（2）创造性地继承和发展了两宋绘画风格与传统，开启水墨淡彩山水画之先河。以浓淡深浅不同的水墨勾勒、皴擦、点染，表现山峦的体量与纹理走势和阴阳向背。有近有远，有隐有显，有高有低，有窄有宽，有明有暗，意境幽深广远。加之与宫阙庭院、楼台亭阁相互掩映交错，层次分明，和谐得体，于是就将山水画的水准推到了顶峰，特

[①] 段文杰：《中国美术分类全集·中国敦煌壁画全集》敦煌西夏元卷，天津：天津人民美术出版社，1996年，彩色图版第91、94图。

别是将敦煌罕有的水墨山水画的水准推到了顶峰[①]。

八、对建筑界画的新贡献

包括敦煌壁画在内的中国建筑界画,开步很早且历史悠久,至隋唐已达极盛。但唐以后有减弱之势,至少就敦煌而言如此。表现为规模变小、技法与作风相对粗简、一般化和格式化较明显。至西夏晚期,建筑界画出现复兴之势。画幅之规模、结构之谨严、线描之规范、风格之细腻,都超越了五代宋而可与隋唐媲美。榆林窟第3窟南北二壁中央大型净土经变与西壁窟门两侧《文殊经变》《普贤经变》中的建筑界画以及文殊山石窟西夏建筑界画等,同为西夏时期建筑界画的代表作品[②]。

把西夏的历史文献同已经出土面世的西夏艺术品,特别是集中系统而颇具规模的敦煌西夏艺术品联系起来看,我们会发现西夏很少保守思想,勇于并善于学习其他民族优秀文化艺术成果,能够很快地把对己有用的艺术养料吸收过来,为我所用,更能够创造具有本民族特点和时代气息的艺术品。所以西夏艺术品让人既感到熟悉,又觉得生疏和新奇,充满活力与朝气。特别是它丰富的想象力与创造力,令人刮目相看,永载历史丰碑。

(原载于《国家图书馆学刊》西夏研究专号2002增刊)

[①] 段文杰:《中国美术分类全集·中国敦煌壁画全集》敦煌西夏元卷,天津:天津人民美术出版社,1996年,第92、95图。

[②] 敦煌研究院:《中国石窟·安西榆林窟》,北京:文物出版社,1997年,彩色图版第149、150、151、152图。

敦煌西夏石窟研究琐言

20世纪80年代以来，敦煌西夏石窟研究中出现了所谓西夏统治者"打起'以浮图安疆'旗号，极力提倡佛教"和"西夏王供养像"等说法。其中有的说法，笔者也曾与相关作者进行过沟通交流。有的说法则与笔者直接相关，虽就此已在相关学术期刊上撰文做过补充修正，但可能因为"先入为主"的原因，其负面影响仍时有发生。至今在西夏研究的某些出版物中，或多或少地引起一些混乱。近年来，有的专家学者以口头或者致函的方式，希望笔者在适当场合谈谈看法。故拟此拙稿，就上述问题谈点个人愚见。不妥之处，恳请诸位专家学者不吝指正。

拙稿所谈的几个问题，相互间并无内在的联系，故云"琐言"。

一、关于"浮图安疆"旗号

1982年出版的《敦煌研究文集》中，刊载了《莫高窟、榆林窟的西夏艺术》一文，在谈及西夏统治者崇佛时说："李元昊……打起'以浮图安疆'旗号，极力提倡佛教。"[1]

这是笔者看到的第一篇作此引文的文章。众所周知，李元昊及西夏历代统治者推崇佛教并利用佛教对人民进行思想和精神统治，这没有问题。然而问题在于，西夏史籍及相关文献中，找不到上述引文，而文章对其引文又未做出注释，我们不知其依据何在？笔者记得，该文稿在发表之前我曾经拜读过，并提出过质疑。遗憾的是，没有得到作者的回应。怀疑文章作者很可能是在以下史料的断句与理解上片面而导致失实：

（宋元祐元年）（1086年）冬十月……宋许以浮图、安疆、葭芦、米脂四寨来归（西夏）。[2]（着重号系笔者所加，下同）

元祐四年（1089年）六月八日，枢密院言：拟答夏国诏，交割永乐陷没人口，计口支与赏绢。仍将葭芦、米脂、浮图、安疆四寨给赐夏国。从之。[3]

（宋元祐）五年（1090年）春二月己亥，夏人来归永乐所掠吏士百四十九人。（宋）遂诏以米脂、葭芦、浮图、安疆四砦（寨）还之。夏得地益骄。[4]

公元11世纪后半叶，宋夏关系中经常出现一些寨堡的名字，其中尤以葭芦、米脂、浮图、安疆四寨堡的名称出现频率最高。那是因为它们的军事地理位置特别重要，所谓居高临下，"宅险遏衡""扼西戎之咽喉"[4]。宋夏双方都势在必争，或通过武力，或利用和谈，竭力要掌握其控制权。上文作者可能把上述史料中频繁出现的"浮图安疆"断章取义，偏离了史籍原意。在引用未加标点断句的古汉语史料，偶不小心出点偏差也不足为怪。然而让人费解的是，由此发生了多起连锁反应。一些作者因疏于核查原文，不自觉地误入"先入为主"及"人云亦云"的怪圈。据粗略统计，自前文发表之后，至少又有五六篇文章中重现同样的问题：

1985年第3期（总第5期）《敦煌研究》刊载的《晚期的莫高窟艺术》云：西夏统治者"一方面以武力征服境内各民族，同时又提出'佛图安邦'的口号"[5]。

在另一篇《莫高窟晚期的艺术》文章里，又说西夏统治者"大力提倡佛教，以佛图安疆"[6]。

1985年12月，文物出版社出版的《莫高窟窟前殿堂遗址》一书中说："西夏历代统治者也奉行佛教，他们甚至提出以'浮图安疆'的口号。"[7]

1990年6月，上海人民美术出版社出版的《中国北方民族美术史料》一书中也说："由于西夏统治阶级大力提倡佛教，曾提出了'以浮图安疆'的主张。"[8]

1996年四川教育出版社出版的华夏文明探秘丛书《沙海佛光·敦煌莫高窟漫笔》一书中亦云：西夏"以浮屠安疆"[9]。

笔者记忆里，还有一些出版物持此说法，不一一罗列。

以上所列已足以引起大家的关注。前人在引用史料上一个小小失误，可以让后人受到感染和影响。若不及时纠正，这种负面的感染和影响会长期延续下去。疏于核查原始资料是其病根，这一点确也值得总结经验。

至此，可对这个问题作一简要小结：

1.有关西夏佛教史料中，西夏统治者虽崇奉佛教，但并未提出所谓"以浮图安疆"的口号。

2.所谓"以浮图安疆"，宋夏相关史料中是"浮图"和"安疆"两个寨堡的名称。它们常常与"葭芦"和"米脂"两寨合称四寨。这四个寨堡是当时宋夏双方都竭力争夺的。宋朝与西夏曾经商谈而达成协议：宋朝以此四寨还赐西夏，而西夏则送还在永乐之战中俘获的宋朝官吏和百姓，宋朝还需"计口支与赏绢"。所谓"以浮图安疆",即上述宋朝以浮图、安疆、葭芦、米脂四寨还赐西夏,其内容和性质与西夏的佛教政策没有关系。

二、关于"西夏王"供养像问题

归根到底,这个问题与笔者有直接的关系。

20世纪60年代,敦煌文物研究所与中国科学院民族研究所合作,共同开展敦煌西夏资料的调查研究。为此,成立了西夏资料工作组。常书鸿所长和王静如教授分别担任组长、副组长,宿白教授担当学术顾问,李承仙先生任秘书长,史金波、白滨、刘玉权为组员(陈炳应也参加了调查工作)。工作组领导安排笔者承担西夏洞窟分期的课题。这项工作使笔者有幸自始至终得到宿白教授的亲自指导。西夏洞窟分期论文的提纲,即由宿白教授亲笔拟定。1982年分期论文由甘肃人民出版社在《敦煌研究文集》中发表[10]。

莫高窟第409窟划入西夏洞窟,窟中有西北少数民族首领的供养画像。其人物造型、衣冠服饰及侍卫仪仗等,与史籍关于赵元昊的记载相契合。但毕竟其画像题名无法看清,不能确认其具体身份。在稍后的图版说明和文章中,只好勉强以"西夏王"供养像称之[6]。此后的一些中外出版物,自然依照此说①。除第409窟外,莫高窟还有第237(前室、甬道)、148窟(甬道)有这种西北少数民族首领的供养画像。其实在西夏洞窟分期过程中,对莫高窟西夏第二期窟(前述第409、237窟即在此期)壁画的一些特点和风格,让人感觉到与其前、后两时段的壁画有些难以衔接,倒是同当时可以看到的德人勒寇克《火州》一书中的高昌回鹘壁画较为接近。然一时尚无缘去新疆参观考察高昌回鹘佛教艺术,只好暂将上述现象理解为敦煌西夏石窟接受了高昌回鹘佛教艺术的影响。要弄清这个问题,只有留待以后进一步研究。

20世纪80年代中期,我们将沙州回鹘问题的研究提上工作日程。在探讨研究沙州回鹘史的同时,又在敦煌石窟中划分出23个回鹘洞窟。其中原莫高窟西夏第二期的11个窟中,有9个划入回鹘窟。这当中即包括第409、237等有所谓"西夏王"供养像的洞窟。1987年,笔者在敦煌石窟研究国际讨论会上,发表了

---

① 《シルワロード》第3卷《幻の楼兰・黑水城》,井上靖・冈崎敬NHK取材班著,昭和五十五年日本放送出版协会出版。该书《カウホトへの梦》一文中说:"四百九窟东壁には供养者としての西夏王の姿も描かれている。"同时刊登有莫高窟第409窟男供养人像的彩色图片,又见《西夏文物》第59、60彩色版刊登莫高窟第409窟男、女供养人像,称"西夏王供养像"和"西夏王妃供养像"(北京:文物出版社,1988年)。又《西夏文物研究》彩色3、4也刊登了同上图像(临本),称莫高窟第409窟"女供养人像"和"国王供养像"。虽未明言为何国哪族供养像,但既为西夏文物研究,其意自明(银川:宁夏人民出版社,1985年)。

《关于沙州回鹘洞窟的划分》[11],正式终结了所谓"西夏王",而改称"回鹘可汗"。

随后,笔者在《敦煌研究》1998年第3期上,刊载了《敦煌西夏洞窟分期再议》,将沙州回鹘洞窟与西夏洞窟分期的关系以及所遗留的某些问题,做了必要的调整和交代。具体主要有三点:

第一,将混杂在西夏窟中的17个回鹘窟(其中莫高窟15个,榆林窟2个)分出来,纳入沙州回鹘洞窟行列(名单见后)。

第二,新增入6个西夏窟:莫高窟第395窟,东千佛洞第2、5窟,五个庙第1、3、4窟。

第三,进一步明确了原所谓"西夏王"供养画像之说从此终结,而改称"回鹘可汗"。

现将原部分西夏窟改划回鹘窟的情况,用列表形式表示如下。

莫高窟改划情况		榆林窟改划情况	
原西夏第一期(计57窟)	无改划	原西夏第一期(计7窟)	无改划
原西夏第二期(计11窟)	改划为回鹘窟9个:237(前室及甬道)、307、308、306、363、399、418、409、244(前室、甬道)	原西夏第二期(计2窟)	改划为回鹘窟2个:21(前室及甬道)、39
原西夏第三期(计9窟)	改划为回鹘窟6个:207、310、330、309、245、97	原西夏第三期(计3窟)	无改划
合计原西夏三期共77个洞窟	其中改划为回鹘窟者15个	合计原西夏三期共12个洞窟	其中改划为回鹘窟者2个

这些改划变动的情况,特别关系到莫高窟第409窟的改划变动,一些专家学者已经注意到了。因此,他们的大作中,在涉及第409窟的相关问题时,使用了新的观点和说法[12]。但也有专家学者一时未注意到上述的改划变动,或者虽然已经知道了上述的改划变动,但因一时疏忽而习惯性地沿用旧说①②,在此做一次友

---

① 谢万幸、杨飞编著的图文版《中国考古未解之谜》的"敦煌莫高窟之谜"中,刊载了第409窟男性供养人像的黑白图片,说明文字仍称"西夏王供养像"。该书由光明日报出版社于2005年3月出版。图版刊登于第44页上,还印反了方向。

② 史金波《西夏社会》(上册)彩版2和图版4,刊载莫高窟第409窟男供养人画像,文字说明仍沿用旧说,该书由上海人民出版社于2007年8月出版,笔者注意到该书"附录二引注和参考著述目录"中,已将《敦煌西夏洞窟分期再议》一文列入。可能一时疏忽了某些细节,而习惯性地沿用了旧说。又宁夏人民出版社2003年出版的《西夏艺术》,也将莫高窟第409窟男供养人像称"西夏皇帝供养像",把女供养人像称"西夏后妃供养像"。

情提示是有必要的。当然,如属于知道改划变动而仍坚持原看法者,那就另当别论了。

近来偶然翻阅过去的笔记,回忆起三十几年前一段往事。1974年6月,我见到了文物编辑部对西夏石窟分期文稿的书面意见,共有两条,其中第二条根据我的抄件是这样说的:"莫高第409窟,从人物面貌、装束来看,似不是西夏人,而是回鹘人。这一点研究者分歧很大。有人(王静如是其中之一)倾向否定,认为不是西夏洞窟,或不是西夏时所画。"最后说:"敦煌如坚持,也可以保存,但在文章里不要说死,以免被动。"多么中肯的高见!遗憾的是笔者当时没有充分重视,更没有采纳这个意见。现在想起来,真是佩服王静如教授渊博的学问和敏锐的眼力。

三、关于榆林窟第29窟的所谓"玄奘取经图"

榆林窟的西夏洞窟中,保存着几幅玄奘取经图壁画,而且它们是在中国发现的这种图像中时间最早的,这在海内外学术界已是众所周知的事情。较长一段时期以来,榆林窟第3窟画在普贤经变中的玄奘取经图,由于最早公之于世,且频频亮相于多种出版物,而被学术界所熟知。公布较迟、出版物上亮相频率不很高的榆林窟第2窟、东千佛洞第2窟的玄奘取经图以及榆林窟第29窟的玄奘取经图等,共计6幅。

然而,现在的最新情况显示:榆林窟第29窟的两幅玄奘取经图,应该从6幅图中剔除出去,该类图的总数不是6幅而是4幅。其理由和原因如下所述:

榆林窟第29窟原所谓"玄奘取经图",绘于正壁(《敦煌石窟内容总录》称北壁)中央一幅佛说法图两侧(即东西两侧)的水月观音图的下段。损坏比较严重,特别是图下段和东侧的损坏更为严重,一般用肉眼很难看得清楚。然而,西侧水月观音图下段在模糊中可依稀看到一匹白马,一旁还有类似年轻僧人与猴(孙)行者等形象。段文杰先生对此模糊不清的图像,观察研究更加精细,他说:"中绘一大树,枝叶茂密,北侧(应为西侧)绘一俗士左手持一物,心形似桃,右手指树,回头向猴(孙)行者和玄奘谈话。猴(孙)行者和玄奘均为侧面像,猴(孙)行者圆眼、大嘴、披发、戴金环,衩衣、小口裤、背负一袋。后为玄奘,光头着袈裟、合掌、笑容交谈,玄奘身后白马空鞍相随。树的南侧(应为东侧),一人手执一桃,回身递与另一人,二人俯身,窃窃私语。更有一僧,头有圆光,着袈裟,右手持桃隐藏身后,秘不示人,仰首与菩萨交谈。菩萨头戴三环宝冠,高髻,长发披肩,内着衫裙,外套袈裟,双手合十听僧人谈话。僧人背后又出一菩萨,注视僧人手中之桃,而僧人尚未发觉。这一有趣情节,可能是玄奘与猴(孙)行者在西王母蟠桃林偷桃的故事。由于画面极不清晰,尚待继续考证。"[13]这是见诸发表的对该窟所谓"玄奘取经图"介绍文字最多、最为详细的描述。果真如此的话,它将是敦煌壁画中内容最复杂、情节最丰富的玄奘取经图了。然而,此事在21世纪的头十年里,发生了戏剧性变化。变化的结果表明:上述榆林窟第29窟的所谓"玄奘取经图",其内容与玄奘取经故事虽有一点关系,但并非玄奘取经图。

近年来,敦煌研究院将原大复制榆林窟第29窟模型的课题提上了工作日程。该院美术研究所与相关部门合作,对壁画的临摹采用传统方法、经验与现代科技相结合的手段,加上临摹者的智慧与坚韧意志,以及精心细致的工作态度,经过数年的艰辛探索研究,终于拨开了笼罩多年的迷雾,使该窟两幅水月观音图基本完整清晰地再现出来。特别是经过整理复原的白描图稿(尤其是原来肉眼几乎什么也看不见的东侧水月观音图),有些让人感到不可思议地展现在我们眼前。正是有了他们的这些不凡工作成果,让我们用肉眼就看清了两幅水月观音图的全部内容和细节。从而依据其白描图稿可以确认:画于两幅水月观音图下部的所谓"玄奘取经图",是肉眼看不清而导致误判。

那么不是玄奘取经图又应该是什么内容呢?

笔者愚见,认为它们应该是水月观音图的有机组成部分,即《大唐西域记》所描述的:观世音菩萨普遍受人崇拜敬仰,"有愿见(观世音)菩萨的人,不顾身命,涉水登山,忘其艰险"赴洛迦山旅途中的情景[14]。至于对该图像内容的详细考证分析与介绍,已非本文的讨论范围,且由于文字的限制,有待另作专门讨论,恕不表述。

参考文献

[1]万庚育.莫高窟、榆林窟的西夏艺术[C]//敦煌文物研究所编.敦煌研究文集.兰州:甘肃人民出版社,1982:319.

[2]戴锡章.西夏纪:卷一九[M].罗矛昆点校.银川:宁夏人民出版社,1988:422.

[3]张鉴.西夏纪事本末:卷二六[M].兰州:甘肃文化出版社,1998.

[4]徐松.宋会要辑稿[M].北京:中华书局,1957.

[5]段文杰.晚期的莫高窟艺术[J].敦煌研究,1985(3).

[6]段文杰.莫高窟晚期的艺术[C]//中国石窟·敦煌莫高窟:第五卷.北京:文物出版社,1987.

[7]潘玉闪,马世长.莫高窟窟前殿堂遗址[M].北京:文物出版社,1985:119.

[8]鄂嫩哈拉·苏日台.中国北方民族美术史料[M].上海:上海人民美术出版社,1990:425.

[9]常青.沙海佛光·敦煌莫高窟漫笔[M].成都:四川教育出版社,1996.

[10]刘玉权.敦煌莫高窟、安西榆林窟西夏洞窟分期[C]//敦煌文物研究所编.敦煌研究文集.兰州:甘肃人民出版社,1982:273—318.

[11]刘玉权.关于沙州回鹘洞窟的划分[C]//1987敦煌石窟研究国际讨论会文集·石窟考古编.沈阳:辽宁美术出版社,1990:1—29.

[12]牛达生.西夏遗址[M].北京:文物出版社,2007.

[13]段文杰.玄奘取经图研究[C]//1990敦煌学国际研讨会文集·石窟艺术编.沈阳:辽宁美术出版社,1995.

[14]季羡林.大唐西域记今译[M].西安:陕西人民出版社,1985.

（原载于《敦煌研究》2009年第4期）

民族艺术的奇葩
——论敦煌西夏元时期的壁画

丝路明珠敦煌，自古即为多民族聚居之地。以莫高窟为代表的敦煌石窟，既是我国各民族文化艺术交融荟萃的结晶，又是中西文化艺术交流的丰硕成果。由石窟开创至基本停止营构，在历时千年的漫长岁月中，先后经汉族、鲜卑、吐蕃、回鹘、党项、蒙古族的辛勤经营。就时间而论，在敦煌石窟整个营造历史中，少数民族同汉族大体上是平分秋色[①]。

11世纪初叶以后，直至14世纪中叶，在三百多个春秋里正是回鹘、党项和蒙古族为主体的地方政权和其他形式的政治实体[②]相继统治或支配敦煌时期。回鹘、党项和蒙古统治者对于佛教的崇奉，比汉族统治者有过之而无不及。尤其是西夏和元朝，把佛教捧到无以复加的地步。在这种新的崇佛浪潮推动下，统治者在沙州继续修建寺庙和佛窟，妆銮偶像，绘饰壁画。但新开凿洞窟已经不多，主要是利用旧窟重修和重新绘制壁画。至今尚存这个时期的洞窟110多个。

沙州回鹘、西夏和元朝时期的敦煌壁画艺术，既有各自浓郁的民族和地方特色，又与汉族传统绘画艺术有着千丝万缕的联系。西夏和元代时期的壁画，还同尼泊尔、印度绘画艺术有一定的关系。与西藏密宗绘画艺术的关系更为密切。总的来说，这个时期的壁画艺术，具有纵横交错、多元混一的特点。它与中华民族的大融合、大统一的历史发展趋势相协调一致。

无须讳言，沙州回鹘、西夏和元朝时期的敦煌壁画艺术，在总体规模和水平

---

① 莫高窟创建至基本停止修造(366—1367年)，计1001年。其间鲜卑统治约94年，吐蕃统治约69年，回鹘与党项统治约197年(回鹘略先于党项控制敦煌，稍后即为党项所据而回鹘仍频繁活动)，蒙古族统治约140年，合计约500年。约501年则为汉族政权统治。因此言少数民族与汉族在整个敦煌石窟营造时间里，大体上是平分秋色。

② 所谓其他形式的政治实体，指沙州回鹘。据笔者所知，它大体上在11世纪二三十年代至12世纪二三十年代，活跃于以敦煌为中心的一带地区，并实际上一度控制这一地区。有的学者认为它建立过政权，或推断它可能建立过政权，但笔者以为此说目前证据不足，宜暂以"其他形式的政治实体"这一概念来表述这段错综复杂的历史。

上,难与封建时代的上升期及佛教发展兴盛期的北朝和隋唐相媲美。但也必须看到,它们仍然有所创新,有自身的特点,也确有超越前代的新成就。研究敦煌和中国壁画艺术,不能没有它们的位置。对于研究西北民族美术史来讲,它们的地位就更加重要了。

一、沙州回鹘的壁画艺术

从历史文献看,11世纪初叶至11世纪七八十年代为沙州回鹘主要活动时期。

11世纪初叶,沙州曹氏归义军政权日暮途穷,衰败不堪。而新崛起的党项羌人却以咄咄逼人之势,从中部拦腰截断河西走廊,切断了曹氏归义军政权、河西回鹘、西域同中原的联系,并将战火步步引向瓜、沙二州。此时,长期聚集实力已趋强大的沙州回鹘,在瓜、沙地区获得优势。1028年甘州回鹘被党项人击溃后,在西迁新疆途中,一部分滞留瓜、沙,汇入沙州回鹘。这样,河西走廊由中部至西端,再向西延伸至库车,回鹘连成一气,使归义军政权处在回鹘人和党项人的夹攻与包围之中,成为丝路上的孤岛。1030年,沙州回鹘趁此有利时机起事,危如累卵的曹氏政权顷刻瓦解。在瓜州的曹贤惠(曹贤顺弟,知瓜州,授检校刑部尚书)也在瞬间成了惊弓之鸟,闻风丧胆,无路可走,只好率亲信东奔,降归党项。从此,瓜、沙地区为回鹘控制。

1036年,回鹘又被党项击败,瓜、沙及河西走廊尽归党项所有。然而,回鹘利用党项人一度忙于政权建设以及扩军备战同北宋较量,无暇顾及瓜、沙边镇,统治比较松散的时机,频繁与北宋及其他反西夏势力往来联络,旨在孤立西夏,推翻西夏在瓜、沙及河西的统治。而北宋也为了自身安全和利益,积极拉拢唃厮罗(吐蕃一部)和回鹘,以牵制西夏,以夷制夷。赵元昊"长驱南牧""入主中原"灭宋称霸的野心终未得逞,一个重要原因就是无法摆脱唃厮罗与回鹘势力的牵制[1]。1041年,沙州回鹘曾用兵攻西夏,企图夺回沙州,然未获成功[2]。但沙州回鹘同北宋的政治、经济和文化往来,一直保持到金人灭北宋之前。后来,由于北宋政府在宣和年间(1119—1125年)立法禁止[3],才使回鹘同北宋的交往基本中断。1127年沙州回鹘遣使贡于金朝[4],这便是汉文史籍中沙州回鹘的最后一次外事活动,至此便在中国历史舞台上销声匿迹了。

---

① [宋]李焘:《续资治通鉴长编》卷一三八,北京:中华书局,1985年。
② [元]脱脱:《宋史》卷四九〇,北京:中华书局,1977年。
③ [元]脱脱:《宋史》卷四九〇,北京:中华书局,1977年。
④ [元]脱脱:《金史》卷三,北京:中华书局,1975年。

综上所述,沙州回鹘在瓜、沙地区的活跃时期是在归义军曹氏政权末期至西夏据有河西的前期。在时空方面,与沙州归义军及西夏两个政权同时并存又有交错,这正是敦煌及河西地区这段地方史的一个特点。

目前,尚未发现关于沙州回鹘时期新建佛寺的记录,但有材料说明沙州回鹘时期继续管理和经营旧有佛寺。这一点仅从沙州回鹘时期重修重绘过的莫高窟第148窟供养人画像题记便看得很清楚[①]。可辨部分题记中就提到沙州8座佛寺,其中多为唐代所建,但也有晚至北宋时期才新建的。

与此相仿佛,沙州回鹘时期在敦煌石窟也主要是利用旧窟重修重绘,很少开凿新窟。调查表明,属于沙州回鹘时期的洞窟,在莫高窟有16个,西千佛洞有5个,榆林窟有2个,共计23个[②]。

这个时期的壁画内容和题材,有说法图、阿弥陀净土变相、东方药师净土变相、文殊与普贤变相、药师佛尊像、七佛、罗汉、儒童本生、行脚僧等20余种。沙州回鹘洞窟壁画的内容与题材,基本沿袭唐、宋时期又略有变化发展,种类明显减少,但显、密两宗兼有,大乘、小乘共存,大乘显宗仍居主导地位,大体上是一个兼收并蓄、多元化的格局。内容简单、绘制较为容易的说法图、药师佛尊像、罗汉尊像、行脚僧像等题材,占比较多;而内容复杂、绘制较为繁难精细的各种大型净土变相题材却很少。与药师信仰有关的题材相当盛行,这是沙州回鹘时期壁画在内容上的又一个特点。

值得注意的是出现了以前各时期极为罕见或者根本见不到的几种新题材:一是《十六罗汉图》,二是《儒童本生图》,三是《行脚僧图》,这是沙州回鹘壁画在内容上的另一个特点。在敦煌壁画中绘制最早的《十六罗汉图》就属沙州回鹘时期莫高窟第97窟,而且仅此一例。据查是依据唐玄奘译本《大阿罗汉难提密多罗所说法住记》绘制的。《儒童本生图》,敦煌壁画仅见两例,一为莫高窟五代时期第61窟,一为榆林窟沙州回鹘时期的第39窟。前者绘于屏风画中,绘出19个画面,占据四扇屏风,为多幅连环画形式[③];后者仅绘出定光佛践踏儒童布地长发这一

---

① 敦煌研究院:《敦煌莫高窟供养人题记》,北京:文物出版社,1986年,第69—71页。但这里需要说明:该书将莫高窟第148窟沙州回鹘重修时所绘供养人像误定为西夏。今当改为沙州回鹘。
② 刘玉权:《关于沙州回鹘洞窟的划分》,《1987年敦煌石窟研究国际学术讨论会文集》,沈阳:辽宁美术出版社,1990年。
③ 万庚育:《敦煌莫高窟:61窟壁画〈佛传〉之研究》,《1983年全国敦煌学术讨论会文集·石窟·艺术编上》,兰州:甘肃人民出版社,1985年。

最具特征的典型画面①。这种独幅式《儒童本生图》，在回鹘高昌时期的吐鲁番柏孜克里克石窟亦有绘制，如第18窟中心塔柱右侧壁即存有一幅（大部已残）。德国人勒柯克编著的《火州》一书亦载有一幅出自柏孜克里克石窟的独幅式《儒童本生图》。

《行脚僧图》，亦名"达摩多罗像"，有的学者又称为"玄奘取经图"。该题材除沙州回鹘时期颇为流行，五代略存其迹之外，敦煌其他时代洞窟均未见绘制。日本的松本荣一先生称，世界各地博物馆所收藏的达摩多罗像也不过4件②。然而敦煌莫高窟壁画中就有8幅，其中第45窟五代壁画2幅（甚残）。而沙州回鹘时期就绘有6幅：第363窟2幅，306窟2幅，308窟2幅，均绘于甬道内两侧壁上，取左右对称的布局。此图像未必一定就是玄奘取经图，但它取材于玄奘取经倒是可以肯定的。

沙州回鹘壁画，结构多趋于松散，远不似唐代壁画那样严谨饱满。究其原因主要有两点：一是大多数内容比较简单，规模较小，相应其画面结构也就显得疏松。二是与这个时期的画风关系密切。譬如药师净土变相和阿弥陀净土变相这类较为复杂的题材，其画面结构也比较松散。当中有一个情节取舍问题，还有一个技巧的精粗繁简问题，同时还有个布局与比例的问题。譬如榆林窟第39窟后室壁画，四壁高约3米，南北壁宽约10米，东西壁总宽5—6米。在东壁甬道口两侧壁各画独幅式《儒童本生图》1幅，南、西、北壁仅画三世佛（或三身佛）1铺、罗汉数身。佛和罗汉像都高大到超等身，大面积的背景显得空空荡荡，绘工相当粗简，使宏大的建筑空间与规模同贫乏的内容、松散的布局与结构之间的矛盾显得非常突出。

人物造型方面，总的看是在继承唐、宋传统基础上求变化发展，探索自己的风格。譬如莫高窟第306、307、308、363窟等较早一批沙州回鹘时期洞窟，在净土变相中的各类偶像，其人物造型、衣冠服饰，全部继承了五代、北宋初期汉族佛教绘画的传统，可以说是曹氏归义军时期壁画艺术的延伸和发展。佛、菩萨形象，遵循曹氏画院那种公式化和程式化的模式发展。但同时也对人物造型进行着风格的改造探索。例如上述这些洞窟，在甬道口内两侧壁或者东壁入口两侧壁上绘制的药师佛尊像画，已经突破了曹氏画院佛教人物画的樊篱，创造着一种新式

---

① 据《大正藏》第22册律部一《四分律》卷第三一，姚秦罽宾三藏佛陀耶舍共竺佛念等译《受戒犍度》之一记载：佛在前生为珍宝仙人弟子时，修行圆满，为报答师恩，赴雪山南巡游，至钵摩国遇到定光如来，作种种供养，并解开500年未曾解过的发髻，以此掩泥铺路，让定光如来践发通过泥泞道路，因此成佛。

② [日]松本荣一：《敦煌画の研究》图编第四章第三节，昭和十二年三月东方文化学院东京研究所刊。实际上不算莫高窟，仅在吉美博物馆、大英博物馆和韩国国家博物馆藏的达摩多罗像早已超过4件。

形象。其特点是:面形长圆,腮部比较肥大,修鼻,细长眼,小唇。这种新样式很快就推广到各类型人物的造型中,成为这个时期的流行模式。像沙州回鹘后期的莫高窟第399、310、245、207窟以及西千佛洞第4、10、12、13窟人物形象,都是这种新造型模式,越来越规范和成熟。

世俗人物形象比较多样生动。既有下层百姓、中层首领,又有最高层的可汗及汗妃,等等。遗憾的是,绝大多数由于变色和磨损等原因,模糊不清,面部已很难辨认,唯从衣冠服饰方面还可分辨出身份和族别。部分回鹘首领、僧侣以及回鹘可汗与眷属,还保存得比较清楚。像榆林窟第39窟外室甬道南壁的回鹘首领像,面相呈长圆形,颐丰腮肥,五官隐约可见,为柳叶形细长眼、修鼻、樱唇,肩胛丰厚,身材魁伟,因体型肥硕而显得脖颈短,其基本造型与前述偶像相一致。而所戴头冠中那种高三叉冠和卧橄榄形的毡冠同高昌回鹘壁画所见相似。莫高窟第409窟的可汗像,面相非常圆润丰满,腮部肥硕,柳叶形眼、隆鼻、樱唇,八字形小胡须,短颈,双肩滚圆,身材虽不算高大,却匀称,腰围宽阔,整个造型雍容华贵,气度不凡。

身前一位回鹘王子和身后的八身侍从像,造型与风格相一致,通过形体大小、衣冠服饰和画面所处位置不同来区别身份的贵贱。莫高窟第148窟的回鹘僧侣群像,头部轮廓似冬瓜状,竖眉、隆鼻、柳目、小嘴,唇上下及下巴处均有胡须,身材丰满结实。颇为奇特的是,视其衣着打扮为世俗人的形象,而供养题名却是佛教僧侣身份。这种情况有待研究。

女性供养像一般身材并不高大,以人体比例论,显得有点矮小,不过较丰满且窈窕。面形与男性相似,面部神态稍稍显得有点凶恶。另有一些回鹘女性面容较为清秀,身材也较苗条娇小。可惜因变色和后人重新描摹,面部五官已模糊不清。

回鹘女性供养画像中,常常夹杂汉族女性,虽面容细部不清,但整体看与五代、北宋时期汉族贵族妇女十分相似。

总之,沙州回鹘时期壁画人物造型,无论佛教偶像还是世俗人物,也无论男性、女性,大体都遵循着共同的模式,其原始依据就是当时生活在瓜、沙地区及河西走廊乃至新疆地区的回鹘人,主要是回鹘贵族。作为艺术,当然少不了需要按照自己的审美观念和审美理想加工提炼和升华(即理想化、美化)。比较研究表明,沙州回鹘时期壁画中人物的造型,既蕴含了唐代壁画人物造型的丰满圆润,雍容华贵,又融入了回鹘民族雄伟剽悍的气质,最后形成了既有唐宋风韵,又有自己独特风格的造型模式。同新疆吐鲁番柏孜克里克石窟回鹘高昌时期的壁画人物造型比较，有许多相似之处，可以说它们在人物形象的塑造和刻画方面，基本上属于一类模式。要说区别，主要是艺术表现的程度上和细节上的不同。回鹘高昌壁画妇女形象比沙州回鹘更加丰满圆润，体态更加肥胖，体现出更多一些、更浓厚一些的唐代人物画风韵，颇有盛唐后期那种"肌胜于骨"的人物造型风格。此外，沙州回鹘时期壁画以可汗为代表的男性供养人像，多不留长发，嘴边蓄有八字形小须，而回鹘高昌时期壁画同类形象则多留长发，并蓄有络腮胡，显出与今天维吾尔族人有更多一点的相似处。这些细节上的差异，可能反映了两地回鹘人的细微差别。

沙州回鹘时期，由于河西中部党项人与甘、凉一带的回鹘和吐蕃人战斗频繁，因而使瓜、沙地区政局紧张，社会动荡不安，中西交通受阻，同内地的文化交流停滞，绘画颜料输入渠道减少。这些因素必然要对艺术活动产生直接或间接影响[①]。加之宋代理学兴起，随着社会思潮与社会风俗的变化，也导致社会审美观念的变化。反映到艺术领域，变唐代绘画的富丽灿烂为宋代及以后绘画的简约素朴。在这些因素的制约影响下，此时的画风发生了较为明显的变化。从总体上说，可分为两种风格：一种为"变形北宋式"。就是说从内容到表现形式都与敦煌北宋归义军时期的壁画大体相似而又小有不同。诸如莫高窟第306、307、308窟，作为壁画主要内容的净土变相和说法图，画幅规模大，人物多，结构较紧凑，基本保留了唐宋时期大幅净土变相的一般特点，然而人物形象缺乏个性，过于拘泥于旧有的规范与模式。加之色调偏于清冷，本该热烈生动的画面，反而显得平淡静寂，缺乏生气。有唐宋壁画的表征，而无唐宋壁画的灵魂；有唐宋壁画的规模，而少唐宋壁画的气魄。另一种为"变形高昌式"。就是说壁画的表现形式及风格，与回鹘高昌时期有许多相似处，甚至在某些内容细节和表现手法上酷似。诸如莫高窟第245、207、319窟及西千佛洞第4、9、13窟。这里要特别提到莫高窟第245窟，它系一小窟，其内容布局与同类窟无甚二致，但绘画风格在所有沙州回鹘时期洞窟的壁画中，最为工整细腻，在人物造型、线描技巧、敷彩晕染等方面，都颇有功力。南、北二壁虽亦绘说法图，内容同样简单，人物同样不多，但由于构图布局比较严谨，形象比较生动，比例适中，色彩富丽，绘工细致，因此并不觉得内容贫乏，构图松散，艺术效果非同一般。后一种画风在技法上多运用两次

---

① 古代敦煌壁画的颜料主要有三个方面的来源：一是本土，即瓜、沙与河西走廊；二是中原；三是西域。唐宋时期，敦煌东边近邻甘州（张掖），西边近邻西州，都是很大的颜料市场。11世纪初叶，党项人争夺河西，甘、凉二州战事频繁，甘州和中原两条重要颜料输送渠道同时受阻，从而使敦煌壁画颜料紧缺。更为重要的是，瓜、沙与中原交通阻绝不畅，文化艺术交流受到很大的影响。

线描,第一次用较淡墨线起稿,敷彩之后,第二次再用浓墨线或朱、赭等色线描,作为最后定稿线。一般对人体多用朱、赭线,衣裙巾带则多以浓墨勾勒。起稿线较粗壮,也较随便;定稿线则较细较慎重,这同前一种画风盛行一次线描的所谓"勾填法"有较明显不同。敷彩方面,大胆使用铁红等暖色,而少用青、绿等冷色。还往往用铁红色铺刷大面积底色,从而使洞窟壁画基本色调变暖,富有热烈明快、喜庆吉祥的气氛。有的洞窟(如莫高窟第310窟)壁画使用一种浅红色颜料,其成分是铅丹、雄黄和石膏[①],增加了壁画中暖色调的层次。

沙州回鹘时期壁画的风格和特点,还充分地表现在装饰艺术上。虽然装饰艺术一直在历代洞窟中都占有重要地位,但是在沙州回鹘洞窟中占有非同一般的突出地位。首先是绘制面积特别广大。此前各时代洞窟,在窟顶、龛顶中央和各幅壁画周边必画装饰图案,在前室顶、甬道顶、后室窟顶四坡(多指覆斗形窟顶),或两坡(指人字坡窟顶),或平顶望板、龛顶四坡(指盝形顶)等处,多绘制千佛、经变、说法图或尊像画,而沙州回鹘几乎在这些地方都绘制装饰图。其次是肯花本钱,肯下功夫。往往纹样漂亮优美,组织结构严谨,色彩热烈、明快、富丽,绘工比较精细(比一般佛教内容的壁画相对精细)。甚至将佛教内容壁画中都极不容易使用的贴金和沥粉堆金,也不惜工本,颇为频繁地用在装饰艺术上。

作为窟内最为主要的装饰图案是窟顶装饰图案,其中又以藻井部分的装饰图案为中心。沙州回鹘时期的藻井图案盛行蟠龙纹饰,绝大多数有覆斗形藻井的洞窟,都以蟠龙为其纹饰。表现形式和方法比较多样,有画,有浮塑而贴金彩画的,造型生动,色调华丽,无论是绘或者塑,其制作均较精细。覆斗形窟顶四坡、窟平顶或人字坡顶、甬道顶及盝形龛顶的图案装饰,则大量使用牡丹团花纹样,其次也有用莲花为纹样的团花图案,一般结构饱满严整,色调明朗热烈,绘工细腻。在花边纹样中,新出现一种波浪式卷云纹边饰,表现形式是在制作粉刷好的壁面上,用单色将纹样勾勒而成,或作简单的填绘。可以看成是一种运用在装饰上的"勾填法"。在敦煌石窟中,这种花边在沙州回鹘以前和以后都不曾出现,所以成为沙州回鹘壁画艺术中具有时代特征的一种装饰图案。但在高昌回鹘时期的一些石窟中,经常出现。如吐鲁番的柏孜克里克石窟、吐峪沟石窟、雅尔湖石窟等[②]。此外,在新疆其他石窟、河西其他石窟以及中原诸石窟都未见到。看

---

① 徐位业、周国信、李云鹤:《莫高窟壁画、彩塑无机颜料的X射线剖析报告》,《敦煌研究》创刊号(总第三期),兰州:甘肃人民出版社,1983年。
② 出现吐鲁番高昌回鹘时期的波浪式卷云纹花边的有如下石窟:柏孜克里克石窟第9、15、18、22、23、27、28诸窟,吐峪沟石窟第6窟,雅尔湖石窟第4窟等。

来这种边饰可能为沙州回鹘和高昌回鹘时期所特有,至少可以说是这个时期所流行。此外,在河南白沙宋墓墓室壁画建筑装饰花边里,可以见到与此类似的纹样[①]。

在沙州回鹘时期的敦煌石窟中,还新出现一种类似编织纹图案,用红、绿、蓝、白等颜色,画出许多左右曲折相互平行的纵向折线,状似升腾的五彩光线,又像竹席或者草席的编织纹。此纹样在敦煌石窟仅见于沙州回鹘时期的莫高窟第245窟一例。而在柏孜克里克石窟的第27、31、37窟中都可见到。运用此纹样仅限于两种场合:一是佛头光、背光(身光);二是宝珠。它象征佛陀的圣洁智慧,或表现珠宝玉器奇异祥瑞之光。总之,揣其本意无非是要表现一种非同一般的"神奇灵异之光"而已。这种特殊的表现手法,应该说可能属于回鹘画家的一个小小创造。

二、西夏时期的壁画艺术

西夏统治瓜、沙二州的时间,史料有明确记载,是1036—1227年,是所有统治过瓜、沙二州的少数民族政权中时间最长的。瓜、沙二州也是西夏境内最西面的两个重镇。

1038年前,佛教已在西夏传播,赵德明、赵元昊父子既通蕃汉文字,又晓浮屠学,他们之后的统治者,无不崇奉佛教。1036年颁行西夏文字,为学习先进的汉文化,为佛教在西夏的广泛传播发展,创造了必不可少的重要条件。一方面源源不断地从中原引进佛教典籍和其他文化典籍,另一方面又大胆重用汉文化和佛学知识甚为高深的回鹘僧人和知识分子大规模翻译佛经,并在重大法会上讲经说法,西夏统治者及其眷属常常亲临法会听经捧场。西夏占据河西之后,拥有一批素养甚高的回鹘及吐蕃高僧,尤其凉州和敦煌,自古即为丝绸之路上汉文化及汉传佛教的传播中心,文人、高僧辈出。据西夏专家考证,西夏前期(特别是元昊和秉常执政时期)主持译经的白智光、白法信等人,是回鹘高僧,他们很可能来自河西或者新疆地区,即所谓西域回鹘僧人[②]。西夏统治者还别出心裁地把回鹘僧人当成外交上友好往来的珍贵礼品贡赠邻国[③]。由此可见,回鹘僧人在西夏社会地位之高。

如果说西夏前期佛教发展的一个重要特点是在吸收中原佛教的同时,也接

---

① 宿白:《白沙宋墓》,北京:文物出版社,1957年,图版第8—13、19、20、23、25、35、37、39等。
② 史金波:《西夏佛教史略》,银川:宁夏人民出版社,1988年,第79页。
③ [元]脱脱:《辽史》卷二二,北京:中华书局,1974年,第276页。

受了回鹘(主要指沙州回鹘在内的河西回鹘,其次也包含新疆回鹘)佛教的影响,那么西夏后期佛教发展的一个重要特点则是佛经的校勘印施和藏传佛教的引进与传播。西夏仁宗李仁孝时期,曾过问西夏佛经"与南北经重校"①,南经指西夏南边的宋朝《开宝大藏经》,北经指辽、金的《契丹藏》及《赵城金藏》。党项与吐蕃,族源甚近,地域相接,早已有文化往来。据《贤者喜宴》记载,唐朝时吐蕃首领松赞干布五妃之一的茹雍妃(党项人)在西藏建造了卡查寺,而松赞干布亦命令在党项的热甫岗建造雍佐嘎神殿②。西夏政权建立后,与吐蕃之间在文化和佛教等方面的交往更为频繁和密切。西夏仁宗李仁孝迎请西藏噶玛噶举派僧人松钦巴弟子格西藏索哇来西夏传授喇嘛教,并尊为上师③。稍后,此派弟子藏巴东古哇等师徒七人又来西夏,担任佛经翻译,传授三宝秘咒。仁孝时所译西夏文《佛说宝雨经》就是依据吐蕃文译本加以校订的④。可见在仁孝时期,西藏佛教中的噶玛噶举派和萨迦派都已在西夏社会中流传。日本天理大学天理图书馆藏西夏文佛经,有题款指明是在甘州禅定寺译,经文中使用了属于藏文佛经的专门用语,也说明译自藏文佛经。有的西夏学专家考证:藏传佛教势力较大的甘州,当时可能是西夏翻译藏文佛经的一个中心⑤。

综观西夏佛教,显宗、密宗、禅宗等诸宗并存,汉、藏、回鹘等多民族佛教文化交互影响,是一个内涵丰富、兼收并蓄、包容性强的多元化结构。主线则是汉传佛教和藏传佛教。

西夏时期在安西榆林窟与东千佛洞,肃北蒙古族自治县五个庙诸石窟群,出现了一批建筑造型特别、内容新颖、风格独特的洞窟,有的规模还相当宏伟壮观,至今遗为西夏一代之巨构。现存西夏窟约八十个,除少数新开凿外,大多利用旧窟重修。其中莫高窟五六十个,榆林窟五六个,东千佛洞三四个,五个庙四五个。

西夏时期洞窟壁画的题材,有二十余种,比较丰富多样。它与西夏社会佛教事业的发展情况相吻合。前期主要为显宗题材,兼有少量密宗内容,还见不到藏传佛教内容的影响。后期除沿用部分旧内容外,出现了瓜、沙石窟原来没有绘制过的新内容,如炽盛光佛变相、密宗坛城图、五方佛曼荼罗、唐僧取经图,以及中国藏式和印度、尼泊尔式菩萨尊像图等,密宗内容和题材占有较大比例。更为有趣的是,在同一窟中,显、密两宗的内容并存,汉密、藏密风格的壁画共有。甚至

---

① 史金波:《西夏文〈过去庄严劫千佛名经〉发愿文译证》,《世界宗教研究》1981年第1期。
② [明]班钦·索南查巴著、黄颢译注:《新红史》,拉萨:西藏人民出版社,1982年,第199页。
③ [明]班钦·索南查巴著、黄颢译注:《新红史》,拉萨:西藏人民出版社,1982年,第199页。
④ [明]班钦·索南查巴著、黄颢译注:《新红史》,拉萨:西藏人民出版社,1982年,第199页。
⑤ 史金波:《西夏佛教的流传》,《世界宗教研究》1986年第1期。

在同一壁面上,显、密两宗,汉、藏两种不同造型风格的人物形象并存。瓜、沙石窟中一度已经消失的某些内容和题材(诸如维摩变相、涅槃变相、劳度叉斗圣变相、弥勒变相等),在西夏时期重现,而且在具体内容、组织结构、表现方式和手段方面有创新,有发展。特别值得注意的是,西夏时期还出现了一些新题材、新内容,诸如绘制在普贤变相、十一面观音变相、水月观音图中的几幅唐僧取经图,以及在千手千眼观音变相中绘制犁耕图、踏碓图、酿酒图、锻铁图、商旅图、乐舞、百戏图等,反映西夏社会生产、生活、科技的题材内容。这对于研究敦煌石窟题材内容的演变和发展规律,有重要的价值和意义,对研究西夏社会的历史与文化,也是弥足珍贵的形象资料。

西夏前期壁画艺术,与敦煌北宋壁画非常相似。无论画面结构、人物造型、衣冠服饰、运线敷彩,无不追随唐宋风范。这是因为西夏政权建立初期,自己的佛教美术家还未培养成长起来,具有民族风格的绘画体系和画派,尚未确立起来,只有就地拿来,直接继承曹氏归义军的文化艺术遗产,因此,很少有自己的特色。试以西夏前期有年代可考的莫高窟第65窟为例来说,该窟原建时代为盛唐,窟形平面呈方形,正壁(即西壁)开一斜顶券形敞口龛,覆斗形窟顶。后室整个被西夏重修(含龛内一铺彩塑),龛内西壁两侧各绘二弟子,南北壁又各绘一身弟子,龛顶绘菩提宝盖及四身飞天;龛外两侧各画坐式菩萨多身;南、北壁各绘说法图一铺,经变一铺(下部损毁,难辨是何经变);东壁门南、北两侧各画宝盖、菩萨;窟顶为浮塑蟠龙藻井,四坡画棋格团花图案。整窟壁画除龛内所绘数身弟子像造型和技法颇有特征之外,其余壁画从题材内容到表现技法与艺术风格,都酷似北宋曹家晚期窟。要不是有西夏文题记,实在很难将其判断为西夏壁画[①]。

前期西夏壁画一个明显特点,就是所谓"绿壁画"。这种壁画整幅、整壁甚至整窟均用昂贵的矿物颜料石绿色涂地,因此呈绿色调。而题材多为千佛、听法菩萨或供养菩萨。这种壁画始于曹家晚期,流行于西夏前期。

后期西夏壁画,在继续吸取中原绘画传统及新派画风养料的同时,大力扶持和推广藏传佛教艺术,亦直接或间接地吸收印度、尼泊尔佛教艺术,而且将上述两个方面的因素糅合为一,凝练为独树一帜的西夏民族艺术,由此而使西夏后期壁画同时呈现几种不同的艺术风格。一种是唐宋中原传统的"吴装"风格,淋漓尽致地发挥中国工笔画线描的造型功能,在坚实的素描与写生功底基础上,以线

---

① 刘玉权:《敦煌莫高窟、安西榆林窟西夏洞窟分期》,载《敦煌研究文集》,兰州:甘肃人民出版社,1982年。关于莫高窟第65窟西夏文题记译文,参见史金波、白滨:《莫高窟榆林窟西夏文题记研究》,《考古学报》1982年第3期。

写形,用线传神,仅"于焦墨痕中略施微染"①,"不施丹青(而)光彩动人"。诸如李公麟的《九歌图》《维摩诘图》《免胄图》等,武宗元的《朝元仙仗图》,等等。这种风格的西夏后期壁画,譬如榆林窟第3窟的文殊、普贤变相、维摩诘变相、观无量寿变相、天请问变相、十一面千手千眼观音经变、五十一面千手千眼观音经变等;五个庙石窟第3窟的劳度叉斗圣变相、维摩诘变相、东方药师变相、弥勒变相、说法图等;东千佛洞石窟第2窟的水月观音图、涅槃变相,等等。其中以榆林窟第3窟的文殊、普贤经变艺术水平为最高,是敦煌西夏石窟壁画中规模最为宏伟壮观的作品之一,也是敦煌历代壁画中画幅最大的文殊、普贤经变,大约在全国也是最大的文殊、普贤经变。该画在内容和形式方面都与过去不同,人物和山水背景并重,但突出人物。唐、宋时期文殊、普贤经变,人物充斥画面,仅在上端很小空间点缀一点山水树木与流云。而榆林窟第3窟文殊、普贤经变,仅寥寥十数人,以变幻莫测的云朵,填满人物间的空间,将稀疏的人物连为整体,山水与人物各占一半画面,而且上下左右都有山水,从某种角度来说,是一幅巨大的完整山水画。只是在空间层次上说,人物在前,山水在后而已。唐宋时文殊、普贤经变的山水,是当时画坛上盛行的青绿山水,色彩渲染比较浓重,虽亦有追求平远、高远、深远的所谓"三远"意境的作品,诸如莫高窟盛唐第172窟的文殊、普贤经变山水,217窟法华经变山水等,被誉为青绿山水画代表作。由于当时注定处于"点缀"地位的山水画,毕竟在构思、构图和意境的挖掘发挥上,还不可能达到很高的造诣。榆林窟第3窟文殊、普贤经变中的山水画,吸收了马远、夏珪水墨山水画的精髓,以巧妙的构思、独具匠心的构图、苍劲挺拔的笔墨、淋漓尽致的皴擦点染、清淡雅致的敷彩,使山水树石、宫阙庭院、楼台亭阁高低远近错落有致,层次分明,一派幽深浩渺的诗画意境。饶有兴味的是在普贤变山水画中,别具匠心地创作了一幅小小的唐僧取经图,此图被安排在普贤变中部大海一侧的坡岸平地上,近处绘唐僧与悟空师徒二人双手合十向着普贤菩萨礼拜,身后立一匹白龙马,背负闪闪放光的佛经。坡岸远处画有远近不同的两组树木。画虽简单,却是西夏画家的独创。它同下述几幅同类壁画一起,是我国至今发现最早的唐僧取经图。这种题材的壁画,在榆林窟第2、29窟,东千佛洞第2窟等西夏晚期的水月观音图中,还绘制有若干幅。构图、造型和具体表现手法都不相同,表明它们并非依据同一粉本,而是不同画家各自创作,只是相互有所启发和影响而已。其中画得比较细腻生动者,要数东千佛洞第2窟两幅唐僧取经图。

① [元]汤垕:《画鉴·唐画》,载沈子丞编:《历代论画名著汇编》,北京:文物出版社,1982年,第178页。

同是西夏时期的文殊、普贤变相,在榆林窟第29窟又是另一种表现风格。人物形象更加民族化,也更加世俗化。山水背景复又退居次要地位,而且变成完全概念化和图案化的造型。甚至连山峦上的树木和文殊及其眷属所乘的云彩,也都经过图案化处理了,它同榆林窟第3窟的文殊、普贤变相相比,大异其趣。

　　榆林窟第3窟南、北壁中部的巨幅净土变相,也是艺术造诣较高的"吴装"风格的典型作品,宏伟宽敞的建筑群体和众多的天国人物充斥画面,以熟练而功力颇高的工笔白描人物和界画建筑,淡薄透明的色彩略施微染,突出地表现了西夏时期风格独特的建筑艺术和工笔建筑界画的最高水平。图中建筑除走廊外,全为重檐,在敦煌壁画历代建筑画中没有前例,而同正定隆兴寺建筑画在构图、线描和敷彩方面十分近似①。中原南宋时期的建筑画,在西夏后期即使中间隔着金朝也仍然传到了西夏西陲边镇的瓜沙二州,这是很有趣的一种文化现象。它表明文化交流和渗透并不完全受相对封闭的地域和国界的限制与影响。东千佛洞第2窟的涅槃变,以铁线描和兰叶描塑造人物形象,运笔圆润饱满;以折芦描勾勒衣褶,线条挺拔硬朗,有轻重虚实,有抑扬顿挫。笔墨间可以看出用的是一种硬质兽毛毛笔。该画敷彩非常淡薄,是一幅颇为生动的白描淡彩人物画。其余诸如五个庙石窟第3窟的东方药师变、劳度叉斗圣变、维摩诘变等,都是这个时期艺术水平较高的白描淡彩"吴装"风格的代表作品。

　　另一种是西夏后期由西藏传入的藏画风格。由于主要用以表现密宗的题材和内容,因此,又称这种风格的画为藏传密宗画。其特点是佛、菩萨造型身材并不高大但丰满匀称,体魄健壮而美丽慈祥。菩萨形象多丰乳、细腰、大臀,体态追求"三折式"曲线美,面部广额高准,细长俊目,弓形秀眉,樱桃小口,下巴短而小。面相腼腆妩媚,清秀俊俏。金刚、护法、天神、恶鬼等尊像的造型多诡秘而狰狞可怖,大胆的想象和充分的夸张,姿态动感很强,较明显地体现出音乐的韵律和舞蹈的节奏美感。造型依据典型的印度、尼泊尔人模式,同第一种风格壁画中的人物造型迥异。表现技巧方面,线描与色彩并重,同第一种风格比较,更加强调色彩效果。有的形象几乎难以见到线描的作用,而主要依靠色彩对比来表现形象,感染观者。敷彩以暖色调为主,对比鲜明强烈,浓艳厚重,少透明度。用色奇特大胆,特别夸张,同造型相适应,也充满着阴森恐怖和神秘诡谲的气氛。譬如人物肤色,可白可黑,可绿可红,可青可紫;手掌和手背、脚掌和脚背,常常使用两种对比重色,或明暗对比,或色相对比,与造型相映成趣,相得益彰。用线多为铁线描,比较细而匀润,颇有功

---

① 萧默:《莫高窟壁画中的佛寺》,载《中国石窟·敦煌莫高窟》第四卷中文版,北京:文物出版社,东京:平凡社,1987年。

力,表现出藏密绘画艺术独树一帜的特殊体系和特殊风格。诸如榆林窟第3窟窟顶中央的五方佛曼荼罗,南北两壁东西两端的密宗坛城图;东千佛洞第二窟窟顶的密宗坛城图,南北壁十一面观音曼荼罗和八臂观音曼荼罗,东壁入口两侧壁的八臂观音曼荼罗以及中心柱南面的观音尊像,等等。

绘制曼荼罗图像,依密宗经典有一套严密的仪轨和程序。譬如绘制阿弥陀佛像的仪轨和程序是:"先以香水泥地作坛,唤一二三好巧画师日日洒浴,与其画师受八戒斋。咒师身亦日日洒浴,作印护身,亦与画师作印护身……色盏新净,勿用皮胶水调和色,用以香胶调色画彩……画是像者,当于一切佛神通月画饰装彩,所谓正月、五月、九月,则斯等月月初一日,或十五日起首画模。其画像处于佛堂殿,或于山间仙人窟处,是处方圆百步无诸臭秽,水复无虫,清洁净美。当所画地日日如法香水涂洒"① 其他诸如唐菩提流志译《不空羂索神变真言经》,不空译《金刚恐怖集会方广轨仪》等密宗经典,都有类似记载。对绘制曼荼罗佛画的画师、场地、用色、用胶、用水、画具等都有非常具体、非常严格的要求。上述诸窟密宗曼荼罗图像,我们虽然无法亲睹画师们绘制图像时如何按仪轨操作的具体过程,但将这些记载与现存图像联系起来看,也可略窥其端倪。

后期西夏壁画除占主导地位的上述两种画风外,还另有一种风格,介乎上述两种画风之间,属于一种混合型风格。强调线描的造型功能,敷彩虽简却较浓厚,少透明度。用线以较粗壮的铁线描为主,辅以兰叶描法。然人物肉体部分线描较细而衣纹部分则较粗。线描多用中墨和浓墨,为的是在较浓厚不甚透明的色彩上加强轮廓线,以最终突出表现对象的形象。线描在运行中很少注意浓淡虚实变化,有时稍显得有点焦躁和刻板,不过总的讲还匀润流畅,有一定功力,且具有装饰意味。人物造型与上述两种画风相比有明显不同,身材多修长高大,面形长圆,腮部肥硕,下巴窄小,眼睛短小,常常把眸子点画在下眼睑处而上边空出白眼球,看上去颇似对眼,显得滑稽可笑。这种造型模式非常奇特,当系西夏党项画师的独创。到底是艺术家的艺术夸张所致,抑或与民族、人种有关,一时难以定论。这种风格的壁画仅见于榆林窟第29窟以及第2窟和五个庙石窟第4窟部分壁画,榆林窟第2窟西壁门南、北两侧两幅水月观音图,是这种混合型画风的典型代表。夜空下,碧波旁,观音坐金刚宝座上;宝座下孔穴密布,清泉流淌其间;碧波之中,莲花盛开;观音身旁身后,怪石嶙峋,异峰突起,峰后几枝修竹婆娑;峰前峰后,祥云缥缈;夜空之中,一弯新月枕卧于彩云之上。整个画面以青、

---

① 周叔迦:《漫谈佛画》,《现代佛学》1962年第3期。

绿为其主调,敷彩浓重。造型和设色都富有浓厚的装饰趣味,人与物,情与景,相互交融,浑然一体,突出地表现出仙境般的闲适美妙、神秘宁静的主题。这是笔者所见水月观音图中刻画意境最为深邃、诗意最浓、艺术造诣最高的两幅画。

以上风格的绘画,除敦煌石窟外,还见于黑水城出土同时期的挂轴画、版画以及内蒙古伊克昭盟(今鄂尔多斯市)百眼窑石窟部分壁画,现藏俄罗斯爱米尔塔什博物馆。黑水城出土的佛画,与敦煌西夏后期壁画比较,反映出时代的共性特征,但比敦煌西夏后期壁画更为精致富丽,其中不少作品是西夏绘画艺术精品,具有很高的艺术价值和历史文化价值[①]。

谈论西夏壁画艺术,不能不涉及装饰图案。对于石窟来说,装饰具有石窟建筑装饰和石窟彩塑与壁画装饰的双重性质和功能,但以前一种性质与功能居主导地位。这一点从它的所在部位及内容(纹样)便可明白。就像石窟中的主体是彩塑一样,石窟里装饰图案的主体是藻井图案。首先一个特点是盛行龙凤纹藻井图案,表现形式和手法喜欢运用浮塑贴金或浮塑描金。龙的造型比较细长,与沙州回鹘时期龙的造型风格不同。多首尾相接呈圆环状,即所谓蟠龙。也有数条龙组成蟠龙与游龙结合的藻井图案,即中心一条蟠龙,四角各一条游龙,组成五龙藻井,譬如莫高窟第234窟。还有一凤四龙组成的龙凤藻井图案:中心为一首尾相接的团凤,四角各一游龙,如莫高窟第16窟藻井图案。以凤为藻井图案中心纹样的仅见于莫高窟第366、367窟两例,均运用浮塑贴金法绘制。莫高窟第400窟藻井图案中心纹样为两条龙、凤混合物,龙身凤首,两者首尾相互追逐,组成圆形图案,敦煌石窟壁画中仅此一例,颇独特新奇。这些龙凤藻井图案,构图严谨精巧,设色考究,调子鲜明,富丽堂皇,吉祥喜庆,热烈明快,具有浓厚的民间装饰艺术传统风格。

把密宗曼荼罗(坛城)佛画搬上窟顶,从而将建筑装饰和佛教内容壁画两种性质和功能巧妙地融合为一。或方或圆,或方圆叠套结合的几何形构图形式,同一般藻井图案不无相似之处。画家正是利用两者形式上的近似,加之以大胆的想象和创造。榆林窟第3窟和东千佛洞第2窟窟顶以坛城图代替藻井图案即是如此,敦煌石窟壁画中也仅见此两例而已。此两例均于坛城图外周接着绘制各种花边,诸如联珠、菱形纹、回纹、宝珠、龟背、古钱、连环叠套、卷草、瑞禽瑞兽等纹饰的花边,非常自然地将密宗佛画与装饰图案融为一体,内容丰富,结构巧妙,形式新颖别致。在西夏壁画的装饰图案中,还出现了一些新式花边。如以山峦

---

① 参见史金波著《西夏佛教史略》书前刊载黑水城出土《弥勒佛图》《十一面观音图》《阿弥陀佛接引图》《坛城》木版画等彩色插图,并参见该书第179—181页有关论述。

为主体,配以树叶,经图案化变形处理而组成边饰。表现技法基本为白描,用墨线勾勒轮廓,极少敷彩渲染。像榆林窟第29窟及五个庙第4窟等。又如以牛、狮、虎等动物头部同山石纹饰组合成花边。动物头部大,手法写实;山石小,装饰趣味较浓。像榆林窟第4窟。这些花边不仅在敦煌历代石窟中绝无仅有,即使在国内外现存西夏艺术品中,也属孤例。

三、元代的壁画艺术

元代统治瓜、沙,起于1227年,止于1368年。

13世纪初叶,铁木真在征服蒙古各部后,一方面加紧政权建设,强化国家机器,努力将成年男子训练成"上马则备战斗,下马则屯聚牧养"[1],既能奉献财富又可征服对手,获取他国财富的人;另一方面竭力扩张领土,征服毗邻各国,称霸欧亚。西夏首当其冲成为蒙古军早期的征伐目标。1205年,成吉思汗便发起对西夏的首次进攻,兵入河西,蹂躏瓜、沙诸州,获取了大量牲畜与人口[2]。从此,大体每隔一年便向西夏发动一次进攻,接连三次。甚至围困都城中兴府(今宁夏银川市老城),并迫使西夏皇帝纳女媾和。蒙古军将被掠西夏人当作奴仆,利用他们高明的军工特长和技艺,制造兵器。1224年蒙古兵困沙州,军民坚守半年,食牛马羊殆尽,西夏皇帝遣使蒙古请降,沙州之围始解[3]。蒙古军西征东还之后,成吉思汗亲率十万大军再攻西夏,渡沙碛,入河西,击散撒里畏兀儿和特勒诸部,破黑水城及甘、凉、肃等州[4]。1227年,蒙古军破沙州。同年,西夏都城中兴府在被蒙古军围困半年、粮尽力竭之后,献城出降,夏主被杀。由此,西夏遂亡[5]。

沙州失陷之后,蒙古以此为拔都(成吉思汗长孙)及其弟兄们的封地[6]。最初,瓜、沙二州曾一度被废,徙其民户入关,但随后复立,且升沙州为路,设总管府,辖瓜州[7]。元朝政府先后辟玉门关通道,重开丝绸之路,于沿途设置驿站;招抚瓜沙及河西流民回原籍复业;移民屯田,兴修水利;修浚城池,增驻戍军。至成宗铁穆耳时,瓜沙驻军多至万人,并立屯田,以供军用[8]。对居住在河西的党项、畏吾儿等色目人

---

[1] [明]宋濂:《元史》卷九八,北京:中华书局,1976年。
[2] [明]宋濂:《元史》卷一,北京:中华书局,1976年。
[3] 蒙古族简史编写组:《蒙古族简史》,呼和浩特:内蒙古人民出版社,1985年,第52页。
[4] [清]吴广成:《西夏书事》卷四二,台北:广文书局,1968年。
[5] [明]宋濂:《元史》卷一,北京:中华书局,1976年。
[6] [明]宋濂:《元史》卷一〇八及一一七,北京:中华书局,1976年。
[7] [明]宋濂:《元史》卷六〇,北京:中华书局,1976年。
[8] [明]宋濂:《元史》卷二一,北京:中华书局,1976年。

予以优惠待遇,对党项人甚至曾一度免徭役①。这一切对在西夏末、元代初因战乱与灾荒已破败不堪的瓜、沙及河西地区休养生息和发展生产是有利的。

元代统治者为了统治全国各族人民,利用儒、道、释思想,"以佛活心,以道治身,以儒治世"。从总体上看,元代对佛教,特别是藏传佛教的尊崇和特殊优厚待遇,比之以前各代有过之而无不及。佛教长期高度繁荣,西夏后期藏传佛教已经开始流传发展的河西地区,又在元代统治者空前高涨的崇佛浪潮的推动下,继续获得新的发展。

以皇室诸王为首的元代统治者和瓜沙与河西地区的地方官吏以及汉、西夏、回鹘、蒙古族等各族僧俗百姓,在瓜、沙二州建庙宇,修佛窟,立碑碣,绘塑尊像,焚香礼佛……频频进行着佛事活动。从现存某些遗迹看,瓜州地区显得更加活跃。1330年,长安人士、瓜州知州郭承直到榆林窟礼佛②。1331年,郭承直又携其子郭再思及巡检杜鼎臣等人再临榆林窟礼佛③。1332年,肃州人士瓜州司吏(佚名)到榆林窟礼佛;1334年西宁王速来蛮驻镇沙州后,于1348年便在莫高窟建"六字真言"碑,中央阴线刻藏式风格的六臂观音像,像之上端及左右两侧,用汉、藏、蒙、梵、夏、八思巴六种民族文字刻出密宗咒语"唵、嘛、呢、叭、咪、吽",此即密宗的"六字真言"。碑上有西宁王及其妃子、公主、驸马等功德主题铭。此碑藏敦煌研究院。1351年还是这位西宁王将莫高窟已破败废弃的"皇庆寺"予以重修,并立《重修皇庆寺记》碑铭,立碑人系名为守朗的僧人。但因"事成而王薨",故功德主中又有继任者牙罕沙西宁王,他正好在重修皇庆寺工毕、树碑之前,继任西宁王位。此人于次年(1352年)受命镇守四川,但一年后(1353年)复回到沙州④。当年,牙罕沙西宁王即重修榆林窟,在《大元重修三危山榆林窟千佛寺记》中写道:"大元守镇……太子 □ □ □ 里至三危,睹斯胜境,见光相于室中,闻香气于岩窟。由是重修精蓝,复兴梵刹,广□缁流于四姓,多兴禅定于岩间。"⑤1355年沙州司吏吕某、王麟木等,与瓜沙地方官吏多人到榆林窟礼佛⑥。1357年,甘州画师

---

① [明]宋濂:《元史》卷一三、卷一四,北京:中华书局,1976年。
② 榆林窟第6窟主室南壁题记:"大元国至顺元年(1330年)五月拾伍日,长安人事(士),瓜州知州郭承直到此"。
③ 榆林窟第12窟西壁入口上部题记:"大元国至顺二年(1331年),奉元路居住奉佛弟子瓜州知州郭承直并男郭再思、巡检杜鼎臣到此礼佛记耳"。
④ [明]宋濂:《元史》卷四二、卷四三、卷一四四,北京:中华书局,1975年。
⑤ 榆林窟第15窟前室东壁窟口上方北侧墨书《大元重修三危山榆林窟千佛寺记》,参见段文杰:《榆林窟党项蒙古政权时期的壁画艺术》,《敦煌研究》1989年第4期(总第21期)。
⑥ 榆林窟第12窟前室甬道南壁题记:"至正十五年五月十五日,前来焚香此到(笔者注:原壁如此书写)□□□刘庭方、瓜州白□□、沙州司吏吕□甫、王麟木、八□□、瓜州法史必颜□□□□□"。

史小玉在莫高窟第3窟绘制壁画①。1367年甘肃临洮府后学待诏刘世福到榆林窟画窟一个②。莫高窟第256窟一则汉文题记写道:"大元国西夏寺住僧人十五人,此旧字补写"。有趣的是内蒙古呼和浩特市郊万部华严塔内也有一则汉文题记:"大元朝至元八年(1271年)七月二十八日西夏国仁王院僧惠善到此"。表明元代在西夏故地设有西夏僧人的专门寺院。除莫高、榆林窟外,在东千佛洞、西千佛洞、五个庙等瓜沙境内诸窟寺中,也有类似的功德题记,只是至今尚未发现窟寺修建或者重修方面的重要题记而已。

　　同元朝统治的时间相比,同其他时代营建石窟的情况相比,元代在瓜、沙二州营建或重修的洞窟并不算多。现存莫高窟约三十个窟,较完整者不过十余个窟,榆林窟三四个窟,东千佛洞三四个窟,西千佛洞一个窟,共四十个左右。

　　这一时期的洞窟壁画题材有三四十种。具有多、杂、散的特点。洞窟不多而拥有三四十种题材,不能说不多;大乘、小乘、显宗、密宗、汉密、藏密,甚至梵密(指印度、尼泊尔密)等兼收并蓄,不能说不杂;题材品类虽多但流行题材倾向不明,即样样有而都绘制不多,故曰散。当然从纵向比较的角度观察,藏密系统的内容无疑在这个时期比较流行并占着主导地位,这正是元朝时期壁画题材内容方面的一个特点。另一个特点是净土宗经变画,从隋唐以来七八百年间一直兴盛不衰的主导地位上滑落下来,滑到从属次要地位,而代之以各种新的藏、汉、梵密尊像画。还有一个重要特点是元代壁画题材内容受印度、尼泊尔密教的较大影响,突出表现在出现"欢喜佛"图像。有的佛学大师认为:尼泊尔密教变自印度檀陀罗派,此派崇拜女神,行"五摩字法",即一摩酒,二摩肉,三摩鱼,四摩谷,五摩两性交媾。元代时密教认为受用女人是为了"助道",所谓实行男女"双修""事事无碍",等等,可能即是受此教派的影响③。

　　元代时期敦煌壁画,上承西夏之余韵,仍然沿着汉画传统与藏画风格两条轨道向前发展,而且都各自取得很高成就,恰似姿色各异、竞相怒放的两朵并蒂奇葩。

　　莫高窟第3窟,约完成于至正年间,是一个小型洞窟。西龛内正壁(即西壁)两侧绘修竹,南、北侧壁绘菩萨各两身;帐门外两侧各画披帽(头冠上披帛)菩萨一身,其中一身执净瓶;南、北壁各绘十一面千手千眼观音经变一幅;东壁门两侧

---

① 见莫高窟第3窟西壁龛外北侧观音画像旁墨书题记:"甘州史小玉笔"。莫高窟第444窟西龛中立外北柱另有"至正十七年正月六日来此记耳,史小玉到此"题记和"至正十七年正月十四日,甘州桥楼上史小玉烧香到此"题记。故据此推知莫高窟第3窟壁画完成于至正十七年(1357年)。
② 榆林窟第13窟主室甬道北壁题记:"临洮府后学待诏刘世福到此画佛殿一所记耳。至正廿七年五月初一日记"。
③ 妙舟法师:《蒙藏佛教史》第二篇,民国二十四年版,第14页。

绘净瓶观音和散财观音各一身;甬道北壁存菩萨一身(甬道南壁画已毁,推其亦为菩萨);窟顶浮塑四龙藻井(已残),四坡绘古钱纹图案。整窟内容中心突出,都与观音信仰有密切关系,从这个角度上说,似可称此窟为"观音洞"。笔者怀疑西龛内原来可能塑观音菩萨尊像,甚至可能为水月观音像,若此推断不误,那么该窟确可名之曰"观音洞"了。

该窟壁画为非常典型的中原汉画传统风格,即画史上所说李公麟为代表的"扫去粉黛轻描淡写"的画风①。以该窟壁画的具体情况论,应称之为白描淡彩人物画。在壁画地仗制作和壁画绘制的程序与方法上,有不同于以前各代之处:地仗表层壁面细砂成分较重,并掺有一定数量的石膏或石灰;墁平之后,在将干未干之际即动笔作画,敷彩渲染如同现代水彩般清爽透明,同墨色一起渗入壁内,与地仗未干的潮气相接,混为一体。效果是壁画结实(不易龟裂起甲)、润泽、墨色明快,颇似湿壁画。该窟壁画在艺术上的特点和突出成就,首先体现在运用高超的线描技巧塑造生动的形象。譬如北壁的十一面千手千眼观音变相,用细挺遒劲的铁线描刻画人物肌体,无任何多余的线条,也无败笔,干净利落,概括洗练。那一只只胳臂,无任何晕饰,仅凭两根线条,便出现了神奇般的艺术效果:光洁圆润富于弹性的肌肤与骨肉,表现了很强的质感和立体感,充满生命活力。

对于衣裙、披巾等织物,则运用兰叶描、折芦描,并糅进钉头鼠尾描等描法,行笔有轻重虚实,有聚散疏密,有深浅浓淡。时而像迂回曲折的羊肠,时而又似一泻千里的瀑布;时而如春蚕吐丝,时而又似行云流水。充分表现出丝绸织物细润柔软、轻逸飘举的质感。用不同的线描表现不同的对象,又相互结合自然,天衣无缝。这幅画仅从线描艺术的角度说,它的成就是能够采众家之长集于一身,登上了敦煌乃至古代中国线描艺术的高峰,奏出了敦煌线描艺术最高最美的交响乐章。据笔者多年观察比较,该窟北壁壁画运用线描技巧刻画人体,其艺术造诣和艺术境界之高,在历代敦煌壁画乃至古代全国壁画中堪称是空前的、罕见的。

我们惊叹的,还有这幅画的构思和构图是那样严密巧妙,那足有千只以上的手臂,组织得合理自然,有疏有密,前、中、后层次分明,主从有序。远观无数只手呈放射状,有如佛光万道,又似满月光环;近看那众多只胳膊或前或后,或左或右,或上或下,或向或背,或正或侧,纵横穿插交错,杂而不乱。手姿千差万别,变化无穷。古人有"画人难画手"之说,何况这成千只手,恐怕要勾出上万根线条,画工需要付出多么艰苦的劳动,需要有多大的耐心和毅力是可想而知的,假如没

---

① 沈子丞:《历代论画名著汇编·宋画概述》,北京:文物出版社,1982年,第58页。

有严密谨慎的构思设计,简直是很难想象的。

同幅画中的金刚与婆薮仙人,画须发先以淡墨衬底,再于其上用很细的游丝描勾出须发。用线亦有轻重,虚实和浓淡,一根一根、一缕一缕地描出来。画家以准确而深刻的洞察力,高超娴熟的技巧,极其生动地表现出须发那种细密蓬松而挺拔有力的体积感和质量感。画史上所谓"毛发出肉"的赞誉之词,在这里得到了最形象的注释,金刚那冲冠的怒发,作扇形放射状的青须以及嘴上向两侧上方飞动的八字胡须,恰如其分地刻画出佛教护法神无坚不摧、气吞山河、勇猛刚烈的个性。人们透过这根根线条,可以体察到古代画家激扬铿锵的创作激情,由于艺术的感染力,把观众带入了与画家同一个精神境界和艺术氛围之中。表现婆薮仙人的须发,就大不相同了,譬如头发虽也是一根根向上,但不是怒发,而是梳理得平顺整齐,于头顶打髻,再于其上戴莲花冠。锁紧的眉头,稍长的眉毛作弧形向下垂挂,梳理得同样平顺整齐的胡须,稍呈波状向下延伸,加上那高傲的眼神,恰如其分地刻画出这位超凡入圣、道行清虚、思想深邃、聪慧狡黠的长者形象。

莫高窟第61窟甬道南、北两侧壁的供养比丘和比丘尼画像,也是元朝时期白描淡彩人物画的杰出代表作。《扫洒尼姑播杯氏愿月明像》,人物面部、手足和衣裙,敷彩极其简淡,完全依靠线描造型。画家选用一种弹性强的硬质长锋毛笔,运用铁线、折芦、钉头鼠尾等多种描法,以钉头鼠尾描法为主,顿挫抑扬,婉转折撇,流畅遒劲,极有功力。落笔、起笔和运笔,无不着意于表现其结构。无论对人物还是衣服的表现,均形神兼备,面面精到,《助缘僧杂谋惠月像》《助缘僧惠嵩像》以及《助缘僧鬼名智海像》[①]等供养比丘画像,都以优美刚健、精确娴熟的线描艺术,特别是西夏末元初新发展起来的钉头鼠尾描的线描艺术见长于敦煌画坛。

其余如莫高窟第95窟诸罗汉画像等,都是元朝时期白描淡彩画风的典型代表作品。

莫高窟第465窟,从壁画内容到表现形式都集中地体现出藏密绘画别具一格的独特风格。该窟有前、中、后三室(前室已大部崩塌),各室均不开龛,而于后室中部偏后设四级圆坛,彩塑已无一幸存。中、后室均呈方形平面,覆斗式窟顶,但四坡及四角转折处,比一般覆斗顶窟圆缓,尤其顶四角明显内收圆转,颇似帐篷,中室顶特别明显。这一点同榆林窟西夏后期第三窟颇相类似,显然是在佛窟里融入了北方民族帐篷的一些特点。中室南、北壁宽阔的壁面上,仅于

[①] 莫高窟第61窟甬道供养比丘及比丘尼画像的原壁题名用汉文、西夏文双行并排竖写。从比丘、比丘尼姓名看,很可能是元代时居住河西故地的西夏党项人遗民。因元代时期河西地区西夏人相当多而且集中,西夏文照常使用。蒙古人把元代河西流行的西夏文叫作"河西字"。

中部绘佛塔一座,土红地白色塔身;中室西壁甬道口两侧壁亦画土红地白塔。塔的形制和风格与北京北海白塔和西四白塔相似。后室顶利用覆斗形四坡和中央的五块壁面,绘制五方佛曼荼罗;四壁上段主要壁面,绘制其布局与构图都趋于对称的各种密宗尊像画;四壁下段则绘制小幅生活画面,它们分别附属于上段大幅密宗尊像画。由于该窟选择在远离莫高窟南区密集显宗窟群的地方修建,距离地面也较高,洞窟又较幽深晦暗,加上藏传佛教内容和艺术风格,因此,在当时的元代人就称其为"秘密寺"①。它与西夏党项人把榆林窟第29窟称为"秘密堂"②又何其相似。

该窟壁画一般组织结构严谨、紧凑,多运用中轴线两侧(或上下)均衡对称的布局与构图形式,中心位置安置主像,画面空间较大,主像形体相应也较大;左右两侧或上下两端,安置若干从像,画面空间小,形体相应也小。主、从画像间,有的用纵横直线划分开,各涂以不同色调的底色;也有的并不用线分开,让主像和从像同处一背景中。围绕主像周边的若干小幅从像,大都有呈圆拱形或呈舟形的背屏,有如佛龛,又像身光。远视其总体布局和构图,与早期洞窟千佛中说法图颇相类似。藏密风格壁画,人物造型特点是:身材不高而体形浑圆丰满,面短、额广、鼻隆、唇小、下颌短而窄小。佛像肉髻多呈高而尖的锥形,胸阔、肩圆,体魄伟岸,堂堂丈夫之相。菩萨面相清秀俊丽,丰乳、细腰、大臀,强调身体曲线美感。金刚、天神等像,则形象凶狰狞,或手执人颅骨器皿,或项、腰间环绕垂挂人头骷髅连缀成的璎珞,或腰系人皮,或脚踏活人;或单身一头多臂,或男女双身合抱。除佛及部分菩萨以外的形象,往往动态较大,造型和姿态优美。

线描相当单纯,无论表现什么对象,大都用铁线描勾勒轮廓,笔墨很少有轻重虚实和浓淡变化。设色大胆奇特,色调浓艳奇丽而偏冷,注重色彩的强烈对比和夸张,并富于装饰趣味。无论什么人物,其手足表里常常使用两种不同的对比色渲染,肤色或白或褐,或青或绿,或紫或红,几乎是无色不用,甚至同一人体,由

---

① 据莫高窟第465窟前室入口南侧上端游人题记:"……北塔寺僧人……达吉祥、秦州僧……吉祥……山丹……到于元统三年□□日到此秘密寺记耳"。按元统年号于第三年十一月改号"至元",此元统三年由此知其当在十一月改元之前,即1335年,正是西宁王速来蛮在瓜沙及河西频繁活动,特别是进行频繁的崇佛活动之时。

② 据榆林第19窟后室甬道北壁刻画汉文题记:"乾祐廿四年□□□日,画师甘州住户高崇德,小名那征到此画秘密堂记"。乾祐廿四年(1193年)为西夏仁宗李仁孝时期。来自甘州的党项画家用了一个汉族人姓名,而把本族姓氏作为小名放在后面。他参加了榆林第29窟的壁画绘制工作,工毕后在礼拜第19窟时,写下了这则题记。题记中将所绘佛窟称为"秘密堂",据考证此"秘密堂"即指榆林第29窟。关于这一点,参见刘玉权著:《敦煌莫高窟、安西榆林窟西夏洞窟分期》中《莫高、榆林窟西夏洞窟年代推断》一节,载《敦煌研究文集》,兰州:甘肃人民出版社,1982年,第316页。

顶至脚中线两边一半用绿,一半涂蓝,或一半施红,一半涂棕。喜用浓厚而不透明的重色,与白描淡彩风格的壁画相比,两者风格迥同。

后室顶南坡宝生佛右侧持莲花的供养菩萨,高髻宝冠,缕缕鬈发披肩,耳环、臂钏、手镯、足环、项饰、璎珞严身,除腰系短裙之外,通体裸露。广额、狭颌、隆鼻、樱唇、酥胸、细腰、大臀,面相俊秀,容貌善良慈祥、和蔼可亲。造型方面体现出浓厚的印度、尼泊尔女性特征。菩萨通体除手、足掌心涂有赭红色外,全为白色,无任何晕饰,以表现菩萨洁白如玉的肌肤,窟顶东坡阿弥陀佛佛座下的供养乐伎菩萨像,其造型、衣冠等与上述供养菩萨相似,不同点是菩萨双手捧着一件凤首箜篌,形制颇为别致,西壁欢喜金刚下端,有一幅双人舞蹈图,虽人物造型算不得上乘,但舞姿优美,动势较大,节奏感强,动作在真实基础上加以夸张,一看便知这是印度、尼泊尔式的舞蹈。

莫高窟第465窟后室四壁密宗尊像画的下端,绘有许多反映元朝时代社会生活和手工业生产劳动状况的小幅画面,生动地反映了元朝社会农业、养殖业、手工业生产劳动的部分侧面,从中可见当时少数民族的劳动生产方式和劳动生产工具同中原汉族一脉相承。给研究元朝少数民族农业、手工业生产和科技史,了解当时下层人民生活等,提供了珍贵形象的资料。

元朝时期除上述两种风格迥异的壁画外,还有一种介乎两者之间混合式的风格。构图、造型、线描、人物衣冠服饰等为中原汉画传统,但设色比较浓重,少透明度,很大程度上削弱了线描的造型功用,这一点颇与藏密风格壁画相似。但又绝不相同,它没有藏密壁画设色那样大胆、奇特和夸张多变,而是写实性的"随类赋彩"。然与白描淡彩画法又有明显不同,区别在于并非"淡彩",也非"白描"。实际上是隋唐画风的再现和发展,是一种倾向于守旧的画法。典型例证如莫高窟第61窟甬道壁画,特别是甬道南壁的炽盛光佛变相。根据《重修皇庆寺记》和窟前殿堂遗址材料,至正十一年(1351年),西宁王速来蛮在此窟前修建木构殿堂,名曰"皇庆寺",甬道壁画即同时完成,比莫高窟第3窟早六年完成。下距元朝灭亡仅十余年时间,应属元代晚期作品。炽盛光佛变相是敦煌元代壁画中规模宏大、艺术造诣极高的佳作之一。主尊炽盛光如来,端坐高木轮大车上(敦煌本地不久前还曾使用的,驾牛或驾骆驼的高木轮大车,其形制与此相同),右手食指顶一金轮;九曜星神四面簇拥,二十八宿列于云端,黄道十二宫悬浮虚空。诸神都以云彩承托,云彩后面全是蔚蓝色天空,表示炽盛光如来率诸眷属圣众在天空巡游,随时随地降福人间,消灭灾难。该变相场面宏伟壮观,结构谨严饱满,人物形象端丽庄重,设色浓丽厚重,金、朱、赭、绿、青、白、黑诸色齐全,线描、渲染工整细腻。有唐画灿烂富丽之遗韵,且内中蕴含着西夏画风的影响,不愧为皇室雇用的名家高手笔下的精品和巨构。

四、余论

从沙州回鹘到元朝时代,在三个多世纪的历史中,总的政治发展趋势是由局部地方的、民族的封建割据,演进为较为广大地域内和较多种民族的统一;再演进为地域更为广大、民族成分更为复杂的大融合、大统一。佛教艺术随着佛教一起,由已趋衰败的低谷中走出来,并迅速地步入新的巅峰。沙州回鹘壁画艺术,最初沿着归义军曹氏画院的老路走入绝境。后来由西邻的同族引进吸收盛极一时的高昌回鹘艺术,探索发展民族艺术新路,因而使壁画艺术稍有起色,初具民族特点。西夏壁画艺术开始也沿着归义军曹氏旧路走过一段,虽然西夏统治阶级对佛教及其文化倾注了满腔热情,多方倡导和扶植,然而毕竟没有走出旧的窠臼,使前期壁画极少有新的建树。但是由于党项人思想比较开放,善于学习吸收各民族优秀文化,努力探寻发展西夏风格的新艺术,因此,西夏后期壁画从题材内容到表现形式,都一展新姿,丰富多彩,风格独特。元朝时期,广袤辽阔的疆土,大融合、大一统的政治环境,雄厚坚实的经济基础,佛教及其相应的文化艺术在社会上处于空前崇高的地位,这一切对佛教艺术的继续发展创造了非常优越的条件。大乘、小乘、显宗、密宗、禅宗、汉密、藏密以及印度、尼泊尔等多种佛教艺术流派兼容并包,更大范围和更深层次的文化交流融合,使元代壁画艺术发展到了一个新高峰,取得了新成就,敦煌壁画艺术在一个美好的发展高潮中结束。敦煌壁画艺术曲折发展的这段历程说明:任何民族的文化艺术要获得成就和进展,都有一个如何处理好传统继承和学习创新的关系问题。任何一个民族及任何一个时代,都不能抛弃已有文化艺术传统和成就,从零开始起步,必须立足传统和已有成就起步。另一方面,又不可长期拘泥于传统,不敢超越传统一步,必须不断学习其他民族和国家优秀的、先进的新东西,促进文化艺术上的新陈代谢,以适应人们随着时间推移、社会进步而不断变化发展的新要求。虽然沙州回鹘一则因为时间较短,经济基础薄弱,地域狭窄;二则因为中西交通阻绝,传统与创新关系的处理表现得不甚明显,但是仍然可以看到这个关系处理的过程。党项和蒙古族由于统治时间较长,统治地域相对较为宽广辽阔,继承传统与学习创新的足迹历历在目。古今中外文化交流史不乏这样的事例:先进民族高度发达的文化艺术,对后进民族具有磁石般的吸引力。就在藏传佛教及其文化艺术得到西夏及蒙古统治者青睐和空前恩宠的情况下,中原华夏艺术新花,照样在敦煌这块边远之地开放,而且发展到一个崭新高度。沙州回鹘长期同汉族和其他民族杂居、交往,受汉文化熏陶甚深,因此虽有自身的特点,但从本质上说,仍属华夏系统,具体说属瓜、沙曹氏归义军佛教艺术系统。后期虽学习吸收高昌回鹘壁画艺术风格,然从根本上讲,高昌回鹘壁画追随唐风,颇得唐画精髓,因此说到底也不过是唐宋绘画的继承和发展而已。当然,一点也不否认它有自己的民族特点和地域特点。西夏由于"译圣经,立学校,定新律,修实录,雍雍乎汉唐之遗风"①,因此,自始至终都较充分地体现出中原华夏绘画传统和新成就,即使在与中原交通阻隔的情况下,在西夏西陲偏僻瀚海中的榆林窟、东千佛洞、西千佛洞及五个庙石窟里,照样盛开中原华夏艺术新花。但是,由于西夏与青藏高原上的吐蕃关系密切,尤其到后期努力吸收藏传佛教及其文化艺术,因而在西夏西陲瀚海又绽开出西藏高原佛教艺术的奇葩。与此同时,一种西夏本民族特点和风格甚为浓厚的画风,也相继出现于西陲瓜、沙画坛。一时间,中原、大漠、西藏高原各地,乃至印度、尼泊尔等各宗各派艺术精华,荟萃瓜、沙石窟,百花齐放,争奇斗艳。元朝时期,基本沿着西夏壁画艺术发展趋势继续发展,汉、藏两大系统的壁画艺术都得到了长足发展,出现了虽少却精的代表有元一代壁画最高水平的杰出作品。

晚期壁画,在运用线描技巧塑造和刻画形象方面,在山水画和装饰图案等方面,都取得了较高成就。灿烂的唐画,主要以宏博的气势、壮观的规模、饱满的构图、绚丽的色彩见长。西夏和元代壁画,充分发挥线描的造型功用,继续探索创新,推出了折芦描、钉头鼠尾描等新描法,综合运用各种不同线描的技巧,巧妙处理各种不同线描之间的衔接过渡,巧妙处理线描同色彩之间的微妙关系,主要依靠线描艺术来刻画形神兼备的生动形象,打动人心,征服观众。从这种意义上说,西夏和元代壁画的一个最突出的成就和最鲜明的特点是集线描艺术之大成,登线描艺术之高峰,将敦煌壁画艺术,特别是其中的白描淡彩画,推向了一个新的发展水平。

1990年3月初稿,1996年夏修订

(原载于段文杰:《中国美术分类全集·中国敦煌壁画全集》敦煌西夏元卷,天津:天津人民美术出版社,1996年)

---

① [清]赵尔巽:《西夏纪序》,载[清]戴锡章:《西夏纪》,银川:宁夏人民出版社,1988年。

榆林窟第29窟考察与研究

引 言

据已掌握的资料看,在西夏后期石窟中同时有相对完整的供养人画像及其题名、有营建年代和画工姓名可资考证者,仅榆林窟第29窟一窟而已。

该窟现存供养人画像40多身(如果将残失供养人画像按比例复原,其全数达100余身)。其中主要供养人画像的西夏文题名,基本完整或部分完整。在榆林窟其他洞窟中,又发现了可资考订该窟营建年代与画师的相关资料。因此有关该窟的一些重要问题,均可找到比较确切的答案。加之该窟所蕴含的丰富的西夏历史与文化艺术信息,其在西夏石窟考古研究方面的地位不言而喻。尤其在西夏石窟分期排年、瓜沙及河西地区西夏后期社会历史研究等方面,具有重要的学术价值。鉴于此,它一直受到国内外敦煌学与西夏学界广泛和高度关注。

近年来,敦煌研究院对该窟进行了1∶1整窟临摹复制。经画家们反复探索、精心整理研究,并结合运用现代科技手段,使一些漫漶严重、肉眼已无法看到或不可看清、有若"雾里看花"的壁画,重现其"庐山真面目",让更多的人有机会借助画家们的慧眼,看到一个较前更加清晰、更加完整的西夏重要洞窟。

20世纪三四十年代以来,已有一些学者在有关榆林窟的考察报告中,论及榆林窟第29窟问题,但由于种种原因与历史的局限,似未见到比较全面系统的考察研究论著,也未刊布有关该窟的完整资料。随着敦煌研究院对该窟整体临摹复制工作的完成,我们今天有了较充分的条件来进行这项工作。这篇拙著就算是一次初步尝试,希望它能对敦煌学与西夏学界同仁多少有所裨益与帮助。

一、洞窟环境与形制

一条名为榆林河的小河,大体由南向北横穿峡谷,将崖体冲刷成东、西两部分。榆林窟就开凿在这东、西两侧的峭壁上。也许可以换个说法：在很久以前，这里是基本平坦的戈壁，但地势较低，祁连山（又名南山）上的雪水遵循着"水往低处流"的自然规律流向这里。日积月累，加之雨水及洪水的长期冲刷，渐渐形成沟壑，而且越来越深，两岸崖体自然形成如刀削斧劈的断崖。这正是开凿石窟的良好条件。新疆、甘肃河西走廊的众多石窟，都是利用这样的地形来开凿营造的，既省工省时省资，还有人们赖以生存立足的水资源，这些地方远离喧嚣的城镇，是修行者们观像坐禅的上佳处所。

榆林窟第29窟，位于榆林河东侧峭壁石窟群北端上层（东侧窟群大体分上下两层排列）。它的下层崖面没有开凿洞窟。它与左右邻窟（左侧为第30窟，右侧为第28窟）均相隔有一段距离。登临该窟，需由一段明阶拾级而上，然后通过一道门（此门为登临上层诸窟的必经之地），转为暗阶继续向上攀登，方可到达（图1，图2）。

该窟前室南壁开凿有一禅室，面北开门，禅室内南壁（即正壁）下设禅床。此禅室同第29窟窟门，成直角相邻。

该窟北侧又开凿有大小不同的两座僧房，相互有甬道交通。此两座僧房还

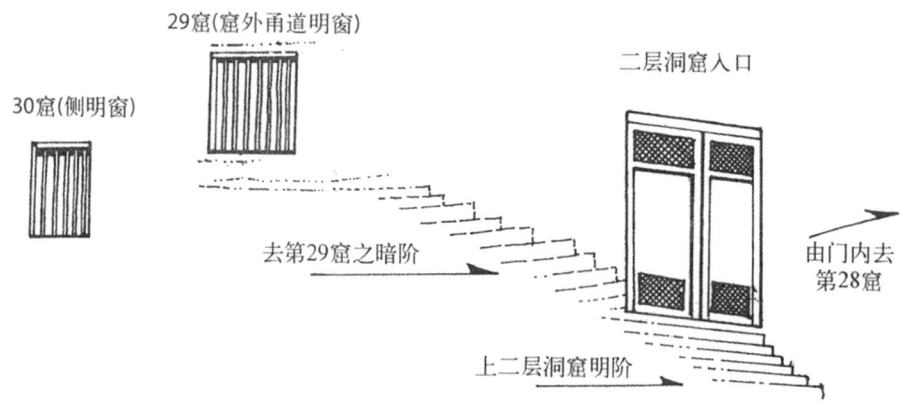

图1　榆林窟第29窟窟外崖面概貌示意图

另有甬道进入其北侧的第30号窟，此窟的南壁下也设有禅床。

值得注意的是第29窟北侧毗邻的僧房（图2B），在南壁上凿有一个洞，与第29窟相通。又在其西壁上开一明窗。后来以上两处又用土坯封堵起来。从该僧房南壁凿洞打穿了第29窟北壁，破坏了该壁壁画来看，说明该僧房开凿时间比第29窟要晚。该僧房东侧的较小僧房（图2C），于其西壁的下端开凿了一个圆拱形小龛。这可能是修禅僧人当年存放少量生活用品的地方。

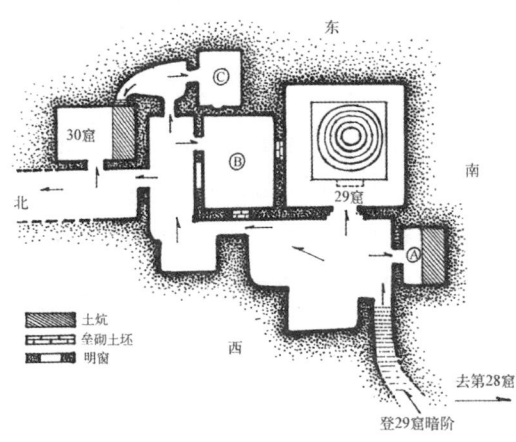

图2 榆林窟第29窟周边平面示意图

第29窟大体坐东面西,有前后室,于前室东壁开门。其前室呈不规则平面,而前室空间实际上又是通向左右两侧邻窟(或僧房禅室)的通道。前室顶呈后部高前部低(即东高西低)的斜坡。整个前室见不到任何塑绘痕迹。

后室平面基本呈方形,覆斗形顶,四壁不开龛。中央略偏后处设坛城,坛基为四方形,高约45厘米,四边长分别为270—280厘米不等。坛基之上设五层圆坛,由下至上每层递升约32厘米,又向内缩减约40厘米。坛城西面(面向窟门处)有用土坯垒砌的供案。从迹象观察,大概是后人所增设(图3、图4)。从以上叙述,给我们直接或间接提示了如下信息:

(1)该窟的选址,有意识与其南侧密集窟群拉开一定距离,而其北侧已无洞窟(至少是没有塑绘的洞窟),其下一段崖体也未开凿洞窟,事实上形成了偏居一隅的情况。

(2)围绕该窟开凿有几个禅室或僧房(特别是北侧的两个僧房),一个比一个

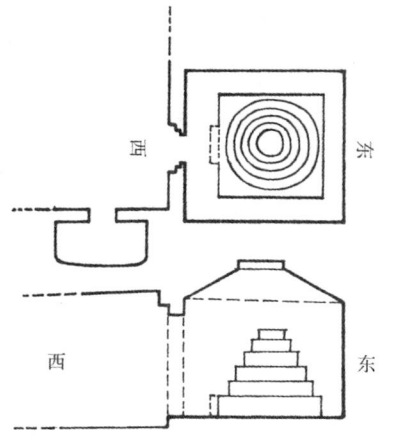

图3 榆林窟第29窟平面示意图

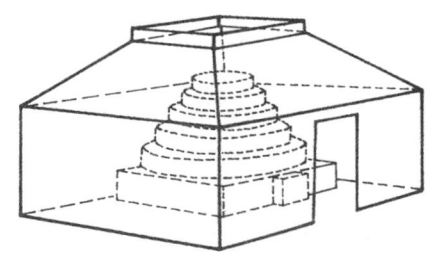

图4 榆林窟第29窟形制透视示意图

晦暗幽深。当时的禅僧们在这样的像窟、禅室、僧房之间往返，一边观像礼拜，一边静坐禅修，非常清静方便。

（3）从迹象看，第29窟前室南壁的禅室，有可能在第29窟营造完工后不久就开凿好了。但也不排除此间禅室是第29窟某窟主或僧人的修行处所的可能。第29窟北侧的禅室或僧房，是在该窟主人已经作古、洞窟首次废弃之后开凿的。关于这一点的证据，就是打穿了第29窟的北壁，将其壁画《文殊经变》中部开了"天窗"，其后又被人用土坯封堵起来。这次开"天窗"的破坏，估计不应该是佛教信徒所为。

（4）第29窟后室中央设多层坛城，周围包括几个禅室或僧房的这种洞窟形制，表明了密宗坛场的功用及性质。与莫高窟第464、465等窟颇相类似。同榆林窟第3窟也有某些类似。其实敦煌石窟于主室中央设密宗坛场的作法早已有之。吕澂先生曾指出莫高窟第285窟是密宗坛场[1]。宿白先生也补充指出莫高窟第302窟和第305窟，也可能是密宗坛场[2]。

二、洞窟内容与壁画题材

榆林窟第29窟所设五级密宗坛场，现存一佛、二弟子、二罗汉的一铺塑像，从艺术作风看，可能系清代之作。但也有专家把这铺塑像看成是西夏原作[3]。笔者认为，像榆林窟第3、29窟，莫高窟第465窟等，不同程度接受藏传佛教影响的洞窟，中央多层坛场上，原来必定是有塑像的，而且一般来说应该是藏传佛教题材和艺术风格的塑像。"筑方圆之坛，安置诸尊，或图画诸尊，聚集诸尊诸德，以为密教仪轨修行之处"[1]。密教坛场（道场）有大曼荼罗、三昧耶曼荼罗、法曼荼罗、羯磨曼荼罗。所谓羯磨，即作业之意，用铸造、泥塑等方法而成的曼荼罗[1]。榆林窟第29窟的曼荼罗，当属于羯磨曼荼罗。也就是说，佛坛上原来是安置有密宗造像的。然而，榆林窟第29窟未留存有坛场上的塑像。这是什么原因呢？笔者推测原作不是双身合抱（俗称"喜佛"或"欢喜佛"），便是恐怖怪诞的造像，同中国传统思想文化观念及审美观念格格不入，难免最终被销毁。即使在当时，也被多数人视为"甚为不雅"[4]，中国的历史文献不乏此类记载。《元史·后妃传》卷一云："京师

---

① 转引自宿白：《敦煌七讲》，敦煌文物研究所打印稿，1962年，第53页。
② 同上，第53—54页。
③ 宿白：《榆林、莫高两窟的藏传佛教遗迹》，北京：文物出版社，1996年。参见《藏传佛教寺院考古》第237页："表10-2安西榆林窟西夏时期第29、3两窟内容简表"关于第29窟坛场上造像的表述。
④ 《西藏新志》（中）关于欢喜佛的叙述。参见丁福保：《佛学大辞典》欢喜佛条，北京：文物出版社，1984年，第1484页。

创建万宁寺,中塑秘密佛像,其形丑怪。后(卜鲁罕后)以手帕蒙其面,寻传旨毁之。"[1]

明时,虽仍崇奉藏传佛教,但不止一次毁过密教造像。孙承泽《春明梦余录》卷二〇载:"惟都内喜佛寺系元人淫像,可便毁之……于是工部销毁淫像。"[1]即使在盛行所谓"演揲儿法""事事无碍""秘密佛法"的元明时代,对伤风败俗的邪鬼淫像,迟早要受到上层统治者的排斥和平民百姓的毁弃。1908年初,在莫高窟作过三个多月考察的伯希和,在其石窟考察笔记中写道:在第465窟后室的四层圆坛上"曾装饰以密教的小塑像,现在已几乎一无所剩了"①。敦煌石窟藏传佛教类似造像没有保存下来,其原因大抵如此。

1944年即到国立敦煌艺术研究所工作的范华老先生告诉笔者:他们当时在莫高窟第465窟清理残损塑像时,亲眼看到佛坛上有不少小型密教造像。有单身的,也有男女双身合抱的,就像这个洞窟壁画上所见的双身像一样。也是因为人们看不惯、不喜欢这些塑像,才被捣毁的。榆林窟第29窟坛场上造像的命运,推测其可能与莫高窟第465窟的情况大体相仿。

由于前述原因,该窟的内容事实上就剩下壁画了。为了比较直观而简明方便地了解壁画内容及题材布局,我们用示意图与文字结合的方式来表述(图5)。

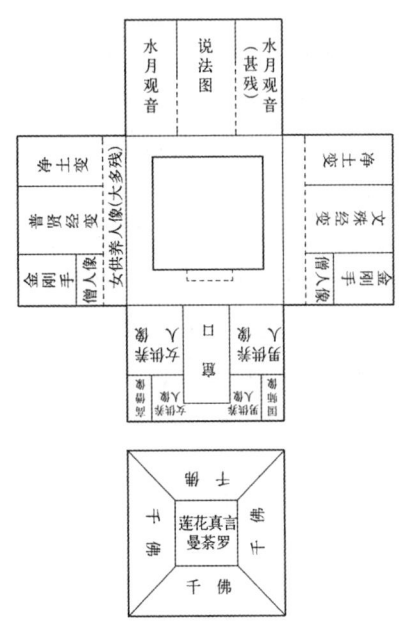

图5　榆林窟第29窟壁画题材布局示意图

总览该窟壁画内容及布局情况,可以看到出现了一些新因素,呈现出一些新特点:

其一是显教和密教并举,而密教绘画占据着比前更多、更重要的位置,特别是藏传佛教内容及艺术形式的壁画,渐趋凸显,诸如南北壁前部的两幅金刚手(明王)形象,窟顶部的真言莲花藻井和千佛形象,加之中央多层坛场的设置以及国师像的出现,等等,都具有较为典型的藏密特点和风格[2]。

其二是对水月观音的崇拜热情继续升温,在洞窟里首次将其布置在正壁的重要位置,而且画幅规模增大,描写的内容日趋丰

---

① [法]伯希和著,耿昇、唐健宾译:《敦煌石窟笔记》,兰州:甘肃人民出版社,1993年,第385页。

富复杂,表现出西夏社会对观音崇拜除了热情更高之外,对观音道场诗情画意般的意境及神秘美感的艺术追求。

其三是窟主及其家族的供养画像,占据了整整一个壁面和南北壁下段壁面。这种现象是其他西夏洞窟不曾有的,表明窟主身份和社会地位非同一般。一方面显示出窟主崇佛的虔诚情感,另一方面则向人们炫耀其殷实昌盛的门庭和崇高的社会地位(这一点在后文详述)。现仅就该窟题材分述于后:

(一)关于国师供养画像

该窟主供养画像中,出现了姓名法号确切的国师像,不但首次出现在西夏石窟中,而且在西夏壁画中罕见,据笔者所知,在敦煌石窟历代壁画中也罕见。依据西夏文题名的汉译,这位国师叫"真义国师昔毕智海"。昔毕,或作西壁,由姓氏得知,他是一位党项化了的鲜卑人①。历代供养人画像最前面,一般都有高僧、法师导引,他们与世俗人一样毕恭毕敬地面对佛陀而立,唯独这位国师,不仅在佛陀面前坐着,而且还有侍从跟随,并为其张伞盖。其气派与帝王相差无几,可见国师在西夏社会的崇高地位(图6)。

图6 国师供养画像 榆林窟第29窟 西壁窟门南侧上部 孙志军摄

在中国历史上,早在公元1世纪初王莽就曾封刘歆为国师,时称"国师公"。然而,以佛教高僧为国师,大约从北齐文宣帝高洋封高僧法常为国师开始[3]。西夏正式设立帝师和国师之制,一直延续到元代及以后。

《西夏官阶封号表》列有"国师"封号,其地位在诸王和中枢、枢密之间。他们主持重要译经事务,在西夏的藏族高僧受到最高统治者和社会各界青睐。藏文文献记载,西夏王曾经迎请西藏喇嘛来西夏传教,并赐封其高僧喇嘛为"帝师"[4]。西夏王还从西藏迎请到当时最负盛名的噶举派创始人玛尔巴的亲传弟子米拉日巴的传人来西夏传法、译经,被西夏王先后封为"国师"和"大乘玄密帝师"[4]。

---

① 史金波:《西夏佛教史略》,银川:宁夏人民出版社,1988年,第149页。关于榆林窟第29窟"真义国师昔毕智海"的民族属性,尚有不同的看法。如谢继胜认为不是吐蕃或其他外族僧人,而是西夏人自己的国师。见谢继胜著:《西夏藏传绘画·黑水城出土西夏唐卡研究》,石家庄:河北教育出版社,第257页。其看法不无道理。备列于此,以供继续讨论参考。笔者在此暂从史金波看法。

在各种文献和图像数据中,可见到的西夏国师达20位左右[5]。敦煌壁画中唯一出现的这位有确切姓名、法号的国师,其事迹无考,甚为遗憾。

该窟在南北壁还绘制了两幅法师供养像。这都体现出西夏高僧在社会中的重要地位(图7)。

另据张宝玺指出,在安西东千佛洞第4、5窟有西夏国师画像[6],但并未指出其确切的姓名与法号。是否为国师,有待证明其确切身份。此备一说而已。

(二)关于莲花真言

该窟覆斗窟顶中心画莲花,在花瓣上书写梵文真言。此真言"为秘密莲花部之根本真言。系扒巴欣然僧将六道轮回总其奥妙,编成六字真言。使人易于念诵,可免地狱之苦,得享天堂之福"①。

图7 法师(高僧)坐像
主室南壁门西 孙志军摄

班禅额尔德尼大师对六字真言要义的解释:"唵,系三字组成,即瑜伽正体,身、口、意相应成就。念此字时,常念佛及观世音菩萨成等正觉时,由此佛持加力,我等之身、口、意,应于佛之身、口、意成为一体。以此三密相应,发为五智。嘛呢,即宝也。此宝出自龙王脑中,若得此宝,入海则无宝不聚,入山则无珍不得,故曰聚宝。佛法能聚万善,能生万法,尤(犹)如摩尼,故借此义以显妙法。叭𡁮(迷),梵语莲花。莲花出污泥而不染。妙法庄严,以喻真如法性。出尘不染,具足无漏。吽,祈愿成就。凡人所作,悉赖佛力加被,方得成就正觉。祈求加被,成就一切,普度众生,悉成佛道。"②

俄藏黑水城出土西夏乾祐十六年(1185年)汉文《六字大明王功德略》施经愿文说:若用天下金、宝造作无数佛像,在一天中庆赞供养,"所获果报,不如写此六字大明王陀罗尼中一字所获功德。若念一遍,即同供养一切诸佛"③。

西夏人自己对"真言"的解释是:"此者真言中西天语言是驱邪恶用是也。"[7]

---

① 妙舟法师:《蒙藏佛教史》,江苏:广陵古籍刻印社,1993年。
② 妙舟法师:《蒙藏佛教史》,江苏:广陵古籍刻印社,1993年。见班禅额尔德尼大师关于六字真言要义的解释,系民国二十年应隆昌寺僧及考试院院长戴季陶邀请而作的宣讲。
③ [俄]孟列夫著、王克孝译:《黑城出土汉文遗书叙录》,银川:宁夏人民出版社,1994年,附图第23页。此《六字大明王功德略》系比丘智通所施。有"乾祐乙巳十六年(1185年)季秋八月十五日"纪年题款。

由此得知，西夏人把六字真言安置在窟顶中心莲花瓣上，其宗教含义在祈求佛力加持，驱邪恶，得福祉；免除地狱之苦，得享天堂之乐。由于在念诵六字真言为首的"唵"字时，需"常念佛及观音菩萨成等正觉时"，所以正壁中央的重要位置绘制了佛说法的图像，两侧又绘制了观音菩萨的图像。这样可使修行者或者崇拜者在佛窟中口诵真言，眼观尊像。

《秘藏记钞》卷三云："一切众生心中有八瓣肉团，是八叶莲花形也。于是处建立曼荼罗，云胎藏界也。"[8]《大日经疏》卷一云："次说修真言行大悲胎藏生大曼荼罗王，为满足彼诸未来世无量众生为救护安乐故。"[8]

在西夏、元时期的石窟寺遗址中，可以看到相当多的六字真言。莫高窟北区洞窟在不少的晚期石窟内外墙壁上，常可见到这些真言的字迹。

图8　真言莲座纹藻井　宋利良摄影

这里仍需补充指出，在洞窟顶部的中心藻井图案中，设计密教的真言，是颇为罕见的。即使在真言流行的西夏、元时期，藻井中心安置真言，也是颇具创意的。在这里，把宗教语言同艺术形式融为一体，创造出既有内涵又具有审美价值的宗教艺术品。综合观之，此真言莲花藻井，似表现胎藏界种子曼荼罗的图像，系藏传佛教文化艺术在敦煌石窟中的反映(图8)。

(三)关于"金刚手"图像

关于金刚手的译名较多，诸如"金刚手菩萨摩诃萨""金刚手秘密主""金刚力士""密迹金刚"，等等。佛教以其"执金刚杵，常侍卫佛，故曰金刚手"[9]。该菩萨从大日如来受灌顶，为其内眷属之萨埵("萨埵"系有情、勇猛之义)，他同普贤菩萨为异名而同体。"此金刚手即普贤菩萨也。手执金刚杵者，表起正智犹如金刚，能断我法微细障故"[10]。此菩萨又是真言宗八祖之第二祖(第一祖即大日如来)。总之，此菩萨为佛教护法天神之一。在榆林窟第29窟的形象，无论其造型还是艺术表现形式，都具有藏传佛教图像的典型特征(图版64)。

(四)关于水月观音图

该图像产生及流传演变历史告诉我们，它并非舶来品，而是中国画家依据佛典相关记载创作出来的。主要是依据佛典中关于观世音菩萨的道场(净土)的记载和民间多年以来关于观世音菩萨传奇故事而创作出来的。它是中国社会长盛不衰的观音信仰的必然产物。

水月观音图是中国唐代著名人物画家（特别是仕女画家）周昉首创①。惜其首创作品未能流传下来，就连与周昉大体同一时代的张彦远所著《历代名画记》中，在周昉小传所举录当时流传的几幅代表作品里，也已经没有水月观音图了。因此我们并不知道该图是什么模样。然而，至今留存下来的水月观音图像非常丰富。据笔者粗略统计，仅在甘肃、陕西、四川等地石窟寺壁画与雕刻以及中外美术（博物）馆的收藏品中，就已超过三四十件。它们分别是五代、宋、西夏、金、元、明等时期（10—17世纪）完成的作品。

图版64

其中，特别值得关注的是榆林窟、东千佛洞西夏石窟中几幅水月观音图，可以说它们是此类图像中的优秀代表。而榆林窟第29窟的水月观音图，又是其中的佼佼者和集大成之作。无论是画幅规模之宏大、表现内容之繁富、构思意境之幽美、艺术水准之高度，都是现存实物中的典范和里程碑。原壁残损比较严重，其中一幅完全看不清楚。经敦煌研究院美术研究所的画家竭力挖掘整理，使濒于泯灭的珍贵古画，通过研究性临摹而得以复苏。榆林窟第29窟两幅水月观音图经研究整理出来的白描画稿，本身就具有较高的欣赏价值和研究价值。同时由于原壁的严重残损，又具有较高的收藏价值（图9）。

图9　水月观音图（白描图）
榆林窟第29窟　北壁西侧

由画面布局和构图看，整图可分上下两段。

上段：描写观世音菩萨尊像及其道

---

① [唐]张彦远《历代名画记》卷一〇："周昉，初效张萱画，后则小异……彩色柔丽，菩萨端严。妙创水月之体。"卷三："胜光寺……塔东南院周昉画水月观音自在菩萨掩障。"（北京：人民美术出版社，1963年）

场,为全图主体内容。菩萨于"石天宫"中的金刚宝石上作自由座,奇特险峻的"石天宫"被细密的祥云缭绕。周围牡丹盛开,芭蕉亭亭玉立,树木繁茂,瑞草遍地。天空雨花,鹦鹉徐飞。池水澄净,荷花绽放,龙鳄遨游其中,一派奇丽的南国风光。这是在表现《大唐西域记》中所说的观音道场洛迦山的情景。

下段:在水池近岸(即画面近景)横列着大小高低参差不齐的八个人物和一匹马(两幅水月观音图,其中一幅为马,另一幅为狻猊兽)。有世俗人物,也有高僧(或罗汉),身份有主、仆之别。路边还放置着行囊,也有的背负盛水器或斗笠一类旅行用品。世俗装者似多秃发,有的头巾系"英雄结"(与西壁男供养人画像中一身侍从头巾所打的结相同),或手持鲜花。高僧有头光,披袈裟。有的仰视洛迦山上的观音,有的双手合十做礼拜状。总的来看,他们均有向观音圣地圣像瞻仰礼拜的意向。这些人物可能是描写《大唐西域记》所说"不顾身命,涉水登山,忘掉艰难险阻……诚心祈祷请见"观世音菩萨之人。敦煌及其他地方所见类似情况是比较多的。譬如黑水城出土现藏俄罗斯艾尔米塔什博物馆的西夏唐卡水月观音图,下段亦有一组世俗人物,有舞者,也有奏乐者,系对观音菩萨作"舞乐供养"[11]。又如同为黑水城出土现藏俄罗斯艾尔米塔什博物馆的另一西夏唐卡水月观音图,下段右侧有两身西夏装世俗人物,对着观世音做礼拜供养[11]。不同之处是榆林窟第29窟水月观音图下段朝拜供养观音的世俗人物更多,且其中还出现一些高僧(罗汉)之类的人物,他们在水月观音图中所占的画面很大,而且传递出长途跋涉、旅途艰难的信息,更加贴近《大唐西域记》中的相关描写(图10)。

由于该窟东壁水月观音图残损严重,特别是下段人物多模糊不清,过去曾对

图10　水月观音下段朝圣者　宋利良摄

东壁北侧水月观音图下段人物误判误释为唐僧取经图①。今天终可拨云见日,看清其庐山真面目,我们理应对此进行修正。

综合文献与图像的考察,我们认为水月观音图创作绘制的主要依据应该是《大唐西域记》卷一〇关于观音菩萨净土(即道场)的记述:

> 秣罗矩吒国南边海滨,有秣剌耶山……秣剌耶山东边有布怛落迦山,山路危险,岩谷倾斜。山顶有池,其水澄澈,流出大河,周流绕山二十匝,入南海。池侧有石天宫,观自在菩萨往来游舍。有愿见菩萨者,不顾身命,涉水登山,忘其艰险,能达之者,盖亦寡矣……[12]

水月观音图中有关环境的构思,主要依据佛典中对观音道场的描述。

随着观音信仰在中国的逐渐升温,特别是唐宋以来在中国本土也产生了一批观音道场。其中最有代表性又最具影响力的观音道场,就是位于浙江省舟山群岛的普陀山。其自然环境以及有关观音的民间传说等,同南印度的观音道场貌似。因此,水月观音图关于环境的构思,自然会融入本土的元素。而且随着时间的推移,主要依据佛典所描写的南印度观音道场,具有浓郁的中国本土化味道。难怪有些国外学者把水月观音图中的观音造型、竹林、瀑布等的表现及意境,看成是基于中国的东西,而非印度原型[13]。

唐西印度沙门伽梵达摩译《千手千眼观世音菩萨广大圆满无碍大悲心陀罗尼经》云:"释迦牟尼佛在补陀落迦山观世音宫殿宝庄严道场中……有一菩萨摩诃萨,名曰观世音自在……白佛言世尊:我有大悲心陀罗尼咒,今当欲说……说此咒已,大地六种震动,天雨宝华,缤纷而下……"[14]榆林窟第29窟东壁南侧的水月观音图,天空中飞舞着大量的花朵,当是依据此经典而设计的。但据笔者所知,在水月观音图中有"天雨宝花"者,十分罕见,似仅见榆林窟第29窟东壁南侧一幅,连同一窟同一壁北侧的水月观音图,也并未画出"天雨宝花"的场面。

至于水月观音菩萨形象构思依据,不外乎与以下资料密切相关:

(1)水月观音菩萨造型总体特征与阿弥陀经中的圣观音无差别:头冠上有立式化佛(阿弥陀佛);手持法物为净瓶与柳枝。《观无量寿经》云:"(观音菩萨)毗楞伽摩尼宝以为天冠,其天冠中有一立化佛,高二十五由旬。"

(2)《大日经》卷一云:"北方大精进,观世自在者,光色如皓月……髻现无量

---

① 在一些专门研究唐僧取经图的论著中,将榆林窟第29窟东壁水月观音图下段一组人物画,误释为唐僧取经图。原因是见其有匹白马,近旁还有僧人形象,误认是唐僧。还有一面目模糊而颇似猴(孙)行者的人。

寿。"[15]

(3)《大智度论》卷六云:"解了诸法,如幻如焰,如水中月……如镜中像,如化。"

(4)白居易《画水月观音菩萨赞》云:"净绿水上,虚白光中。一睹其相,万缘皆空。"[16]

总之,貌似简单的水月观音图,其实蕴含和承载着佛学、民间传说、信仰、诗歌、绘画等多方面深厚的文化内涵。

三、艺术特点与风格

榆林窟第29窟的壁画艺术,是西夏绘画艺术民族化、个性化、成熟化的典型代表。无论在整体构思与设计、构图与布局,还是造型与线描、敷彩与装饰等几个绘画基本要素方面,都显示出自己的特点与风格,体现出西夏绘画艺术的较高水平。与此同时,又勇敢地吸收继承和发扬光大了华夏艺术传统。

(一)整体构思与设计

以洞窟中央的曼荼罗(坛城)为整窟立体空间的中心,突出了藏传佛教模式的观像修行功能。以正面壁(东壁)中部的佛说法图为整窟平面的中心,同样突出观像修行功能。修行者入窟之后,首先观瞻礼拜坛城高端的主尊佛像及其胁侍眷属的形象,然后绕窟观瞻礼拜所有的图像,并口诵真言。以上两点中心相连接,并向西(窟口中部)自然延长,便在整窟构成了构思设计上的中轴线。于中轴线的两侧,从内容题材到表现形式,均构成对称均衡的格局:在正面(东)壁,于中轴线的佛说法图两侧,是内容和形式都非常对称的两幅水月观音图;在南北两侧壁,中部为内容和形式都非常对称的《文殊经变》和《普贤经变》,而其两侧又是两两对称的净土经变和高僧图。两壁的下段则是两相对称的小身男、女供养人画像行列(其中南壁下段女供养人像已全毁);在西壁于中轴线(窟门)两侧,国师供养像与高僧供养像对称,男供养人画像与女供养人画像对称;在窟顶部中央,是真言莲花藻井,其外周四坡为藏传佛教风格的千佛图。

这种在洞窟内及壁画题材的构思设计上对称均衡法则的使用,绝非西夏所独有,而是中国佛教石窟艺术长期以来共同遵循的"通用法则"。西夏艺术家们只不过是继承了这个法则,表现出对此一法则追求的意识和态度更加执着,更为强烈。

对称均衡法则在石窟艺术中的普遍使用,实质上是平和稳定永久意识的普遍共识在佛教艺术中的反映,是稳健而和谐的审美意识在石窟艺术中的反映。

(二)造型与线描

众所周知,中国古代绘画(特别是属于工笔重彩的壁画)的艺术造型,主要是运用线描来完成的。因此,谈论造型问题,必然要涉及与之密切关联的线描问题。而造型与线描又承载着时代特征和民族特征的信息,它们或直接或间接地反映出相关时代和民族的社会风尚及社会审美观念。这些信息、观念,无例外地表现在一切艺术作品的艺术形象之中,而着重表现在佛教人物和世俗人物的艺术形象当中。比较而言,这些信息、观念更加明显地表现在世俗人物的形象中。

榆林窟第29窟艺术,属于西夏后期的佛教艺术(关于这一点,在后文有专门章节论述)。无论是否到过该窟,只要一见到该窟整壁的男女供养人形象的临摹品(或者图片),人们一定会产生强烈的、独特的、异样的新奇感。而专业工作者则会眼前一亮,充分感受到这些艺术形象从头到脚、由表及里都浸透着民族特征和时代特征。即使人们面对着那千百年来反复描绘、相对保守稳定的佛教尊像,也会比较容易地感受到其与众不同的民族特征与时代特征。

世俗人物造型的共同特征是:无论男女均体形高大,身材修长,头部与全身之比,一般为7∶1到8∶1。头部呈长椭圆形,面部较圆润丰满,腮部外突。眉粗而短,眼睛、嘴唇与耳垂均相对细小,耳垂向外撇,眼睛全画成单眼皮。该窟西壁男女供养人画像是其造型特征的典型代表,可以理解为他们代表了西夏党项人的共同特征。因为与其他西夏遗址出土的绘画中所看到的西夏世俗人物形象的造型特征相吻合、相一致(图11、图12)。

当然,在艺术品中有丰富多样的造型模式,用一种哪怕是主要的模式要涵盖

图11 窟主像
西壁窟门南侧上排第1—3身 孙志军摄

图12 比丘尼及供养人像
西壁窟门北侧下排 孙志军摄

全部,都是简单片面的,也是不明智的,但毕竟有主流与非主流之分,有共性与个性之分。就以西夏而论,除了党项羌为其主体民族外,境内还有吐蕃、回鹘、契丹、鲜卑、汉族等多种民族。榆林窟第29窟西壁的国师昔毕智海供养人画像,就同前述党项羌供养人画像在造型上有明显的差异。根据专家们的研究认为,他系党项化了的鲜卑人[17](图6)。尽管如此,作为人体形象关键部位的面部造型,仍然清晰地显露出上述共性的某些特征——双颊突出,眉粗而短,眼睛、嘴唇、耳垂相对细小,等等。

佛教尊像的造型特征与世俗人物形象基本一致,在"大同"前提下存在着"小异",是由各种尊像类型的复杂多样性所决定的。一般来说,佛教尊像中的菩萨同女性供养人画像,在造型方面有更多的相似。说明西夏时期的菩萨造型也存在着女性化、世俗化的倾向(图13)。

天王的形象虽亦不乏孔武与威严,然其身材与男性供养画像一样修长高大且并不粗壮。面部造型也基本与男性供养人像相似,只是画得双目圆瞪,神态气势更加威武一些罢了。

从艺术造型角度说,榆林窟第29窟世俗及佛教人物的造型模式,可归纳为唐式(即汉式)、夏式(即西夏党项式)、藏式三种。其中夏式已如前述,而唐式造型诸如南北壁文殊、普贤经变画中的持杖长眉长者,虽然身材也很修长,但面部五官结构具有汉族老人的明显特征。人们很容易看出他是一位文质彬彬的善良汉族老人(图版65)。而藏式造型诸如南北壁的金刚手菩萨和窟顶四坡的千佛等。人物之外的藏式造型诸如窟顶中心的真言莲花曼荼罗以及南北壁高僧像山石背景,该窟文殊、普贤经变画中对背景山石的表现方式,乃至东壁水月观音图对观音住所石天宫的表现,等等(关于这一点我们在稍后的讨论中,将有较为详细的论述)。

这里值得特别提出的一点是,该窟频繁地而且是成功地塑造了一批正侧面人物形象。笔者在同敦煌研究院美术所参与该

图13 立式胁侍菩萨像
南壁文殊变东侧净土变佛左侧
孙志军摄

窟壁画临摹的画家交谈中,画家们很强调这一点,并有较高评价。行内人(特别是长期在敦煌石窟中工作的人)都知道,历代敦煌石窟壁画中,正侧面人物形象罕有出现,推其原因可能主要是两点:一是正侧面难以表现得既准确合度,又很美观漂亮,而半侧面较容易做到这点。二是正侧面表现确有一定难度,较易出现吃力不讨好的效果。即使绘画十分繁荣时期的唐和宋,名画家们也很少问津。莫高窟西魏时期修建的第285窟北壁有一身正侧面菩萨画像,经过数十年,已经不复完整。而榆林窟第29窟所出现的不少正侧面人物造型,用事实向古代画坛宣告:西夏画

图版65

家很好地解决了绘画上的这一难题。该窟正(东)壁两帧残损的水月观音图,经美术研究所画家精心整理后的白描图稿,在全部16身供养人画像(均在图的下段)中,就有8身正侧面人物造型,而且都塑造得比较成功。毫不夸张地说,此两帧画,它们都创造了历代敦煌壁画单幅画正侧面造型数量多并成功的最高纪录。南北壁的净土变及文殊普贤变中,也出现了大量造型更为漂亮、更为成功的正侧面人物作品(图14)。

在对自然界景物的造型方面,也表现出西夏独特风格。高度图案化和高度写真写实,乃至极端的造型手法交替运用。在同一洞窟中,构成非常鲜明,甚至近乎尖锐的反差对比。例如南北壁的文殊、普贤经变画,将云彩(云朵)描写成十分规则、十分机械的"鱼鳞"状。这里已经很难找寻到自然界变化无常、不规则的云朵的影子,而是高度图案化的一种特别符号。这种对云彩的描写法,对西夏之后的元、明诸代产生了影响,而在西夏之前的壁画中似乎未见。又如壁画中对山峦的描写,也采用了相同的造型手法,把自然界有着多变不规则的天然山峦形态及其纹理,变成了相当规则、相当机械的近乎几何形体。这种造型手法所构成的结果,距离现实较远,而向图案化、抽象化靠近(图15)。

至于这种造型手法从何而来,我们经过比较研究初步认为,它很可能受到藏传佛教绘画的影响。因为我们在黑城出土的吐蕃风唐卡中,频繁地见到。例如黑水城出土的西夏唐卡《阿弥陀佛趺坐像》背后的山石[18],黑城出土的西夏唐卡

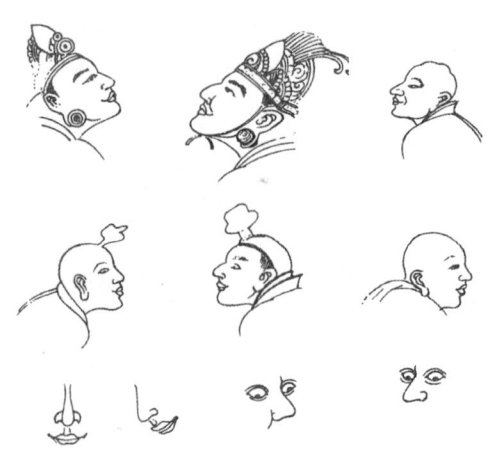

图14　榆林窟第29窟壁画中人物造型特写

《贡唐喇嘛相像》背后的山石[18],西夏唐卡《上师袈裟式样》上师像背后的山石[18]、西夏唐卡《绿度母》身光后面的山石[18]、西夏木刻版画《佛陀释迦牟尼鹫峰山布道图》中鹫峰的山石图形[19]。此外,还见于宁夏拜寺口西塔出土西夏唐卡《上师像》上师身光后面的山石造型[20]。榆林窟第4窟(西夏—元)佛画中的山石背景及南壁两侧说法图(二佛并坐说法)的背景也有相似的山石造型。这种造型方式还在一些花边中运用,例如榆林窟第29窟及肃北县五个庙石窟第4窟的双行(竖式)山石纹花边图案(参见后文"敷彩与装饰"中相关论述)。

榆林窟第29窟东壁的水月观音图,在对观世音菩萨道场环境部分的描写中,同时运用了写实手法和抽象手法,形成了鲜明的反差和对比,取得了画面的艺术和谐与幽美(幽静、雅致、优美)的效果。类似手法在其他西夏后期绘画中,虽亦有所运用,但像上述作品把写实与抽象分别而又同时表现到高超极致的境地,实为罕见。准确精致的工笔牡丹造型与巧妙新奇的"石天宫"及金刚宝座的造型设计,足以让今天的画家感到心灵的震撼!(图9)

现在我们再来讨论该窟艺术造型所采用的线描问题。总的看,大体以铁线描为主而辅以兰叶描及少量的折芦描。同时我们还看到使用了少量不很典型的钉头鼠尾描法。一般来讲,其铁线描稍粗而匀称,流畅而遒劲,依表现的不同对象,或曲折委婉有如小溪清泉,或平展倾泻似悬崖垂瀑,时而顿挫,时而虚实,时而轻重,时而疏密,富于变化,显示出画师们良好的线描造型功底。

良好的线描功底,离不开品质优良的线描工具。所谓"工欲善其事,必先利其器"是也。善于学习和创造的西夏人,在绘画线描工具方面也体现出他们的创造精神。史料记载:在西夏官至武功大夫与翰林学士的刘志直,善书法。他因地

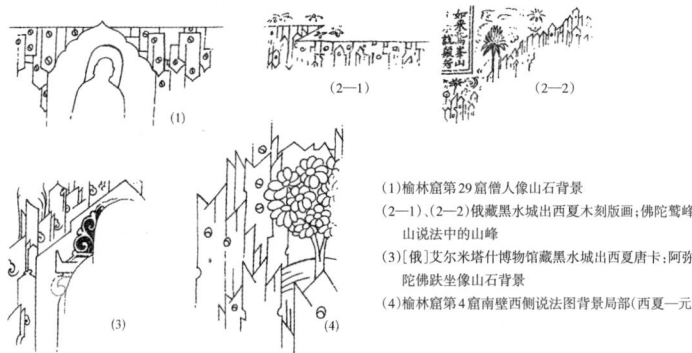

(1)榆林窟第29窟僧人像山石背景
(2—1)、(2—2)俄藏黑水城出西夏木刻版画：佛陀鹫峰山说法中的山峰
(3)[俄]艾尔米塔什博物馆藏黑水城出西夏唐卡：阿弥陀佛跌坐像山石背景
(4)榆林窟第4窟南壁西侧说法图背景局部(西夏—元)

图15　西夏后期绘画中对山石形态的一种表现样式

制宜，用西北盛产的黄羊尾毫制笔，其书画效果尤佳。当时西夏人以其为榜样而加以效仿，使其法流传于世[21]。钱大昕在《跋薛尚功钟鼎彝器款识》中也写道："西北之境有黄羊焉，相传西夏有国时，尝取其尾毫为笔。岁久亡其法，伯温以意命工制之。馆图诸公多为赋诗，盖色目(人)之好事者。伯温姓刘氏，名沙剌班，河西人。"西北黄羊毛，其性挺而柔，尾毫尤佳。用其制笔，使描出之线匀称而挺拔遒劲。像榆林窟第3窟、第29窟、东千佛洞第2窟等西夏杰作，疑是使用了这种西夏自制的优质笔。高手加上优质笔，其画何愁不佳不精？

张大千在评论榆林窟西夏壁画时说："西夏之作，每出新意，而刻画板滞，并在下位矣。"[22]张大千引谢稚柳《敦煌石室记》："(西夏绘画)其画派远宗唐法，不入宋初人一笔，妙能自创，俨然一家。画颇整饰，气宇偏小，少情味，饶匠气……经变等并兼禅宗、密宗，与夫供养人像等，并足知其当时文物衣冠及信奉之所归。"[22]两位前辈虽对西夏(其实这里均是针对榆林窟西夏)绘画各有自己的褒贬看法，但都异曲同工地肯定了西夏绘画的创新意识与创新精神，即所谓"每出新意"和"妙能自创"。

笔者认为以榆林窟第3窟、第29窟及东千佛洞第2窟等为代表的敦煌西夏后期壁画艺术，表现出的民族个性和时代特征及其风格，那种与其他时代截然异趣、独特新奇的品格，其关键就在它能够体现艺术创新意识与创造精神。因为创新意识与创造精神是艺术作品生命力的保证，是艺术作品个性特征、时代特征和独特风格的母因。从这个意义上说，创新是艺术的灵魂。榆林窟第29窟的壁画艺术，无论是它的内容还是其表现形式，都充满着这种精神。但它并非"突然"从天上掉下来。说白了也是很简单的事，就是勇于也善于认真地学习华夏艺术传统，并大胆地加以发扬创新的结果。我们从历史文献和出土文物中，均可充分地看到西夏从政治、经济到军事、法律、文化教育、宗教信仰等,包括社会生活元素的方方面面,都从汉民族文明中吸取养料,从周边其他民族,特别是吐蕃文化中吸取养料,通过取舍变化、融会贯通,然后创造出一种新型的、具有强烈民族个性化风格特征且多元的文化。

(三)敷彩与装饰

榆林窟第29窟的壁画所使用的颜料品种可以说比较简单,有赭红、铁朱、黄丹、石绿及黑白等几种,连之前历代常用的青蓝色种都罕见使用,更没有描金、贴金、沥粉堆金等稀贵颜料的踪影。但是,画师们善于运用颜料之间的搭配与分布,浓淡深浅的对比及晕染等多种手段,以求其变化,从而使壁画画面的色彩并不感到贫乏单调。

整窟壁画以暖色为其基调,赭红、朱色使用频率较高。最典型的是西壁整壁的供养人画像及南北壁壁画。其中的文殊、普贤经变,甚至使用大面积的红色去占据其空间[①]。我们注意到,在黑城出土的一大批西夏藏密风格的唐卡,亦频繁使用暖色乃至热烈明快的红色为其地色[②]。这也表明该窟这些壁画与黑水城唐卡,在敷彩风格上,都受到藏传佛教绘画风格的影响。该窟南北壁的高僧供养人画像,服饰部分、背屏及背景山石部分,均施以赭红,使我们联想起早期壁画常以土红涂底色的流行风格。

该窟画师在运用晕染技法去丰富色感和表现质感方面也颇见成效。有时用西域凹凸法,有时又用汉画传统晕染法,而有时则又灵活地将此两法合而为一。譬如文殊、普贤变中的菩萨、天王、童子等的面部、手臂及手的晕染。对于衣服及其衣褶,则多采用富于表现力的晕染。譬如上图中的老者,其圆领长衫的晕染,时隔八百余年的今天,仍能让人感觉到颜色与水分的柔润和谐之美。又譬如男性供养人画像的衣服,画师们先以较浅的赭红涂底色,然后用较浓的铁红沿衣褶晕染,留出衣褶的凸起部分。这种晕染法比之平涂法来说,显得既有色彩变化,又同时增强了体积感。男性供养人后面跟随的侍从画像,在单色平涂的裤子外沿,很细心地留出一道很窄的底(浅)色线,其效果等于在轮廓线的内沿又增加了一道线(即所谓"双线"或"双勾线"),这样,就使相对单调的平涂又增加了一些变化。

在一些佛背光敷彩上,也使用两侧深、中间浅的晕染法。在一些花边的敷

---

① [日]三上次男等监修:《敦煌·西夏王国展》,(株)东宝映像美术、(株)东宝企画出版,1988年,图录彩版93—1、93—2、102、104、106等图。段文杰:《中国美术分类全集·中国敦煌壁画全集》敦煌西夏元卷,天津:天津人民美术出版社,1996年,图版87、89。

② 谢继胜:《西夏藏传绘画·黑水城出土西夏唐卡研究》,石家庄:河北教育出版社,2002年,彩版图集第1、2、3、4、7、8、12、13、16、18、19、20、28、29、30、31、59、60、63、74、88等图。

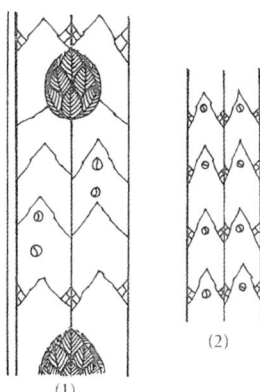
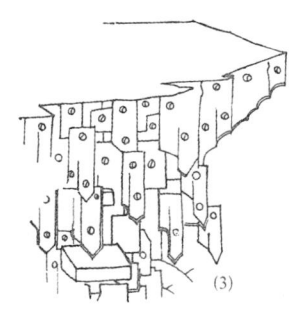

(1) 榆林窟第29窟山石纹花边
(2) 五个庙石窟第4窟山石纹花边
(3) 榆林窟第29窟水月观音金刚座样式

图16　西夏后期石窟壁画中的山石纹装饰

彩上，更是运用同一种色分深浅、同类色分层次，或者非同类色分层次的手法，即通常所说的"叠晕法"。诸如此类多样灵活变化的敷彩及晕染法，使不算丰富的色种容易带来的画面色彩单调的弊病得以避免。由此看出画师们在用智慧画画。

榆林窟第29窟的装饰图案同样别具特色。首先是出现了一些前代不曾见到的新纹样，并用其组成图案。譬如南北壁各画外框的山形纹花边，其结构形式是两条并列的山形纹（中间用一条线相隔），一个一个的小型山峰相互重叠，有的小山峰上还画出一至两个小花蕾式的圆点，推其画意是在表现山峰中的透空效果（有些像盆景山石上天然的孔洞）。在其花边的中央，隔一段距离又画出一个桃尖形单独纹样，其内又画出叶片状的小单位纹样，作"品"字形鱼鳞片状排列，由下而上，由大渐变小，两侧叶片画出透视效果（图16）。与前述南北壁高僧供养人画像中近乎几何形山石背景的画法，具有同一类型的装饰形式。这种形式我们还在肃北县五个庙石窟壁画中看见。同时在黑城西夏唐卡中，也可见到类似的形式。这种样式在西夏之后的元代壁画中再度出现，说明这种样式在西夏后期较为流行，并对后世产生了一定影响。这种纹样来自藏传佛教绘画，前已提到，在此恕不赘述。

其次，该窟出现了单色装饰带。一般出现在四壁外框，多呈黑色，较宽。这种壁画外框的装饰色带，之前不曾出现，在敦煌石窟系统中，始出现于西夏后期，相当流行，并沿用到元代。据笔者调查，它在敦煌石窟系统西夏及元时期的使用情况大致如表1所示：

表1

石窟及编号	时　代	使用部分
榆林石窟第2窟	西夏	四壁交界处及四壁中央
榆林石窟第29窟	西夏	四壁交界处
五个庙第1窟	西夏	各幀壁画周边
五个庙第3窟	西夏	各幀壁画周边
莫高窟北区第147窟	西夏—元	后室南北壁（中部以西下部近地面处）及西壁、北壁等处，黑、红色带并有
莫高窟北区第464窟	西夏—元	中室南北壁中部与西部，用黑色、红色涂绘边框；中室四壁四周以黑、红两色涂绘边框；此外，在前、中、后室部分壁画涂绘黑、红色边框（以上属西夏）。属于元代的有中室南、北壁四周，用黑、红两色涂绘边框
莫高窟北区第161窟	元代	出土纸质佛面，在金粉涂绘的边框外周，再涂绘黑色带
莫高窟北区第462窟	元代	中室四壁周边涂红色边框；后室北壁东下部壁画有黑色边框；中室南壁西部通南侧室的甬道周边，涂红色边框
莫高窟北区第172窟	元代	北后室各壁四周均涂红色边框
莫高窟北区第127窟	元代	北后室西壁上部周边涂红色边框，其内三条界栏，也涂红色，作为四幀壁画之间的间隔

说明：上列有关莫高窟北区洞窟的资料，来自彭金章、王建军：《敦煌莫高窟北区石窟》，北京：文物出版社，2004年。

此外，在西夏及元代敦煌诸石窟壁画中，常可见到这种色带装饰。如东千佛洞第2、第7窟，榆林窟第3、第4、第6窟，莫高窟第3、第95、第332窟，等等。同时，我们在黑水城出土西夏唐卡中，也较多见到。如谢继胜《西夏藏传绘画·黑水城出土西夏唐卡研究》彩版图集的第5、9、20、37、41、42、43诸图版。

从黑（或红）色带在壁画中使用部位的规律看，其旨意在表示对梁、柱、枋等建筑部件的彩绘。此外，有时似亦表示画幅间隔断，同时由于一般颜色较深，对画面也有一定的衬托功用，或者可以理解为类似对画的一种装裱。

在洞窟调查中，我们有时可以隐约地看出在黑（或红）色饰带上，原来还绘有装饰纹样，至少其中有些是如此。笔者在肃北县五个庙石窟第3窟的黑色饰带中，就隐隐约约地见到有装饰图案的单位纹样。

有一点细节需要作些交代，即上述所说的黑色饰带，是现在肉眼直观为黑色,究竟原色就是黑色还是变色后的结果?鉴于石窟中变色非常普遍,而且变色过程(变色程度)也十分复杂,因而其中还存在不确定因素。要弄清这个具体问题,有待研究颜料变化的专家去取样化验。

四、窟主与建窟年代

(一)关于窟主问题

探讨考订一个洞窟的窟主,一般来讲,最好、最可靠的途径,就是直接在这个洞窟的供养人画像及其题名中获取相关信息。不过在晚期洞窟(特别是宋代之后的洞窟)中,罕见供养人画像及其题名,即便有,又往往模糊难辨。有幸的是榆林窟第29窟的男女供养人画像及其题名,均保存比较完好,为我们探讨考订该窟窟主问题提供了珍贵的第一手资料。

该窟供养人画像占据了西壁一个整壁,同时还在南北壁(也许还有东壁)下段(可隐约见到者仅北壁下段数身而已)绘有供养人画像行列。西壁形体较大,为主要的人物形象,其余形体很小,为次要人物形象,而且题名已佚。

西壁中部因开设有进入内室的门道,自然地将此壁分为南北两侧。南侧绘制男性供养人画像,北侧绘制女性供养人画像。男像均面向南半侧,女像均面向北半侧。表示他们分左右、分男女两列依次向佛做礼拜供养。

男性和女性供养人画像,均分上下两排,由国师、高僧为导引。无论男性、女性,均依辈分、长幼,兼顾其官职尊卑作有序排列。

男性供养人画像(含长幼及侍从像)计26身,女性供养人画像(含长幼及侍从像)计18身,共44身。西壁全部供养人画像,其中有供养题名者24身。他们系该窟主要窟主人的画像。南北壁(现仅见北壁)下段小型供养人画像,也应该是窟主画像,但他们是相对次要的窟主人画像,没有发现有供养题名。假如按北壁可隐约见到的几身小型供养画像的大小比例及其所占据的壁面,推测复原南北壁下段全部供养画像,估计共有男女小型供养人画像50至60身,该窟全部供养人画像大约100身。东壁下段原来是否也有小型供养人画像还不清楚。一个洞窟有如此庞大的供养人画像,确实让人叹为观止!在西夏及晚期石窟中,恐怕是绝无仅有的。

为比较简明直观起见,也为了便于叙述,试作示意图如下:

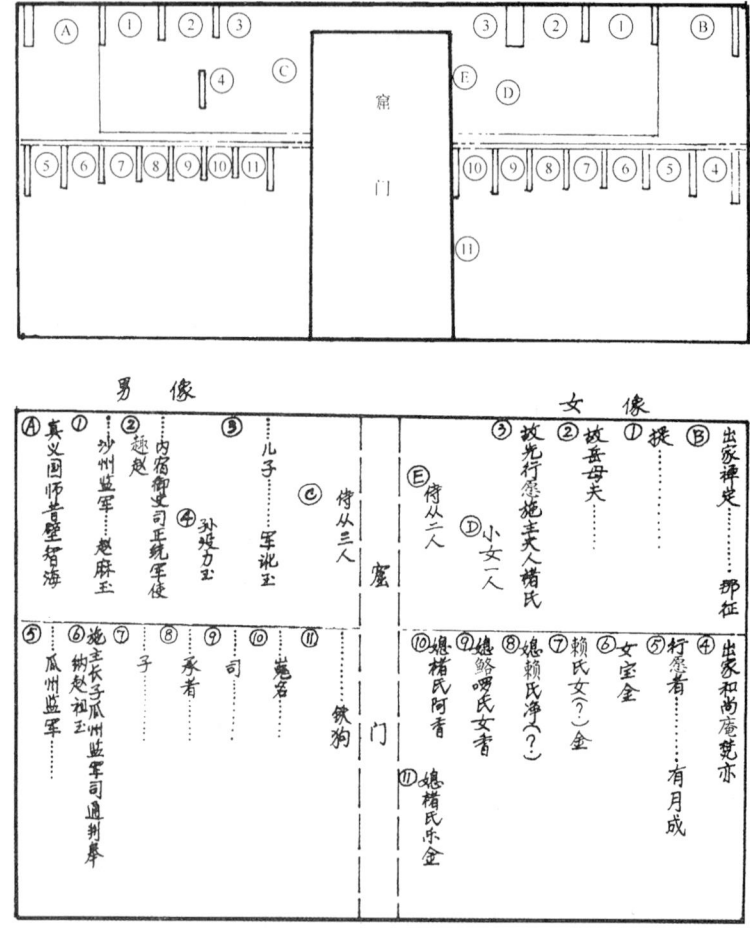

说明：原题名为西夏文，此为汉译文。

图17　榆林窟第29窟供养人画像布局及题名示意图

示意图男性①号供养人画像题名为：

"……沙州监军……执赵麻玉……"按惯例可大体复原为："施主沙州监军司……执赵麻玉一心皈依。"有的学者的录文汉译为："摄受沙州监军……赵麻玉一心皈依。"[①] 西夏赵元昊在1036年占据河西之后，"地广兵众，因分左右厢，立十二监军司……曰右厢朝顺……曰甘州甘肃，驻唐删丹县故地（今甘肃张掖山丹县），曰瓜州西平，驻瓜州"[23]。从史籍上看，西夏初期在所设十二监军司中，并无"沙

---

① 陈炳应：《西夏文物研究》，银川：宁夏人民出版社，1985年，第12、22页。陈氏将"摄受"译释为"代理"或"兼任"之意。

州监军司"。但后来有所增设,黑水城出土现藏俄罗斯科学院东方学研究所的西夏文《天盛改旧新定律令》(以下简称《律令》),列出了西夏监军司的职官及编制人数:

十二监军司,各具二正、一副、二通判、四习判九人——石州、东院、西寿、韦州、卓啰、南院、西院、沙州、啰庞岭、黑函山、北院、年科。

五处监军司,各具一正、一副、二通判、三习判七人——肃州、瓜州、黑水、北地中、南地中[①]。

西夏仁宗李仁孝于天盛年间(1149—1169年)公布的《律令》,已由西夏初期的12个监军司增至17个监军司。其中在甘肃河西地区就新增了沙州和肃州两个监军司。上述供养人画像题名中出现的沙州监军司,与《律令》相互参照印证,就不难理解历史的变化。这种情况反映出西夏后期政权,依据内外局势演变发展的需要,加强河西地区的管理与控制,增强西夏西大门的防务。

男性①号是沙州监军司的一位官员,这一点已不容置疑。尽管其确切身份因题名残损而不明究竟,但他在该窟窟主群体中居于最高位置,这一点也是不容置疑的。西夏各监军司"并设都统军、副统军、监军使一员,以贵戚、豪右领其职;余指挥使、教练使、左右侍禁官数十,不分番汉悉任之"[23]。一般来说,男性①号应该是沙州监军司的都统军、副统军、监军使这几个官职中之一。

男性②号题名为:"……内宿御史司正统军使趣赵一心皈依"。陈炳应将此题名译为:"口内宿御史司正统军刺史一心皈依"。并认为正统军职务在监军使之上,而这身供养人像被画在"摄受沙州监军"的后面,可见他不是正统军使或都统军使等职,而是职位较低的官员,刺史之职正与其地位相当[24]。笔者认为,按一般规律,男②号就是男①号(即赵麻玉)的儿子,他在西夏皇帝的护卫军中服役。

男③号题名为:"……儿子……军讹玉一心皈依[25]。陈炳应译为:"口儿子御宿军讹玉一心皈依。[24]身份很清楚,他是赵麻玉(即男①号窟主)的另一个儿子。

在②与③号窟主画像的中间靠下部,加绘了一身形体较小的画像(本文编为④号)。是先绘于纸上,然后补贴在壁面上的。其题名为:"孙没力玉一心皈依"。他是赵麻玉的孙子,是第②号(即有"内宿御史司正统军刺史"职衔者)的儿子。

在③号画像之后,有一组(三身)侍从画像。以他们的身份,自然是不会有他们的题名的。

---

① 见俄藏黑城出土西夏文《天盛改旧新定律令》之《司次行文门》。参见陈炳应:《贞观玉镜将研究》,银川:宁夏人民出版社,1995年,第15页。

⑤号画像题名为："……瓜州监军……"[25]陈炳应的译文为："……瓜州监军……座……名每纳……"[24]该画像从排列序次看，可能是赵麻玉的又一个儿子，他在瓜州监军司中服役。

⑥号画像题名为："施主长子瓜州监军司通判奉纳赵祖玉一心皈依。"这是该窟供养人画像题名最为完整的，他与赵麻玉间的关系及本人的身份，均一目了然。

此后由⑦至⑪号画像题名，保存下来的文字最少，大多不能明了其身份，也不知他们与赵麻玉之间的关系，但其中还有赵麻玉的儿子。参照与其对应的女供养人画像题名，大致可以看出他们可能是赵麻玉的儿子一辈的人物。

西壁北侧女性供养人画像行列，由上而下，自北至南依次排列。其示意图区的画像题名，史金波、白滨译为："出家禅定……那征一心……"[25]陈炳应译为："出家禅定个哆则那征平一心……"[24]看来此人是该家族中一位女性成员，后来出家修禅并成为一名高级禅师。

女①号画像题名仅存头一个字，译文为"提……"依一般规律，可能系赵麻玉的母亲。

女②号画像题名，史金波、白滨译为："故岳母曹氏夫……一心皈依。"[25]陈应译为："故岳母曹氏福者一心皈依。"[24]

女③号画像题名，史金波、白滨译为："故先行愿施主夫人褚氏……一心皈依。"[25]陈炳应译为："故先行愿施主夫人褚氏金一心皈依。"[24]此人应是赵麻玉的故妻。褚氏亦系党项一个大姓。

在女②与女③号画像之间的下方，还有一个小女画像（编号为D），无题名，应是②号画像（即曹氏夫人）的女儿。

在③号画像之后，有侍从画像一组，两人（编号为E），也无题名。

④号画像题名为："出家和尚庵梵亦一心皈依。"[24]她也系这个家族的一名成员，后来出家和尚庵。所谓"和尚庵"应理解为尼姑庵的别称。

⑤号画像题名为："行愿者有月成一心归愿。"[25]陈炳应译为："行愿者翟万月成一心随愿。"[24]此人亦为该家族一名出家为尼的成员。

⑥号画像题名为："女宝金一心皈依。"[25]其题名完整清晰，与赵麻玉之间的关系一目了然。

⑦号画像题名为："赖氏女□金一心皈依。"[25]陈炳应译为："媳赖氏女□金一心皈依。"[24]史金波、白滨与陈炳应译文基本相同，但陈炳应译文多了为首一个"媳"字。

⑧号画像题名为："媳赖氏净□一心皈依。"[25]陈氏的译文为："媳赖氏□者一心皈依。"[24]

⑨号画像题名为:"媳鉻啰氏女香一心皈依。"[25]陈氏译文为:"媳鉻啰氏女香一心皈依。"[24]与史金波、白滨译文亦相同。

⑩号画像题名为:"媳褚氏阿香一心皈依。"[25]题名完整清晰,同赵麻玉之间的关系一目了然。

⑪号画像题名为:"媳褚氏乐金一心皈依。"[25]

我们依据上述供养人画像题名所明示的官阶职位以及他们之间的长幼尊卑,可以梳排出该窟男女性窟主们的亲属关系。

按官阶职位梳排,首推国师最尊。他虽并非赵氏家族的成员,但他是所有窟主中职位最尊贵者。将他的像画在全部供养人画像最前面,壁面左上首最高处,不但有为赵氏家族所崇奉之意,同时也是赵氏家族的荣耀。其次就是身为沙州监军司官员的赵麻玉。虽遗憾的是官阶职位部分的题名残缺,不可知其确切,但以其排位及其子辈们的官阶职位来参照,推他应该高于子辈们的官阶职位。大体应该是沙州监军司的监军使。再次,就是分别在内宿御史司和瓜州监军司任职的子辈们。

按长幼辈分梳排,则以父母(包括岳父母)为长。其次为赵麻玉夫妇。再次就是赵氏夫妇之子、孙。

就现存供养题名看,未见赵麻玉的父母中也仅有岳母而不见岳父题名。这一点确实让人感到有些画像题名残缺不全可能为其原因之一,但从画像排序布局来看,似也无赵麻玉父母亲画像的位置。换句话说,很可能原本就没有其父母亲的画像及其题名。尽管如此,仍然是一个存疑之点。

按现存画像题名,现试将赵麻玉家族系谱列表于下(表2):

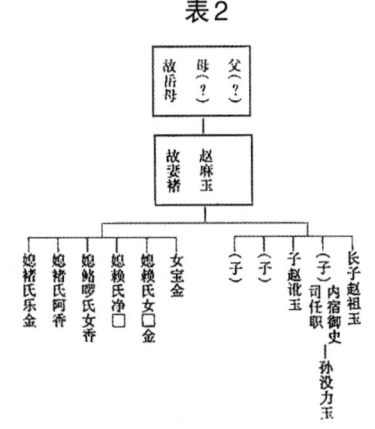

表2

说明:(1)国师及出家禅师、女尼,虽画像并题名,但未列入谱表中。

(2)原壁题名仅存只文片字,不明确或不肯定者,加括号和问号。

(3)原壁女性画像中,在③号"故先行愿施主夫人氏"身后下部所画一身小女,虽无题名,但基本可以肯定系赵麻玉一位孙女。然因具体又不明是哪个儿子所生,故亦未纳入谱表之中。

至此，关于该窟窟主问题可以结论如下：

A.在西夏的沙州监军司任职的赵麻玉，是该窟的窟主。

B.该窟系赵麻玉祖孙四代人的家窟。

C.赵麻玉家族的男性主要成员，分别在西夏的沙州和瓜州两个监军司中任职。有的成员还在西夏国主身边的宿卫军中供职，其官阶颇高。可见该家族在当时的社会地位及其影响不低。

(二)关于建窟年代问题

敦煌文物研究所于1956年发表在第10期《文物参考资料》上的《安西榆林窟勘查简报》说："在(榆林窟)十九窟通道南壁发现刀刻题记一则：'乾祐二十四年□□日画师甘州住户高崇德小名那征到此画秘密堂记图。'……画秘密堂显然系指密宗诸窟，因此种种，颇疑第二及二十九等窟系西夏时代所开凿。"[26]

早在半个多世纪前，我们的前辈就已将"秘密堂"与密宗洞窟联系起来，并进一步将其与榆林窟第2窟和第29窟联系起来。这种推测是很有道理的，是很可取的。因为比20世纪40年代张大千将榆林窟第29窟考订为"元代"显然进了一步①。

笔者对上述勘查报告在榆林窟第19窟题记录文中出现的两处小差错，有必要顺便加以补充更正。一处是该题记刻画位置在第19窟甬道北壁，而非甬道南壁；另一处是题记末尾并无"图"字。该则题记至今犹存，而且还比较清楚。笔者在1995年4月赴榆林窟调查时，曾专门做过认真核对。现将题记全文录于后，以备查考：

乾祐廿四年……日画师甘州住户高崇德小名那征到此画秘密堂记(图18)。

在20世纪60年代，中国科学院民族研究所同敦煌文物研究所合作，共同组成"敦煌西夏资料工作组"，展开对敦煌西夏石窟及相关文献资料的首次较为全面系统的调查与研究。敦煌文物研究所常书鸿所长同中国科学院民族研究所王静如教授亲任组长、副组长，北京大学宿白教授担任工作组顾问。宿白教授在此次调查研究中指出，上述题记中的"秘密堂"，可能是指榆林窟第29窟。并推断该窟的营建年代可能是上述题记中所说的乾祐二十四年(1193年)。当时工作组成员均赞同宿白教授上述推论。作为承担敦煌西夏洞窟分期排年工作

---

① 至今张大千先生榆林窟第29窟的亲笔墨书编号及判定时代，仍在窟门上方清晰可见。

的笔者,在之后的分期报告中采用了宿白教授上述观点①。

至今数十年过去了,关于榆林窟第29窟的营建年代,我们仍然坚持原有观点。现在,在对西夏洞窟题记(主要是榆林窟西夏题记)做进一步的挖掘整理之后,对此问题需进行必要的补充论证。

我们认为下述一篇较长的西夏文题记,对考订该窟的营建年代至关重要。这篇题记书写在榆林窟第25窟(系吐蕃统治河西时期所营造的洞窟,以其相当高的艺术水平和保存之完整如新而享誉海内外)外室甬道南壁。为西夏文墨书,计23行,200多字(汉译文字单位)。全文为:

图18　那征画秘密堂题记
　　　　（甬道北壁）宋利良摄

……子等谨愿/西……释迦佛者二足明毕全……身证得自/……爱……已……东王座身现……法雨意/全寻止情……毕……已入涅槃………/……故……中……佛像已……为以根恼断得/寻……身得能谓因此上/圣恩思佛……塔亦疾早愿行……造玉瑞圣/至圣遣信……佛门共去行愿男女一百余/时彼岸……证果……故大乘忏悔……因/供养……做令以此善根取　当今/圣帝王座如桂如当全神寿万岁身……已/大　当……福广……定　当遇/法界众生一切善……以菩提……身灾消绝……恐全……受/修证得圣果/时佛……菩萨……毕因毕……园……渐菩萨……/……恼心……方善……时圣帝……/大官此……当诸众生翼失……/……丑年中正月二……瓜州监军……/子瓜州监军司通判赵祖玉/……赵……山……上孙没力玉。②

这是一篇礼佛发愿文。其内容与格式同一般通行的礼佛愿文基本无差别。

---

① 参见刘玉权著《敦煌莫高窟·安西榆林窟西夏洞窟分期》相关部分论述。该项工作有幸得到宿白先生的亲自指导。需特别指出的是:分期报告的编写提纲系宿白先生亲笔拟写。
② 史金波、白滨:《莫高窟榆林窟西夏文题记研究》,《考古学报》1982年第3期,第382—383页;附榆林窟第25窟西夏文题记并对照汉译文。陈炳应在《西夏文物研究》第11页刊出的该题记录文及汉译文颇不相同。本文在此依史、白二氏,同时也参照陈氏的录译文,以供比较分析。录文中的着重号系笔者所加。

对本文来说有几点值得特别关注，提供了非常有价值的信息。特别在对榆林窟第29窟窟主与营建年代等重要问题的考证研究上，有很大的帮助。

其一，发愿文末尾提到了两位愿主：一位是"……子瓜州监军司通判赵祖玉"。显然与榆林窟第29窟西壁⑥号男性题名为"施主长子瓜州监军司通判奉纳赵祖玉一心皈依"者为同一人。另一位是"……孙没力玉"，又与该窟西壁④号男性、题名为"孙没力玉一心皈依"者为同一人。

其二，发愿文书写时间为"……丑年中正月二……"。现在的问题是要弄清这个"丑年"是西夏历史纪年中哪个丑年。

从西夏创制施行西夏文字（1036年）及正式建立政权（1038年）算起，至其灭亡（1227年），计189年。其间地支为丑年者多达16个，若仅凭这个"丑年"去考订其确切年代，简直有若大海捞针。幸运的是这个"丑年"长篇发愿文中，有两位愿主同时出现在榆林窟第29窟西壁的窟主群体之中。愿主之一的赵祖玉，是榆林窟第29窟西壁①号男性窟主赵麻玉的长子；而愿主之二的没力玉，是赵麻玉的孙子。由此，我们知道了两者之间的密切关系。即题写于榆林窟第25窟外室甬道的长篇发愿文的施主，同榆林窟第29窟的窟主是同一赵氏家族同时进行的两件佛事活动中的主人。

其三，发愿文是以赵祖玉的名义书写的，也就是说，赵麻玉是这篇发愿文的愿主，他出面代表赵氏家族发此愿文。愿文中写此次前来榆林窟礼佛行愿的共有"男女一百余"人。如此庞大的礼佛行愿队伍，又与榆林窟第29窟庞大的供养人画像队伍相吻合。至于该窟全部供养人画像是否能多到一百余人，因东、南壁下段绘制供养人画像的壁面损毁已尽，无法具体统计。然若按北壁下段隐约可见的数身小型供养人的面积比例大致估算统计，全部男女供养人画像超过一百人。在榆林窟除了第29窟，还未发现其他洞窟的西夏供养人画像队伍能达到或者接近这个庞大规模。

至此，我们需要再次请出上述题写在榆林窟第19窟主室甬道的题记："乾祐廿四年……日画师甘州住户高崇德小名那征到此画秘密堂记。"乾祐系西夏仁宗李仁孝的年号，乾祐二十四年（1193年），此年的干支为"癸丑"。那么也就是说，上述两篇题记应当是同一年。这不应该看成是一种巧合。画师高崇德所画的"秘密堂"，如前所述是指榆林窟第29窟，那么此窟的营建年代，应是西夏乾祐二十四年（1193年）。

这里有必要顺便谈及一个问题，那就是榆林窟第29窟的画工问题。由于榆林窟第19窟甬道南壁刀刻题记已经明确指出"到此画秘密堂"的画师，是"甘州住户高崇德小名那征"。"秘密堂"前已考订即榆林窟第29窟,那么,该窟的画工就是高崇德,理当没有悬念,也无疑义。另外,该题记还明确指出这位画师来自甘州(今甘肃张掖)。从自称"小名那征"来看,又告诉我们他是西夏党项人,将党项人的姓作为其小名,而大名(正名)则取了一个地地道道的汉族名字高崇德。当然,我们应该理解高崇德只是参加绘制榆林窟第29窟的画工群体中的一位,但他肯定是一位主笔高手,是从甘州请来的一批专业画工中的领军人物。不应排斥还有他处请来的其他画工参加作画。

余 论

我们在前面相对全面系统地讨论了榆林窟第29窟互为关联的几个主要问题。至此,综合分析这些问题,可小结如下:

(一)榆林窟第29窟,系在沙州监军司和瓜州监军司供职的赵麻玉、赵祖玉父子及其眷属出资,于西夏仁宗(李仁孝)乾祐二十四年(1193年)营建的功德窟。由甘州(今甘肃张掖)的党项画师高崇德担任该窟壁画的主画手。

党项首领于唐宋两朝先后受赐姓李和赵。于是李氏与赵氏便成为其部酋及王族专有的"姓",世代承袭下来。直至今天,西夏末代统治者李睍的后裔,仍承袭着这个"姓"。根据保存下来的李氏多部家谱,李睍之子赏哥系西夏灭亡后的第一世,元朝时被封为鄯善王。传至今天的李培业先生(陕西经贸学院教授),则为第二十三世[27]。

该窟窟主既姓赵氏,应是西夏王族的一个支系。由北宋朝廷给继捧、继迁赐姓(10世纪后期)算起,至该窟营建的仁孝乾祐之际,已传至第七代。难怪可以接近王族、国师,其画像能够出现在该窟之中,表明赵麻玉同西夏王族之间有着密切的关系。

(二)该窟一些窟主的名字(赵祖玉、没力玉等),出现在榆林窟第25窟的长篇发愿文中,而这篇发愿文的书写时间与榆林窟第29窟的营建时间为同一年。发愿文还提到"行愿男女一百余"人。而榆林窟第29窟的男女供养人也有百余人。这些信息显示:当榆林窟第29窟临近完工之时,赵麻玉家族成员(百余人的庞大队伍)曾经亲临现场,一来巡礼朝拜榆林窟,二来参观验收自己家族的功德窟,可能还准备了一个开光庆典,三来顺便为画师们作写生"模特儿"。如此分析大体不误,那么这可能是石窟营建史上一次罕有且规模宏大的面对真人的写生画像活动。这里让我们联想起早些时候北宋画史上的一次类似活动:"治平甲辰岁(1064年),于景灵宫建孝严殿,奉安仁宗神御,乃鸠集画手画诸屏扆、墙壁……至是，又兼画应仁宗朝辅臣吕文靖已下，至节钺凡七十二人。时张龙图焘主其事，乃奏请于逐人家取影貌传写之。鸳行序列，历历可识其面。于是，观者莫不叹其盛美。"[28]可见西夏的赵氏功德主和画师们仿效了约130年前中原北宋的做法，也可让人们叹其盛矣。

（三）榆林窟第29窟的营建，正值西夏李仁孝执政末期[仁孝在该窟营建的同一年（1193年）去世]，此时正是西夏社会的鼎盛时期。仁孝尊儒崇佛，重视发展文化教育事业，大力学习和吸取汉族文化。乾顺、仁孝两朝统治的百余年间，大大地推进了西夏社会的封建化进程。他们对发展佛教事业不遗余力。仁孝时期，"使佛事重新，令德法复盛，三宝威显，四本明增"①。刊印、散施佛经的数量、佛事活动内容的丰富及法会规模的宏大等诸方面都盛极一时。这一时期也是藏传佛教在西夏社会大力传播与弘扬发展的时期。藏文文献记载，西藏佛教噶玛噶举派初祖法王都松钦巴很受西夏统治者的崇敬，西夏曾派遣使臣入藏迎请都松钦巴到西夏传法，都松钦巴派遣弟子来到西夏，被尊为上师，传授藏传佛教的经义与仪轨，并组织力量大规模译经，很受西夏统治者的尊崇。萨迦派祖师札巴坚赞弟子迥巴瓦国师觉本，也曾被西夏奉为上师。仁孝时期藏传佛教对西夏社会产生了巨大影响。仁孝天盛年间刊印的西夏文法典《天盛改旧新定律令》规定：蕃、汉、西蕃（即西夏、汉、吐蕃）人可以担任僧官，但必须会读诵十几种经咒，而其中吐蕃文经咒即占一半。还要由精通吐蕃语的人进行考试。仁孝乾祐二十年（1189年）印施的西夏文《观弥勒菩萨上生兜率天经》御制发愿文，记载了在大法会上"念佛诵咒，读西蕃、蕃、汉藏经"，把西蕃经（即藏文经）列于三种佛经的首位。曾受吐蕃统治过的河西地区，本来就受吐蕃佛教的较深熏陶。西夏统治时期，该地区与吐蕃地域相接，西夏境内也有不少吐蕃人居住。有关专家据资料推测，西夏时的甘州可能是翻译藏文佛经的一个中心②。西夏后期，敦煌石窟，特别是安西榆林窟、东千佛洞石窟，在洞窟形制、壁画题材内容及表现形式和风格上，受藏传佛教的影响是比较明显的。在黑水城遗址出土的大量西夏文佛经中，有不少译自藏文佛经，特别是同时出土的三百多帧佛教绘画（其中包括许多唐卡），受汉传佛教和藏传佛教影响的作品并存，这些绘画作品多数都是在西夏后期完成的。榆林窟第29窟正是在汉传佛教与藏传佛教同时影响西夏，而藏传佛教比过去更加深刻地影响西夏佛教之时营建的，因此洞窟从形式、内容到艺术风格，都较充分地显现着这种影响。

---

① 参见史金波《西夏佛教史略》第三章第二节以及附录二《西夏佛事活动年表》相关内容的论述。
② 参见史金波《西夏佛教史略》第三章第三、第四节。

（四）榆林窟第29窟壁画艺术总的风格与特点，是多元化。它是西夏民族艺术融合汉传佛教艺术与藏传佛教艺术而成为一种新的混合型艺术。这种混合型的多元化艺术，同西夏多民族杂居的社会构成相适应。作为一种上层建筑，它与西夏已趋完备的封建经济基础相适应。榆林窟第29窟将汉密与藏密两种风格迥异的艺术相组合，既相碰撞、斗艳争奇，又在同一宗教信仰、同一中华文化背景前提下熔于一炉。如果说元代莫高窟第465窟是纯粹的藏密艺术的代表，那么西夏后期榆林窟第29窟就是由汉密艺术向藏密艺术过渡的一座桥梁。当然，不仅仅只是榆林窟第29窟，还有西夏后期的榆林窟第2、3窟及东千佛洞第2窟等一批大体同期洞窟，都具有这种桥梁的性质。

（五）榆林窟第29窟出现瓜州监军司和沙州监军司官员们的供养画像及其题名，但在莫高窟却没有发现类似情况。像榆林窟第2、3、29窟，东千佛洞第2窟等西夏后期密教遗迹较多的洞窟，在莫高窟却很少见。此外，在莫高窟也未发现西夏国师的画像及其题名。这些迹象和信息告诉我们：在西夏后期，瓜沙地区的政治和佛教文化中心由沙州东移至瓜州，打破了历来以沙州为中心的格局。其实在西夏前期，于境内初设十二监军司时，只在瓜州设西平监军司而不在沙州设监军司，就已经反映出西夏最高统治者有中心东移的意图。虽然在西夏后期增设监军司时又在沙州增设了监军司，然而中心东移的总格局并未发生变化。

（六）关于画师高崇德其人，在西夏史籍中未见记载，因此有关他的身世和经历不得而知。我们在检阅西夏相关文献的过程中，发现一位同名同姓、与画师高崇德题记同一年的高崇德："宋绍熙四年、金明昌四年、西夏称乾祐二十四年（1193年）春正月，（西夏）使武节大夫吴遂良、宣德郎高崇德如金贺正旦。"（按：崇德后知兴庆府，著政绩，号为神明，见《西夏书事》）[29]。从官爵看，此高崇德同洞窟题记中的高崇德，似非同一人。如果系同一人，对有如此高职位的画家，史籍及题记不可能不载不提。那么我们应看成是同时代在西夏出现的同名同姓两个不同的人。只是历史如此巧合，也有理由简记一笔，权当存疑。

（七）关于该窟废弃的时间。从该窟内外现存题记看，大致是在19世纪中期。游人题记中时间最早的在主室内（西壁窟门北下排女供养人画像南端第一身头部上方），用沥粉堆写出："道光廿五年（1845年）六月六日/信士弟鲁静安。"在前室东壁南侧墨书："咸丰元年（1851年）七月踏实信弟子汤浩善焚香……"前室东壁北端刻画："咸丰二（原壁将二改为七）年（1852年）六月初六日来杨永德叩/王礼……/聂登第……"上述几则游人题记，均一致地出现在19世纪中叶，前后相距不到十年的时间。似说明该窟在此期间渐渐走向衰废。从建窟的1193年到开始衰废,其间历经650多年,其使用的历史已相当长久。

(八)榆林窟第29窟课题进行的过程中,课题组的专业人员新发现了一条西夏文题记。位置在窟门侧,有11个字,为竖写墨书。请中国社会科学院西夏文化研究中心主任史金波研究员作了初步翻译:起首为"一心皈依",接着是一人名,最后是施什么。看来应是一条供养人题记,只是书写格式有些不同一般。由于史金波研究员初译依据是非行内人员辗转描摹的字样,不够准确规范,而且可能有差错。有待原壁照片给史金波研究员提供后,方可作出详细的、更为准确的译释。因此,该题记目前仅知其大意,将来以最后确定的内容为准,这里先作一个交代。

(本文所用线图1—图5、图14—图17为笔者绘制)

参考文献

[1]杨雄.敦煌藏传密教艺术的珍贵遗存——莫高窟第四六五窟附榆林窟第四窟的内容与形式[M]//敦煌石窟艺术·莫高窟第四六五窟.南京:江苏美术出版社,1996:18.

[2]宿白.榆林、莫高两窟的藏传佛教遗迹[G]//宿白.藏传佛教寺院考古.北京:文物出版社,1996:234.

[3]丁福保.佛学大辞典·国师[M].北京:文物出版社,1984:961.

[4]黄颢.五十年来国内藏学家有关西夏的研究[J].国家图书馆学刊(西夏研究专号)2002:44.

[5]史金波.西夏的佛教制度[C]//李范文.首届西夏学国际学术会议论文集.银川:宁夏人民出版社,1998:308—309.

[6]张宝玺.莫高窟周围中小石窟调查与研究[C]//敦煌研究院.1990敦煌学国际研讨会文集·石窟考古编.沈阳:辽宁美术出版社,1995.

[7]史金波,白滨,黄振华.文海研究[M].北京:中国社会科学出版社,1983.

[8]丁福保.佛学大辞典·胎藏界[M].北京:文物出版社,1984:845.

[9]丁福保.佛学大辞典·金刚手[M].北京:文物出版社,1984:658.

[10]丁福保.佛学大辞典·金刚杵[M].北京:文物出版社,1984:657—658.

[11]韩小忙,等.西夏美术史[M].北京:文物出版社,2001:彩版28—29.

[12]季羡林,等.大唐西域记今译:卷一〇·秣罗矩吒国[M].西安:陕西人民出版社,1985.

[13]于君方.观音新形象在中国的发展[J].音光庄严,1984(43).

[14]高楠顺次郎,小野玄妙,等.大藏经:第20册[M].台北:新文丰出版公司(影印),1983:106—107.

[15]高楠顺次郎,小野玄妙,等.大藏经:第18册[M].台北:新文丰出版公司(影印),1983:6—7.

[16]白居易.白氏长庆集:卷二二(七十一卷本)[M]//四部丛刊集部(江南图书馆藏本).

[17]史金波.西夏佛教史略[M].银川:宁夏人民出版社,1998:149.

[18]谢继胜.西夏藏传绘画·黑水城出土西夏唐卡研究[M].石家庄:河北教育出版社,2002:图11.

[19]海瑟·噶尔美.早期汉藏艺术[M].熊文彬,译.石家庄:河北教育出版社,2001:图版22.

[20]雷润泽,于存海,何继英.西夏佛塔[M].北京:文物出版社,1995:图版170.

[21]吴广成.西夏书事:卷三七[M].台北:广文书局,1968.

[22]张大千.莫高窟记[M].台北:故宫博物院,1985:682.

[23]戴锡章.西夏纪:卷六[M].罗矛昆点校.银川:宁夏人民出版社,1988:156.

[24]陈炳应.西夏文物研究[M].银川:宁夏人民出版社,1985:22.

[25]史金波,白滨.莫高窟榆林窟西夏文题记研究[J].考古学报,1982(3):383.

[26]敦煌文物研究所.安西榆林窟勘查简报[J].文物参考资料,1956(10):10—11.

[27]李培业.西夏皇族后裔考——《西夏李氏世谱》研究之一[C]//李范文.首届西夏学国际学术会议论文集.银川:宁夏人民出版社,1998:455—462.

[28]郭若虚.图画见闻志:卷六.孝严殿[M].北京:人民美术出版社,1963:148—149.

[29]吴广成.西夏书事:卷三八[M].台北:广文书局,1968.

(原载于敦煌研究院:《榆林窟研究论文集》上册,上海:上海辞书出版社,2011年)

榆林窟第3窟《千手经变》研究

一

《千手千眼观世音菩萨广大圆满无碍大悲心陀罗尼经变相》，画史上称《千手眼大悲变相》①，为方便起见，本文简称《千手经变》②。

《千手经变》属密宗系统的、宣扬观世音菩萨无上"功德"的一种经变图像。它当然是依据《千手经》绘制的。可是，《千手经》译本颇多③，如不空、智通、金刚智、菩提流志等人的译作，有的同一位高僧还有两种或两种以上的译本。根据佛经记载，伽梵达摩所译的《千手千眼观世音菩萨广大圆满无碍大悲心陀罗尼经》（以下简称《千手经》）是流通本。从敦煌壁画和藏经洞出土的绢、纸遗画看，也可得出伽梵达摩本是《千手经变》像主要依据的经典这一结论。

《千手经》及其图像在我国的流传，有一段颇为曲折的故事。早在唐初武德年间（618—626年），中印度婆罗门僧瞿多提婆，携带画在细毛布上的《千手经变》像和结坛手印经本，来到唐都长安，献给唐高祖李渊，可是被束之高阁，遭到冷遇。至贞观年间（627—649年），复有北印度僧人携梵文本《千手经》入长安，奉献给唐太宗李世民。李世民令总持寺法师智通同印度僧人合译此经。但译成汉文的《千手经》仍被搁置一旁，不复流通。之后，又有印度僧人带此经到长安，请智

---

① ［宋］黄休复：《益州名画录·左全传》，北京：人民美术出版社，1964年。
② 参见丁福保《佛学大辞典》第185页《千手经》条。其经既然称《千手经》，按此经所绘的图像，当称为《千手经变》。
③ 据《大藏经》卷二〇密教部三记载，有唐不空的《金刚顶瑜伽千手千眼观自在菩萨修行仪轨经》（两卷本），唐不空另本《千手千眼观世音菩萨大悲心陀罗尼》（一卷本）；唐智通的《千眼千臂观世音菩萨陀罗尼神咒经》（两卷本，称"丽本"），智通另一译本，经名与上全同（亦为两卷，称"明本"）；菩提流志的《千手千眼观世音菩萨姥陀罗尼经》（一卷本）；伽梵达摩译《千手千眼观世音菩萨治病合药经》（一卷本），伽梵达摩另一译本《千手千眼观世音菩萨广大圆满无碍大悲心陀罗尼经》（一卷本）；金刚智译《千手千眼观自在菩萨广大圆满无碍大悲心陀罗尼咒本》（一卷），金刚智另有两译本：A《千手千眼观世音菩萨大身咒本》（一卷）；B《世尊圣者千眼千首千足千舌千臂观自在菩提埵怛嚩广大圆满无碍大悲心陀罗尼》（一卷）；苏罗译《千光眼观自在菩萨秘密法经》（一卷），等等。以上版本均简称为《千手经》。

通法师观览。智通将其译成汉文,发现同过去已见的旧本无异,并且还缺身咒一科。随后,有北印度僧苏伽施,在我国常常修持此经结坛手印,而中国常州正勤寺主慧琳法师,同苏伽施一起研究讨论是经,对其中的疑难不得要领。稍后,两人同赴洛阳,继续研讨,渐能通其经义。于是,便请了一位既通梵文,又精儒学的清信士李太一,润色加工成章。至神功年间(697年,武则天当政时期),有人持智通译本由长安至洛阳,经慧琳法师补充、合成,终成一部完善的佛经。以后,又有佛授记寺婆罗门僧达摩战陀(北印度乌仗国人)在细毛布上绘制出千手千眼观世音菩萨像,连同《千手经》一起,进奉给朝廷,皇帝命宫女依样绣出,又命画工依样摹绘成图。从此以后,《千手经》及其变相在中国流传开来[①]。可见一种新的密宗经想要被社会各阶层接受,尤其要被最高统治者接受,也并非一件易事。

二

《千手经变》像,虽早在唐初就传入我国,但从画史上看,由唐至宋我国寺庙壁画中绘制《千手经变》的图像,在各类佛教题材里占的比例甚小。唐宝历年间(825—826年)四川名画家左全在成都三学院文殊阁绘制的一幅《千手眼大悲变相》,似乎是见于画史记载的最早作品,惜早已化为灰烬。由此看来,此类变相图,在中原地区似乎并不那么流行。然而,在边远的敦煌却是大不相同的另一番景象。仅斯坦因从敦煌藏经洞拿走,被大英博物馆收藏的《千手经变》就有近十幅[②]。最早为8世纪,中经9世纪,下至10世纪,提供了唐至五代这一历史时期的实物资料。其中原色图版第18图,绢本着色,被定为9世纪前半期作品,人物众多,内容描写繁复,绘工良好,保存有很多榜题,是一幅比较精彩的《千手经变》图像。

敦煌莫高窟是我国现存《千手经变》图像最丰富、最系统、最精彩的珍藏地。据敦煌研究院统计,在三十多个洞窟中,绘制保存有四十余幅《千手经变》图[③],最早的为盛唐,最晚的为元代。其中,盛唐和中唐时期绘制不多,不很流行,而晚唐至宋间,绘制最多,相当流行,是其盛期。

就画面内容和表现形式来说,《千手经变》出现的初期,便有一个大体稳定的格局。其基本点是:画幅一般是竖长方形,构图几乎无例外地采用所谓"众星拱月式"。内容布局是:中央主要位置绘观世音菩萨正面立像或坐像,足下或臀

[①] 参见《大藏经》卷二〇密教部三《千手千臂观世音菩萨陀罗尼神咒经序》。
[②] 日本讲谈社昭和五十九年(1984)日文版《西域美术·敦煌绘画》第1、2卷。
[③] 敦煌文物研究所:《敦煌莫高窟内容总录》索引二,北京:文物出版社,1982年。

下有从水池中生出的莲花,头顶有华盖。除部分手作结印,持各种法物、法器之外,其余众多的手均于体后有层次地形成圆形的法光,像菩萨的背光一样。圆形法光的外周(主要是左、右两侧),安置观音菩萨的诸般部众①。一般来讲,除极个别以外,历代《千手经变》的内容布局和表现形式均大同小异。差别就在内容有繁有简(即观音菩萨的部众或多或少,或全或缺),画风有精有粗,有巧有拙,艺术水平有高有低。《千手经变》在洞窟中一般布置在以下几个地方:a.前室(或北壁,或前室顶);b.甬道(北壁或甬道顶);c.后室(东壁门道南侧,或南壁,个别在北壁)。唯莫高窟第161窟(晚唐)最为特殊,绘制在主室覆斗式顶藻井中央,形成以经变画代替装饰图案藻井的新格局(图1)。还需提到的是莫高窟第148窟(唐大历十一年,即776年修建)的《千手经变》,在布局和构思以及个别内容的表现上,有两个颇为别致、饶有兴味的特点:一是画师有意识地将《千手经变》安置在洞窟后室东壁甬道口的上方,把甬道口上端的盝形结构当成水池,使绘画同建筑结构自然结合起来(图2)。二是该图左、右两下角火头金刚脚下的毗那夜迦鬼父、鬼母的形象,被描绘成四"脚"朝天、惊恐万状的狼狈模样。这一点与历代所有《千手经变》对毗那夜迦鬼父、鬼母的表现是大不相同的。这绝非画师即兴之举,而是以此隐喻当时正在危及敦煌安全的吐蕃奴隶主,表现了敦煌及河西人民的民族感情。

从艺术角度讲,所有《千手经变》中,最佳作品非莫高窟第3窟(元代)北壁这

图1　莫高窟第161窟藻井《千手经变》
　　　宋利良摄

图2　莫高窟第148窟东壁《千手经变》
　　　摄录部摄

---

① 千手千眼观世音菩萨有二十八部众。参见丁福保:《佛学大辞典》,北京:文物出版社,1984年,第186页。

一幅画莫属[1]。然而,论规模最宏伟、内容最繁复、历史价值最高者,当推榆林窟第3窟(西夏)。

三

榆林窟第3窟,是西夏晚期开凿的一个大型洞窟。从建筑形式、洞窟内容、壁画题材布局到画风,都具有藏传佛教艺术的特色和西夏民族特色。同时,又受到唐、宋汉族文化艺术传统的巨大影响。

窟室平面微呈长方形,有高大便于采光的长方形门道,四上角渐圆,窟顶微呈穹窿形,中央偏后设八角形四层佛坛。洞窟形制仿帐篷式,具有北方游牧民族的传统特点和风格。壁画题材布局非常注重左右两侧相对称均衡的效果(图3)。《千手经变》绘制于该窟正壁(洞窟基本为坐东向西,正壁即东壁)南侧,画面高3.70米,宽2.20米,面积为8.14平方米。比莫高窟第3窟(元代)北壁著名的《千手经变》(高2米,宽2.40米,面积为480平方米)规模几乎大一倍。画面内容布局为:中央安置巨大的五十一面千手千眼观世音菩萨正面立像,足蹈从水中生出的莲花。观音菩萨头顶有宝盖、天空雨宝花。下方有一水池,上下方的左右两角,安置诸天神部众。

观音像为五十一面作宝塔形重叠,上下十层。由下而上第一层三面,第二层七面,第三、四、五、六层亦七面,第七、八层五面,第九层两面,第十层一面。依据佛经,观音菩萨因修证圆通无上道的缘故,能变现诸多妙容,由一首、三首乃至一百零八首、千首、万首,以至无数首[2]。敦煌壁画和藏经洞遗画所见的《千手经变》,观音菩萨为一首者最为常见,三首和十一首者也较多。该窟东壁北侧和莫高窟第3窟的《千手

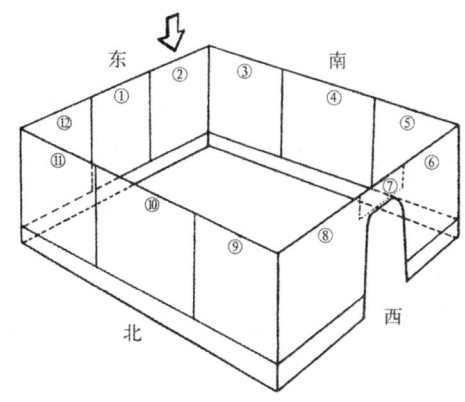

图3 榆林窟第3窟主要壁画题材布局示意图
扫描图

说明:①佛传(八塔变) ②千手经变
③曼荼罗八臂母塔 ④西方净土变
⑤曼荼罗五方佛 ⑥普贤变
⑦维摩诘经变 ⑧文殊变
⑨曼荼罗五方佛 ⑩西方净土变
⑪曼荼罗八臂母塔 ⑫十一面观音

---

[1] 段文杰:《中国美术全集·绘画编·敦煌壁画》下册,上海:上海人民美术出版社,1988年,图版第197。
[2] 参见丁福保:《佛学大辞典》,北京:文物出版社,1984年,第185页;《大藏经》卷二〇密教部三;苏嚩罗译:《千光眼观自在菩萨秘密法经》。

经变》，即绘十一首，而绘五十一首者并不多见。据上述佛经，观音菩萨能随意变现出二臂、四臂乃至一百零八臂，千臂、万臂以至无数臂。并能由二目、三目变现为一百零八目，乃至千目、万目、无数目①。佛经说，千手和千眼，是观音菩萨发大慈悲，为拔济众生诸般苦难，广施众生百般利乐所致。在这里，"千"并非确指一千，而是以千喻多。千手，表示法力无边；千眼，表示智慧无穷。

该图颇有意思的是千手中的特别众多的诸般法器、法物，并取左右两侧相同和对称的形式。按类可分为人物（含佛教和世俗人物）、动物、植物、建筑、交通工具、生产工具、乐器、量器、宝物宝器、兵器以及其他各种法物、法器。

具体有：华盖、旌旗、幡、拂尘、胡瓶、五色云、日精月精摩尼宝珠、宝莲花、宝镜、珍珠、玛瑙、珊瑚、宝箧、宝螺、宝铎、宝印、宝钵、宝经、数珠、髑髅杖、玉环、矛、盾、宝剑、宝戟、斧钺、弓箭、刀、锡杖、宝轮、金刚杵、羂索、宝扇、大伞盖、笏板、锯、钉耙、锄、墨斗、箭刀、曲尺、熨斗、斗（或斛）、龙、象、麒麟、牛、鸡、狗、鸭、鹅、筝、笙、排箫、箜篌、阮咸、琵琶、手鼓、腰鼓、拨浪鼓、钟、拍板、佛塔、庙宇、宫殿、楼阁、船、杨柳枝、荷叶、宝树、棉花、芭蕉、葡萄、瓜果、香花，等等。最有意思的是还有工农商艺诸行业活动的场面，如踏碓图、犁耕图、酿酒图、锻铁图、商旅图、舞蹈图，等等。三教九流，五花八门，包罗万象。在由手

图4　榆林窟第3窟东壁《千手经变》
宋利良摄

组成的椭圆形法光的有限空间里，试图将一个十分复杂的社会浓缩进来（图4）。这正是该《千手经变》不同于其他同类经变最突出的一大特点。前面我们说它内容最为繁杂丰富，即指此也。

佛经上说，观音菩萨为满足众生各种需求，变现出"一千宝臂，各执宝物"。因为众生苦难和烦恼形形色色，众生的愿望和需求各式各样，所以需要有众多无边法力和智慧。若求富贵资财，观音菩萨施给你如意宝珠，让你随意求取。若眼

---

① 参见丁福保：《佛学大辞典》，北京：文物出版社，1984年，第185页；《大藏经》卷二〇密教部三；苏嚩罗译：《千光眼观自在菩萨秘密法经》。

目失明,观音施你日精摩尼宝珠,令你即获光明。若求饮食瓜果,观音当以葡萄手,使你满足需求,如此等等,不空所译《千手千眼观世音菩萨大悲心陀罗尼》,便附有各种手势插图,并有简短的文字说明。如甘露手、施无畏手、日精摩尼手、月精摩尼手、宝弓手、白佛手、杨柳枝手、葡萄手等,分别讲明其用途。这就为古代画师们创作绘制《千手经变》提供了范本和依据。

特别值得注意的是,榆林窟第3窟《千手经变》出现了西夏社会生活的特写画面,譬如锻铁图、酿酒图、犁耕图、踏碓图、商旅图、舞蹈图,还有上述生产交通工具、乐器及各种动植物图像,等等,都是历代其他同类经变图中从未有过的,也是佛经没有的内容。我们不得不承认,这是西夏画家们的独创,这也正是该画历史和艺术价值之所在。正因为如此,受到学术界的特别关注。

四

榆林窟第3窟《千手经变》图像,在内容上有如上特色,在表现技法和艺术风格上也有它独特之处。

敦煌壁画在布局和构图上,一向注重对称均衡的法则,这已为大家所公认。西夏时代的榆林窟第3窟,壁画内容的总体布局已如前述,严格遵守对称均衡法则,《千手经变》同样如此。譬如:以观音菩萨为中心,观音菩萨的部众及持诸般法器、法物的千手组成一个微椭圆形法光,且左右两侧对称;法光外左右上角各有一坐式菩萨,面对面;法光内左右上角各有一宝瓶,放射出两道白光,左右上角各有两杆旗对称;由中央须弥山顶兜率天宫中放射出两道白光,亦左右对称;法光上部左右两侧各伸出四双抱净瓶的手,瓶中甘露向下流着,亦左右对称;法光下部左右两侧各有三双抱净瓶的手,但未流淌甘露,亦左右对称;法光左下角和右下角各伸出一双大手,护卫着两个人,亦左右对称;法光外下方观音部众功德天和婆薮仙两相对称,火头金刚两相对称,毗那夜迦鬼父、鬼母两相对称……法光以内千手所持各种法器、法物两侧相对称。就连描写西夏社会工农业生产情景的画面,也是左右相对出现。这是其他历代《千手经变》所没有的。

榆林第3窟东壁南侧的《千手经变》,内容是密宗的,画风却是中原汉族传统风格,所以,这类壁画可称作"汉密"系统的壁画。它同该窟南、北壁东西两侧绘制的"藏密"系统的壁画,风格是大不相同的。此画敷色非常简单,且以冷色为其基调,不过白、青、绿、黑,寥寥数种而已,没有华丽的色彩。大量利用素白地色,许多小幅画(如上面提到的踏碓、犁耕、酿酒、锻铁、商旅等图),几乎不施色彩,类似白描人物画。整幅画都是在强调线描的造型作用和追求线描艺术的效果,画史上将这种风格的绘画称为"疏体画",即所谓"于焦墨痕中略施微染"的"吴装"①。南北壁中央巨幅的《西方净土变》和西壁门道两侧巨幅的《文殊变》《普贤变》,都是同一种风格和样式的壁画。联系榆林窟第2、29窟壁画以及黑水城遗址出土的一些纸画,可以看出"吴装"的"疏体画"在西夏晚期壁画和其他绘画中占主导地位。这种画派在中国绘画史上早已有之,但在两宋(特别是南宋)时期的画坛风靡一时,占据着主导地位。与南宋在地理上相隔绝、在政治上相疏远的西夏,特别是西夏边陲瓜州地区,也不甘落后,在文化艺术事业上也紧跟中原步伐,可见先进的文化和时兴的艺术,它的传播是不大受地理、政治条件影响的,其渗透力和生命力是强大的。

榆林窟第3窟《千手经变》,艺术方面的另一个特点是具有浓厚的党项同汉族相混合的风格。譬如该图左上角和右上角的菩萨形象、酿酒图中的妇女形象等,与榆林窟第29窟男女供养人形象完全一致,都是典型的西夏党项人的特征,而观音像和锻铁图、踏碓图、犁耕图等图中的人物形象,没有多少西夏党项人的典型特征,但有党项与汉族人的混合特征,更多的是汉族人特征。总的来说,仍然有西夏时代人物造型的共同特征,既反映出当时各民族的个性,又反映出当时各民族之间的相互融合。

此图的线描,从艺术上讲,较乏功力,不甚流畅熟练,但是颇有变化。线条有粗有细,抑扬顿挫,铁线、兰叶、折芦、钉头鼠尾诸种描法结合运用。从敦煌壁画线描艺术发展史角度来说,比起前代属大胆创新。由于初步尝试,难免有些拘谨呆板,缺乏神韵,比起莫高窟元代成熟时期的代表佳作第3、61诸窟壁画的线描艺术,差距甚大,然而高精之作正是孕育于低粗品之中。如果没有南宋和西夏时期白描人物画在线描技巧上的大胆革新和尝试,那么元代莫高窟第3、61窟的精品就成了无源之水、空中楼阁。

五

通过以上的讨论和叙述,现小结如下:

(1)《千手经》和《千手经变》图像,唐初由印度传法僧携入中土,经历近一百年的曲折与反复,才扎根于华夏土壤。敦煌没有发现唐初甚至盛唐前期的《千手经变》,现存最早的《千手经变》已为盛唐后期。表明敦煌的《千手经变》是由内地两京地区传来的。在尚未发现更早的图像资料以前,敦煌盛唐时期诸如79、113、

---

① [宋]郭若虚:《图画见闻志》卷一《论吴生设色》,北京:人民美术出版社,1963年。

148等窟的《千手经变》，是我国现存最早的《千手经变》图像。榆林窟第3窟的《千手经变》，从它的绘制年代、画风和时代背景分析，很可能是1189年西夏仁宗李仁孝大规模施放汉、夏、藏文佛经以后所创作绘制的。理由是：在此之前，没有发现比它更早的西夏时代的《千手经变》，而根据榆林窟西夏洞窟分期，榆林窟第3窟的时间在西夏乾祐二十四年(1193年)以后，这正好是1189年李仁孝大规模施放佛经之后数年时间内。另外，据前苏联学者缅希科夫《黑城出土汉文文献诠注目录·导言》，1189年西夏仁宗李仁孝施印的大量佛经中也有《千手经》(原登录号TK—123，诠注目录编号156)。这就更加证实了上述分析的正确性。

(2)据敦煌研究院调查，在莫高窟现存492个历代洞窟中，绘制《观音经变》的洞窟13个，画有20幅；绘有《千手经变》的洞窟37个，画有40幅。后者较前者多一倍以上。说明敦煌地区经久不衰的观音信仰，唐后期出现了新动向和新特点，即由一般显宗系统《观音经》为重点的信仰，逐渐转变到密宗系统《千手经》为重点的信仰。表明唐代之后，敦煌佛教以显宗信仰为主导的同时，密宗信仰渐兴。不过西夏以前，表现在绘画上是一色的汉密，而西夏晚期至元，藏密渐兴，汉密与藏密同时并存，相互争奇斗艳。从敦煌莫高窟和安西榆林窟西夏、元时期的情况看，汉密系统的画风仍然占主导地位。

(3)榆林窟第3窟的《千手经变》，绝不同于其他历代同类图像。该图像内容丰富，非常写实地反映了西夏社会的生产工具、劳动状况以及音乐舞蹈、商旅生活、下层劳动人民的衣冠服饰等，其中大部分是西夏文化史料中极为罕见的，有的还是独一无二的资料。这对本来就很缺乏史料的西夏史研究来说，是难得而珍贵的资料。仅由该图像便可了解到：以党项羌为主体的西夏社会，其物质文明和精神文明的发展水平，同中原及其他汉族地区是基本接近、基本相似的。

(原载于《敦煌研究》1989年第4期)

本所藏图解本西夏文《观音经》版画初探

敦煌文物研究所藏有汉、藏、西夏等多种民族文字的文书约七百件，其中西夏文书仅三件[①]，均属佛经。一件为《金刚般若波罗蜜多经》，其余两件同为图解本《妙法莲华经·观世音菩萨普门品》(简称《观音经》)。但一件仅残存10页，且扉画已佚[②]；另一件则图文并茂、首尾完好，是本所一件重要而珍贵的藏品。它是1959年3月本所文物保护工作者窦占彪在维修莫高窟宕泉(俗称大泉)河东岸喇嘛塔时，于最南端一座小型塔婆中发现的。与它同时发现的还有上述《金刚般若波罗蜜多经》。

西夏统治敦煌(1036—1226年)将近两个世纪，石窟寺中留下了不少佛教遗迹和艺术品，也留下了不少西夏文题记(虽然多数属于游人功德记)。但在这次发现之前，还不曾有较为完整、较为重要的西夏文献出土，此次发现填补了这一空白。更为重要的是：据我们所知，此图解本西夏文《观音经》为现存海内孤本，它为考察研究西夏佛教译经史和西夏雕版印刷提供了新的实物资料；对于考察研究西夏时期的版画艺术，更是珍贵的资料。另外，该经数十幅连环式版画中许多世俗人物形象，对于研究西夏时期的衣冠服饰、发式以及社会生活的某些侧面，也是理想的参考材料。

一

图解本《观音经》原用一块大约40厘米×50厘米见方的米色绢包裹着，绢的一角缀一带，带端系一枚北宋"元丰通宝"钱。该经为木刻本梵夹装，纸质薄细柔软。页面高20.5厘米、宽9厘米。扉页版画水月观音图，双面通栏，高15.5厘米、

[①] 指敦煌文物研究所现藏西夏文书中完整和比较完整的三件，其余尚有不少西夏文写本与刊本残片，均未包括在内。
[②] 该经前部已佚，经名、扉画不存。我们据残存的10页经文和上端的版画插图考之，得知亦系图解本西夏文《妙法莲华经·观世音菩萨普门品》，只是并非同一刊印本。

宽17.5厘米。经文及图解部分，上下为双栏，无界，天头3厘米、地脚2厘米。版面分上下两栏，上栏约4厘米，安排版画，下栏约11.3厘米，排印经文。文、图均按由右至左的顺序开展。经文部分每面5行，每行绝大多数为10字。少数页面则为9字。经末有三行通栏发愿文，第一行14字，第二、三两行各10字。全文51面，共计256行，2324字。字体为西夏小楷，字形大小不尽相同，笔道粗细亦不一致，书法好坏程度有别。可见并非同一个书手和工匠所书写镂刻，可能系多人分工合作。经文刻工比较粗简草率，刀法不够遒劲流畅，字形亦不够标准化和规范化。论其书法和镂刻技艺，比之宁夏银川西夏帝陵出土的西夏文碑刻，差距甚远。

整个版面结构为：起首有大幅扉画，佛经名称上端有题头图案，正文部分上为插图，下为经文，末尾有三行发愿文。图文相对，相辅相成。这是我国唐宋以来特别是宋、元时期雕版佛经的通用格式。不过一般图、文占版面比例为1∶3，或者2∶3，亦有图、文各半的情况。而该经图、文比例约为1∶4。这样的分栏比例，图显得比一般的小，说明它是一种以文为主、图为辅的读物。

二

插图本《观音经》，计有大小版画55幅。其中扉画1幅，题图（图案）1幅，其余53幅为经文插图。全部版画所涉及的神怪和世俗人物七十左右。神怪人物和动物有佛、菩萨、天王、夜叉、罗刹鬼、声闻、独觉、梵王、帝释、自在天、龙、乾闼婆、阿修罗、紧那罗、人非人、金刚、毒龙、雷神、雨师、风火神、地狱恶畜、蛇蝎等。世俗人物有商主、强人、比丘、比丘尼、婆罗门、武士、妇女、童男、童女、刽子手、囚犯、将军、长者、小王、居士、宰官、优婆塞、优婆夷、恶人、怨贼、老人、病人等。此外，还有云气、火焰、山水、船舶、监狱、枷锁、刀剑、戟杖、旗帜、伞盖、行李、珠宝、地毯、佛塔、床榻、莲花、莲花座、鼓形座、靠背椅、碗、树等。

1. 扉画

为双页，通栏，呈方形构图的水月观音图。在几乎满幅的波涛翻滚的水中，冉冉升起由卷云承托的大月轮。月轮中观世音菩萨席"地"而坐。他头戴莲花化佛宝冠，两肩散披着秀发。袒露的上身仅斜披一条汗巾。颈间佩有项饰，手腕戴手镯。披帛由双肩而下，一端绕左臂，婉转下垂；另一端由肩直下，亦回曲反转下垂。下身着长裙，跣足。头稍稍右侧，面形椭圆。上身微斜，左臂于体侧下垂，手掌着力撑地；右臂放松，自然搭于右膝上，右手拈着佛珠。脑后有圆光。动态舒展、自如，神情安详、恬静。画面左上角，云烟之中，善财童子奉宝飞来，云髻、小冠、披巾、衣裙迎风飞扬，颇似飞天之状。画面左下角水中，升起一缕云烟，内有一文职官员样人物，手捧珠宝，向观世音作礼拜供养之状。画面下边，还布置了一点山石。

据记载，在秣罗矩吒国南边海滨，有"秣剌耶山……东有布呾洛迦山。山径危险，岩谷倾斜。山顶有池，其水澄镜……池侧有石天宫，观自在菩萨往来游舍……"①扉画下边的那点山石，当是表示布呾洛迦山。

扉画左上角云烟中人物，可能是善财童子。经云："尔时，善财童子……渐次游行，至于彼山，处处求觅此大菩萨。见其西面岩谷之中……观自在菩萨于金刚宝石上结跏趺坐……"

扉画左下角文官模样的人是谁？有关文献未明白提及。如从画面本身所描写的情况考察，很像是"水神"或"海神"之类。又据佛教传说，婆薮仙也住在洛迦山，并侍奉观世音菩萨，为其眷属。从现存不少千手千眼观音经变图来看，婆薮仙同辩才天总是以观世音菩萨的眷属、侍从身份出现。如此看来，此人有较大可能是婆薮仙。不过，要作准确的解释，仍有待于进一步的探索和研究。

作为《观音经》的扉画，何以出现了经文中根本没有的人物——善财童子？

据《华严经·入法界品》②："文殊师利在福城东，住庄严幢娑罗林中。其时，福城长者有五百童子，善财其一人也。善财生时，种种珍宝自然涌出。故相师名此儿曰善财。"后来受文殊师利之教化，渐次南行，参访五十三位名师。在第二十七次参访时，遇到观世音菩萨，并受其教化，成为观世音菩萨之胁侍。禅宗寺院山门阁上，在观世音菩萨像的左侧，立善财童子。上述图解本西夏文《观音经》扉画，是糅合了《法华经》的《观世音菩萨普门品》和《华严经》的《入法界品》而创作出来的。不过，从现存约二十幅水月观音图来看，时代较早的图像中，还未出现善财童子形象。大约到宋、西夏时期，水月观音图中才较多地出现善财童子像。如榆林窟第2、29窟等。

水月观音图，据记载是我国唐朝后期著名仕女画家周昉首创。唐张彦远《历代名画记》卷一〇说："周昉，字景玄……初效张萱画，后则小异。颇极风姿，全法衣冠，不近闾里，衣裳劲简，彩色柔丽，菩萨端严。妙创水月之体。"周昉创作水月观音图不但有记载，而且在唐长安寺院中，还有他的水月观音壁画。《历代名画记》卷三胜光寺条云："（胜光寺）塔东南院，周昉画水月观自在菩萨掩障（屏风）。

---

① [唐]玄奘：《大唐西域记》卷一〇《秣罗矩吒国》，载季羡林：《〈大唐西域记〉今译》，西安：陕西人民出版社，1985年。

②《大正藏》第10册《华严部》下，于阗三藏实叉难陀译：《大方广佛华严经》卷六八《入法界品》。

菩萨圆光及竹,并是刘整成色。"周昉"创水月之体"后,其他画家如左全、范琼等,都在寺院壁画中留下同类作品①。入宋以来,邓椿的《画继》、无名氏的《宣和画谱》及郭若虚的《图画见闻志》等文献中,更不乏关于当代名画家绘制水月观音图的记载,遗憾的是上述作品早已荡然无存。

　　敦煌藏经洞出土有唐、五代、宋时期的水月观音图数幅②,惜早已流入国外。值得庆幸的是敦煌莫高窟、安西榆林窟及东千佛洞,至今尚存五代、宋、西夏时期的水月观音图二十余幅③。这些水月观音图,有绢本、纸本,有壁画,也有版画。由于时代早晚不同,画面内容也不尽一致。有繁有简,表现形式和风格都有差异。一般来说,时代较早的,出现人物少(只有观世音菩萨形象,而无侍从眷属),衬景较复杂,除山石、净水、修竹之外,有的还有荷花、鸳鸯、芭蕉、竹笋之类,南国风光与情调较浓。如日本大德寺水月观音图(参见《敦煌画的研究》附图90),大英博物馆藏敦煌藏经洞出土水月观音图(参见《敦煌画的研究》附图98a),卢浮尔博物馆藏敦煌藏经洞出土水月观音图(参见《敦煌画的研究》附图97a),吉美博物馆藏敦煌出土水月观音图(参见《敦煌画的研究》附图168)等。时代较晚的,出现人物增多(除观音之外,还有善财童子等),衬景有繁也有简,南国情调似相对减弱。如大英博物馆藏敦煌出土水月观音图(参见《敦煌画的研究》附图97b),《大正藏图像部》第86图,《别尊杂记》卷二二,"大宋国泉州清信弟子陈成宗"题记的水月观音图,以及榆林窟第2、29窟水月观音图,等等。

　　图解本《观音经》扉画水月观音,是木刻版画,并不多见。此画构图极其简练而饱满,特别注意突出主体人物,而衬景相应省去。面对如此概括洗练而主题突出的版面,情不自禁地使人联想起白居易的诗句:"净渌水上,虚白光中,一睹其相,万缘皆空。"④这幅版画简而不漏,在构图上独具匠心:主体人物观世音居中而稍稍偏向右侧,占据了最重要的位置。这样的布局与构图,有三大优点:一是避开了折缝对主体人物形象可能产生的损害。即使在折叠情况下仍能保持住主体人物形象的完整性,以及总体构图与局部(分页)构图的相对稳定均衡。翻开首页,便是观音像,再翻到第二页,便是善财童子和婆薮仙人为主的局部相对完整构图;如果将这两页展平,便是一幅既简洁明快又稳定统一的完整构图。二是避免了主体人物居于正中央容易产生过分严整的弊病。三是主体人物移向右边一

---

① [宋]黄休复:《益州名画录》,北京:人民美术出版社,1964年。
② 参见[日]松本荣一:《敦煌画的研究》附图97a、b,98a、b,168及该书第三章第五节《水月观音图》。
③ 据初步调查,敦煌莫高窟在第294、331、237、431、231、233、256、164、124、427等窟,榆林窟在第2、29等窟,东千佛洞在第2窟壁画中有五代、宋、西夏时期所绘制的水月观音图二十余幅。
④ 白居易:《白氏长庆集》卷二二《画水月菩萨赞》,四部丛刊集部(江南图书馆藏本)。

侧,使左边一侧上、下两角,必然留出两块近似三角形的较大空间,正好安排善财童子和婆薮仙人。这样的"一大二小",使整体结构图呈卧三角形,稳定均衡而富于变化。

在艺术表现手法上,扉画恰当而又巧妙地处理好了以下几个关系:一是动与静的关系。观世音菩萨无论是外在的姿态、表情,还是内在的精神境界,都是静的。观音周围的云彩、火焰、海水以及呈飞翔状的善财童子和呈出水状的婆薮仙人,都处于动势。动静结合,相得益彰。二是疏与密的关系。观音像通体以比较稠密的线条组织成;而周围的月轮和头光,却是用极其稀疏的线条组成;月轮周围的海水、云气等,复以密集的线条组成;画面左上角的善财童子,周身的线条是密集的,周围光焰的线条却是极其稀疏的,光焰周围又是密集线条的海水相衬托;左下角的婆薮仙人用同样手法处理;而画面下边山石的线条,同它近旁海水的线条同样密集。整个画面形成灰、白、灰、实、虚、实、密、疏、密的色调和韵律,既对比鲜明,又和谐统一。一眼望去,海上升起一轮"光色如皓月"的大月轮,观世音菩萨在"净渌水上,虚白光中"安然而坐,一种虚无缥缈、微妙神奇的意境油然而生。

总之,扉画充分发挥了单色(黑色)木刻以线条的疏密、虚实、明暗对比突出主题的传统。线条全用阳刻(即减地)法,刀法比较遒劲流畅,刻工颇为细密,是西夏时期难得的一幅版画佳作。

2.题图

用莲花、卷云、栏柱组成一幅简单明确的题头图案。主体是一朵盛开的莲花,前面用一片荷叶作陪衬。莲花左侧为立柱,上方横栏杆,与立柱连接,呈"丁"字形。栏柱之上,有一朵浮云和一组图案化的对称式卷云纹。

佛家奉《妙法莲华经》为"诸佛如来秘密之藏,于诸经之中最为其上"[①]。题图以莲花出淤泥而不染的品格,来寓意《妙法莲华经》,这是很切题的。

3.图解版画

图解本《观音经》中全部插图采用我国传统的横卷式,随着经文自右至左逐幅展开。由于画幅高仅仅4厘米,上下空间的利用受到限制。这样,左右横向的空间相对成了作者构思与构图的用武之地。即使如此,也还要受到经文文字长短的制约。我们如果将页面完全展平来看,整个构图颇有几分像近代民间的"拉洋片"。

[①] 鸠摩罗什译:《妙法莲华经·安乐行品》,载《大正藏》第9册。

由于一般画面都很小，出场人物及道具、衬景简单，所以多用焦点透视法来构图，但有时也兼用传统的散点透视法构图。如第8图，人物基本为焦点透视，而地上放置着的木枷与铁索，却用散点透视，让观者能看到这些刑具的多面结构。又如第52图，雷神所击的连鼓，让读者同时看到了两端的鼓面。

当我们考察分析全部版画插图的画面结构之后，便能发现艺术家在构图上的简练与概括到了惊人的程度。每一幅图都找不出任何多余的人物和道具、衬景。许多画面，按经文内容一般应出现一些房舍殿亭等建筑物，而作者均不予考虑，让人物全部处在旷野之中。这种大胆的处理手法，如同中国画的留空，如同舞台上无任何道具和布景的戏剧，给观者留下想象的余地。当因为构图上的需要而留出的空白影响到画面的对称均衡时，那些无一定形态、自由性与机动性极高的流云，便成了画家填补它的理想之物。有了这些流云，还增加了画面的运动感与自由活泼的气氛。这同敦煌壁画中画家随心所欲地利用各种形态的流云而使构图活泼生动一样，是同一手法在不同类型的艺术品中的反映。即使那些有道具或衬景的画面，也是极其简单，几乎是纯"图解"式的。例如一块地毯、一根手杖、一只碗、一副枷、一张椅子等，其形态都尽量概括和简化。更有意思的是有时利用人物特定姿态动作来代替道具。譬如第24、25、26、27图中的梵王、帝释天、自在天、大自在天等，都取坐势，而并不画出坐具，可是让人感觉到他们都是坐在椅子（或石鼓）上的。这种处理手法，不但需要有胆识，而且需要丰富的想象。由此可见西夏版画家们在构思和构图上表现出来的聪明才智。

西夏的版画工作者，善于用极简练的构图准确表现内容的基本精神和要点，做到简而不漏、巧不失真。

在形象的塑造与刻画方面，作者能够注意到对不同类型的人物的描写，特别对于世俗人物，诸如商旅、强人、愚痴、童男女、老人、病人、婆罗门等的描写，还是比较真实生动的；对于神怪人物诸如夜叉、罗刹鬼、风神、雷神、雨师等的刻画，也是富于想象和颇具特色的。

我国版画在表现技巧方面，特别强调线条的作用。一般都以阳线刻（即所谓"减地法"）为主，阴线刻为辅，阴阳结合。尤其运用阳线刻，使形象具有轮廓肯定、明确具体的特点。图解本西夏文《观音经》的版画，即采用了我国民间所喜闻乐见的这种艺术形式。不过，版画的绘工与刻工，都显得比较草率粗放，刀法亦不是那样流畅娴熟，但是因此而保留了更多木刻版画那种刀趣木味，也反映出民间坊刻本粗放而质朴的特点。

三

图解本《观音经》版画中,有许多世俗人物形象。他们有男有女,有老有少,有官有民,有文有武……在以他们为主体并配有世俗用品的画面里,一定程度上反映着西夏人的社会生活习俗与风貌。限于篇幅,仅就版画中所反映的发式及衣冠服饰,作一粗略叙述。

1.版画中所反映的发式

党项人旧俗之一是"蓬发"。这一点同吐蕃人相同。赵元昊在建立西夏政权前,曾对党项人的一些旧习俗、旧制度做过改革。其中之一便是通过1034年的"秃发令",改蓬发为秃发。元昊本人首先带头秃发,然后命国人在三日内秃发,违令者,许众人杀之[①]。

有文献表明:在西夏早期,至少男子是执行了元昊秃发令的[②]。安西榆林窟建于西夏乾祐二十四年(1193年)的第29窟供养人像[③],表明西夏晚期党项男人也是实行秃发的。图解本《观音经》第39、40图中,再次出现了秃发男子的形象,不过并非全秃,是秃顶而留周边,这种秃发样式,称髡发。这又表明,西夏中期男子也实行秃发。这种样式与榆林窟第29窟供养人像中的童子像秃发样式相似。那么,我们可以认为:自元昊下秃发令以后,一直到西夏晚期,男子秃发始终成为西夏人的一种习俗。

对于西夏妇女的发式,文献基本未作记述,我们仅从墓葬与石窟的出土文物中得到一点初步的认识和了解[④]。莫高窟发现的图解本《观音经》版画中,再次给我们提供了一些新的形象资料,第15、16、18图,反映了成年妇女的高髻戴花冠。第16、37图,描写出未成年女子的一种发型——梳下垂齐肩短发,发下端起卷,或再戴花。这与莫高窟第97窟(约当西夏中期)南壁罗汉身边青年侍女的

---

① 参见[清]毕沅:《续资治通鉴》卷三九,北京:中华书局,1957年;[清]吴广成:《西夏书事》卷一一,台北:广文书局,1968年;[元]脱脱:《辽史·西夏传》,北京:中华书局,1974年。前两书所记元昊秃发令颁布时间略有出入(早晚仅差一年)。

② 参见[宋]司马光:《涑水记闻》卷一二,[宋]李焘:《续资治通鉴长编》卷五二,[宋]江少虞:《宋朝事实类苑》卷五五。上述史料证明:在西夏初期,社会上是执行了元昊秃发令的。

③ 榆林窟第29窟的壁画经考订为西夏乾祐二十四年(1193年)甘州西夏党项画师高崇德(小名那征)所绘。乾祐二十四年约当西夏晚期前段。参见刘玉权著:《敦煌莫高窟、安西榆林窟西夏洞窟分期》,《敦煌研究文集》,兰州:甘肃人民出版社,1982年,第316页。

④ 如甘肃武威西郊林场西夏墓出土的彩色木版画,有披长发的青年妇女形象,有头顶梳髻、髻下束带而又下披长发的妇女形象。又如榆林窟第29窟西壁供养人像,反映出两种妇女发式:一种是蓄短发头顶戴莲蕾形小冠,一种是高髻上插步摇及钗等。再如文殊山石窟西夏壁画中,有入寺庙拜佛的妇女形象,其中或高髻戴花冠,或高髻上戴"重楼子"花冠。

发式一样。

上述散见资料补充了文献的不足,给研究西夏党项民族发式习俗提供了参考。

2.版画中所反映的衣冠服饰

版画中世俗男女所戴的冠样式较多。第4、5、14、17、21、22、23、25等图的折上巾(按:折上巾,又称交脚幞头、顺风幞头);第6、8、9、10、26等图的平巾子与第24、28、31、51等图的东坡巾,同北宋张择端《清明上河图》中所见很相似;第31、53图中长者、官僚所戴的展翅乌纱(即展翅幞头),同河南偃师酒流沟宋墓壁画中戏装官僚所戴乌纱一样;第24、25、26、27、38图中梵王、帝释天、自在天等所戴的进贤冠,同榆林窟第2、3、29窟壁画中所见基本相同;第3、29、33、40图中的三瓣莲花状冠,可能是一种毡冠,即所谓"浑脱帽"。毡冠早在唐代后期壁画中即已出现,是我国北方民族常戴的一种冬冠。《西夏传》中即有"秃发毡冠"的记载①。其余如第10图中商旅所戴的笠帽,第9、28、41图的将军、武士们所戴的盔,等等,这些冠、帽的样式,大多是唐宋旧制的承袭,大同小异而已。

由于版画中妇女形象不多,所反映的冠式比较简单。一般为小花冠,如第15、16、18图。另外,第19图席地而坐的一位妇女,头戴未敷莲花形冠,同榆林窟第29窟女供养人所戴的莲蕾形冠相似(原图细部结构不清,仅能看到外形)。

版画中反映的妇女服饰也比较简单。多为上身交领右衽窄袖衫或袍;下身系百褶裙(褶裥长裙)。较典型而又较清楚者,如第11、15、16、18图。这种服饰同榆林窟第29窟女供养人的衣着基本相同,是宋代妇女无论贵贱通用的一种服饰。福州南宋黄昇墓,出土了不少这类妇女服装的实物②。版画第35图中的优婆夷与第36、37图中的妇女及第19图中的妇女服饰,同上述样式有些不同:不是上襦下裙,而是穿着交领窄袖长袍。

版画中男子服装样式较多。普遍盛行的是圆领窄袖长袍,腰间束带。譬如第14、17、18、19、21、22图。这是一种贵贱通用常服,只在衣料质地和颜色上分别高低贵贱。这种服装样式同榆林窟第29窟男供养人的服装相近。另一种是圆领阔袖长袍,腰间束带。如第5、23、24、25、26、27图。这是有一定身份的官僚所穿的公服式朝服。同甘肃武威西郊林场西夏墓彩色木版画中幞头官吏所穿袍服一样。又如第6、8、9、10图中的商旅、刀手、强人等下层平民、役吏所穿服装,或交领窄袖袍,下摆折起压腰带之下;或上穿交领窄袖短衫,下穿窄腿裤,足蹬靴,裤腿装入靴筒内;或双腿缠行藤。这类装束是劳役苦力们的常服,同榆林窟第29窟男

---

① [清]毕沅:《续资治通鉴》卷三九《西夏传》,北京:中华书局,1957年。
② 福建省博物馆编:《福州南宋黄昇墓》,北京:文物出版社,1982年。

供养人像中的仆从及武威西夏墓中的马夫服饰很类似,而在《清明上河图》中也比比皆是。

综上所述,仅从版画所反映的衣冠服饰上就可看到,西夏统治阶级是多么努力地向汉族文明靠拢,竭力汉化。难怪宋仁宗时,枢密副使富弼曾说:西夏"得中国土地,役中国人力,称中国位号,仿中国官属,任中国贤才,读中国书籍,用中国车服,行中国法令……中国所有,彼尽知之"[①]。

四

通过以上讨论,我们对以下几点有进一步的理解和认识:

1.《观音经》是专讲观世音菩萨有求必应"拯救人间各种苦难"的佛经。图解本佛经(包括图解本《观音经》)用形象艺术手段,图文对照,有效地帮助解释和说明经义。这显然比单纯是抽象枯涩的文字,或者仅有一幅扉画的佛经,要生动得多,尤其给那些识字不多甚至根本不识字的信徒很大的方便。因此容易在社会上普及和广为流传。仅本所藏西夏文佛经中,就有四种版本(除前述两种外,均为残片)。这些情况联系到莫高窟、榆林窟、东千佛洞等石窟中五代、宋、西夏、元期间,尤其是西夏期间,绘制大量水月观音图、千手千眼观音图、如意轮观音、六臂观音、八臂观音等图,表明西夏、元时期,社会上(至少在敦煌地区)对观音的崇拜和信仰十分盛行。

2. 晚唐五代以后,木刻雕版印刷技术逐渐发达,尤其南北两宋以来,更趋普及,这对于宋元时期佛教的发展关系很大。西夏人充分利用这项技术来为其吸收高度文明的汉文化服务,为其大力推广普及佛教服务。

雕版印刷技术虽然最迟在隋代已经发现,但据现有材料,以图解形式镂印佛经最早为五代末宋初。在此以前,一般至多在扉页设计并印刷一幅说法图,而经文中很少有插图。被称为世界上现存最古老的雕版画是莫高窟出土的咸通九年(868年)题记的《金刚经》扉画《祇树给孤独园》。近年来敦煌出土了《唐地志》《占云气书》,其中《占云气书》便是上图下文图解式的军事气象写本,虽未定型,但可说是开上图下文式的先河。到宋以后,扉画之外,经文中增加插图。现存有明确纪年时间、最早(宋嘉祐八年,即1063年)的非佛经图解本《列女传》,无明确纪年,大约相当于五代、宋时期的图解本汉文《观音经》,以及本文介绍的图解本西夏文《观音经》等,都是扉画之外上图下文的版式。这种版式一经出现和定型,便受到

[①]《太平治迹统类》卷八《仁宗经制契丹要略》,载张钧衡辑:《适园丛书》,台北:艺文印书馆,1959年。

社会上的广泛喜爱,无论在中原地区还是西北边陲都得到普及与流行,直到元、明而不衰。有理由认为,这种连环式的图解版画,可能对近现代流行起来的"看图识字"和"小人书"(即连环画)产生过影响。换句话说,今天社会上盛行不衰的连环画和看图识字读物,可能是宋元时期广泛流传的图解(插图)本读物的继承和发展。

3.插图本西夏文《观音经》与汉文图解本佛经比较,可以看到,西夏雕版格式、版画技巧、艺术风格都受到中原影响,但应该指出,在人物形象、发式、衣冠服饰及某些器物等方面,也体现出西夏的特点。

(原载于《敦煌研究》1985年总第5期)

西夏时期的瓜、沙二州

宋仁宗宝元元年（1038年），在我国西北地区建立起一个以党项羌为主体的少数民族地方政权——西夏，至宋理宗宝庆三年（1227年）被蒙古消灭，其历史长达189年。宋仁宗景祐三年（1036年），西夏攻陷瓜、沙，成为二州新的统治者，一直到灭亡，瓜、沙属西夏统治长达191年。

瓜、沙二州自西夏占领以后，情况如何呢？文献方面能够提供的材料凤毛麟角。这篇文字试从敦煌莫高窟和安西榆林窟西夏佛事活动的一些痕迹，结合史料来探讨一下瓜、沙二州在西夏统治时期的情况，以补文献之不足，供同道参考。

一、瓜、沙归西夏统治应从1036年算起

唐宣宗大中五年（851年），诏建沙州为"归义军"以后，瓜、沙二州一直为张（议潮）、曹（议金）及其后裔所统治。到五代后梁乾化年间（911—912年），甘肃回鹘战胜了张承奉的"金山国"，张被迫称回鹘可汗为父。至五代后唐同光年间（923—925年），曹议金仍沿称回鹘可汗为父大王。到了北宋初年，已经崛起并日益强大的党项羌族与甘州回鹘常有冲突，甘州回鹘和西州回鹘同中原王朝的联系，不时被党项所截断，相互间的争战频频发生。宋大中祥符元年（1008年），党项出兵攻甘州回鹘，被回鹘击败；宋大中祥符三年（1010年），党项又向回鹘用兵，再攻甘州城（今甘肃张掖），仍被回鹘所挫。在此期间，党项与回鹘争夺河西走廊的斗争没有间断，然而党项却无所进展，甘州回鹘仍然牢牢控制着河西走廊。

党项首领李德明有个儿子名叫赵元昊（又称李元昊，赵是宋朝赐姓，李是唐朝赐姓），骁勇善战，谋略过人。他25岁时（1028年）就领兵进攻回鹘，一举拿下甘州城。为此，被其父李德明立为太子。宋明道元年（1032年），元昊又领兵攻破回鹘所据的凉州城（今甘肃武威）。宋景祐三年（1036年），元昊再次领兵西进，一举攻陷瓜、沙、肃（今甘肃酒泉）三州。从此，党项先后取得了对吐蕃和回鹘作战的决定性胜利，全部控制了河西走廊。之后，回鹘也就只好依附于党项，成为党项

的一个"属国"。

可是,我们见到有些同志在叙述这段历史的时候,常常把西夏占领瓜、沙二州的时间加以提前。如1978年第三期《甘肃师大学报》余尧同志在《漫话河西走廊》一文中就说:"1028年(天圣六年),党项羌赵元昊击败回纥,占领甘、肃、瓜、沙诸州,河西遂属西夏。"这种提法把西夏占领瓜、沙、肃三州的时间提前了8年。这大概是把赵元昊于1028年攻陷甘州同1036年攻陷瓜、沙、肃三州两件发生在不同时间不同地点的事情混为一谈的缘故。

更多一些同志,则是把西夏占领瓜、沙二州的时间认定为1035年[①]。持此说的依据是《宋史·夏国传》上这样一段记载:"(景祐)二年,……元昊自率众攻猫牛城……又攻青唐、安二、宗哥、带星岭诸城,唃厮啰部将安子罗以兵绝归路,元昊昼夜角战二百余日,子罗败,遂取瓜、沙、肃三州。"我以为《宋史·夏国传》上的这段记载与其他各种史料有关这段记载并不矛盾。我们只要注意上段引文前后情节的变化,特别注意"元昊昼夜角战二百余日"这一句话,就能看到元昊与唃厮啰的战斗大约是从景祐二年下半年开始的,经过前后长达二百多天的苦战,最后才攻陷了瓜、沙、肃三州,此时已经是景祐三年(1036年)。所以,《西夏纪》《西夏书事》《宋史纪事本末》《续资治通鉴》等书,都一致地记载西夏攻陷瓜、沙、肃三州的时间是1036年。

《宋史·夏国传》《西夏纪》《西夏书事》等称:天圣八年(1030年),瓜州王以千骑降于西夏。那么,是否可以认为瓜州属于西夏统治应从此年算起?我以为这则记载是值得推敲的。第一,我们先退一步说,天圣八年(1030年)瓜州既然已经降于西夏,那么景祐三年元昊还有什么必要再攻取瓜州呢?这显然是自相矛盾的。第二,根据当时河西走廊的形势看,1028年元昊攻破甘州之后,并未立即向西推进,恰恰相反,而是挥戈东进,并于1032年攻陷凉州城。1035年,党项以甘州为"镇夷郡",立宣化府,以山丹为"甘肃军"。这就是说,1028年至1032年前后,党项势力仅仅在甘州和甘州以东的凉州之间活动,瓜、沙一带没有战事,是平静的。甘、凉距瓜州远达千余里,中间还隔着尚属回鹘的肃州,既非大兵压境,又非兵临城下的紧迫局势,瓜州王为什么要主动率领千骑奔到千里外去向党项请降?这在情理上是说不通的。第三,回鹘与党项是结有仇恨的,不是走投无路,一般也不会向党项请降。总观当时甘、凉、瓜、沙间党项、回鹘、吐蕃、北宋等各种势力的消长,瓜州在1030年投降西夏是不大可能的,只是到了1036年,经过剧烈的战争之后,瓜州才被西夏占

[①] 参见宿白:《莫高窟大事年表》,《文物参考资料》1951年第二卷第五期;夏鼐著:《考古学和科技史》,北京:科学出版社,1979年,第47页;阎文儒:《莫高窟的创建与藏经洞的开凿及其封闭》,《文物》1980年第6期等。

领。因此，天圣八年(1030年)瓜州王以千骑降西夏之说，是值得怀疑的，是不那么可靠的。西夏统治瓜、沙二州，应该从1036年算起。

二、党项占领瓜、沙后，回鹘和曹氏后裔仍在继续活动

党项占领瓜、沙以后，有相当长的一段时间，二州人民包括曹家后裔及原来盘踞瓜、沙的回鹘势力，仍然以种种方式，通过各种途径与中原王朝保持着联系。这种联系至少延续到11世纪中期。

1. 继续向中原王朝进贡

宋景祐四年(1037年，即西夏占领瓜、沙二州之后一年)六月，沙州遣大使杨骨盖、副使翟延顺入贡于宋[1]。

宋康定元年(1040年)，沙州遣人入宋贡方物[2]。

宋庆历元年(1041年)，沙州大使安谔支、副使李吉入贡于宋[3]。

宋庆历二年(1042年)，沙州北亭可汗王遣大使密、副使张进零、和延进，大使曹都都(督)、大使翟入贡于宋[4]。

宋皇祐二年(1050年)四月，沙州符骨笃末、似婆温等入宋贡玉。同年十月，沙州又遣人入宋贡方物[5]。

宋皇祐四年(1052年)正月，沙州遣使入宋贡物。同年十月十二日，沙州再遣使入宋贡方物[6]。

这就是史书上所谓"自景祐至皇祐中，凡七贡方物"。

从进贡使的姓名来看，有的是汉族人，可能就是曹家的后代；有的是回鹘人或吐蕃人。他们有时分别遣使入贡，有时则相约同行。瓜、沙二州这种以进贡方式同中原王朝的联系，从文献上看截止到皇祐年间，然而甘州地区汉族人、回鹘人与中原王朝的进贡关系，一直延续到12世纪上半叶，也就是延续到西夏占有甘州之后九十余年。

---

[1] 参见[清]徐松：《宋会要辑稿·蕃夷五》，北京：中华书局，1957年；[元]脱脱：《宋史·仁宗本纪》，北京：中华书局，1977年。

[2] 参见[清]徐松：《宋会要辑稿·蕃夷五》，北京：中华书局，1957年；[元]脱脱：《宋史·仁宗本纪》，北京：中华书局，1977年；[清]毕沅：《续资治通鉴》卷五〇，北京：中华书局，1957年。

[3] 参见[清]徐松：《宋会要辑稿·蕃夷五》，北京：中华书局，1957年；[元]脱脱：《宋史·仁宗本纪》，北京：中华书局，1977年；[清]毕沅：《续资治通鉴》卷五〇，北京：中华书局，1957年。

[4] 参见[清]徐松：《宋会要辑稿·蕃夷五》，北京：中华书局，1957年；[元]脱脱：《宋史·仁宗本纪》，北京：中华书局，1977年；[清]毕沅：《续资治通鉴》卷五〇，北京：中华书局，1957年。

[5] 参见[清]徐松：《宋会要辑稿·蕃夷五》，北京：中华书局，1957年；[元]脱脱：《宋史·仁宗本纪》，北京：中华书局，1977年；[清]毕沅：《续资治通鉴》卷五〇，北京：中华书局，1957年。

[6] [清]徐松：《宋会要辑稿·蕃夷七》，北京：中华书局，1957年。

2. 继续向中原王朝上书

宋庆历元年(1041年),沙州镇国王子遣使上书说:"我本唐甥,天子实吾舅也。自党项破甘、凉,遂与汉隔。今愿率首领为朝廷击贼。"[1]

沙州镇国王子这封书信,是给宋朝的秦州知州、秦凤副都部署曹琮的。当时正值元昊称帝之初,加紧自己的政权建设,扩充实力,雄心勃勃地联辽抗宋,宋朝为了防御西夏的进攻,以资政殿学士陈执中为陕西都部署兼经略安抚沿边招讨使,以曹琮为其副使。曹琮此时正谋划要联合周围的抗夏势力(包括原盘踞过河西走廊的吐蕃、回鹘势力)共同对付西夏。而沙州镇国王子主动奉书表示要率众与宋朝合击西夏,曹琮当然是支持的,因此将此计划奏于朝廷,自然又得到仁宗皇帝的赞同。

沙州镇国王子是谁?不得而知,但从自称为唐甥、称中原王朝为舅这点来看,应是回鹘首领无疑。据《宋史·回鹘传》记载,唐朝时,数以公主下嫁回鹘首领,因此回鹘称中原王朝为舅,而中原王朝也在对回鹘的答赐诏书中,称回鹘为"外甥"。五代以后仍沿用这种称谓。如《宋史·回鹘传》云:"太平兴国二年冬,遣殿直张璨赍诏谕甘、沙回鹘可汗外甥,赐以器币,招致名马美玉,以备车骑琮璜之用。"又云:"天圣元年六月,诏甘州回纥外甥可汗王夜落隔通顺,特封归忠保顺可汗王。"

1041年,已是西夏占领沙州之后五年,原盘踞在沙州的回鹘首领仍然以秘密上书的方式同中原王朝取得联系,期望与中原王朝同心协力打败西夏,赶走西夏统治者,恢复与中原王朝的友好往来。

3. 继续使用中原王朝的年号

敦煌莫高窟第444窟窟檐外北壁,至今还保存着这样一则淡墨汉文题记:

"庆历六年丙戌岁十二月座□神写窟记也。"

庆历六年(1046年),西夏已占领沙州整整十年。书写者仍然沿用中原王朝的年号而不用西夏年号,以不记名的方式来表达对中原王朝的正统观念。这则题记可能是书写者参加了某窟的装绘之后,借画壁空处题字以表功德,留作纪念。

同窟后室龛内南后柱上,还有这样一则墨书汉文题记:

"环庆□德寨归义人范润、裴阿朵巡礼此寺,上报四恩有三法界众生,同成佛道。辛己[2]七月十三日范润记。"

---

[1] 参见[清]毕沅:《续资治通鉴》卷四三,北京:中华书局,1957年;[元]脱脱:《宋史》卷二五八《曹琮传》,北京:中华书局,1977年。

[2] "辛己"系笔误,应为"辛巳"。

题记本身提出两个问题：一是环庆路□德寨问题（即地点问题）；二是"辛巳"年应为何年（即时间问题）。当然，地点同时间是有密切关联的，因此必须联系起来加以考察。

首先须说明题记所在的龛柱是什么时候的？以便把握题记的时间上限。

该窟是盛唐所开。开宝九年（976年，即太平兴国元年）曹延恭当政时期重修前室窟檐并重绘了前室壁画①。大约西夏时，又加固了已部分脱落壁画的龛顶，并补绘了重修部分的龛顶大团花图案。这样，关于龛柱的时间有两种可能：一是开宝九年曹延恭时期重修前室窟檐时，同时为加固龛顶而立其龛柱；二是西夏时加固龛顶而立其龛柱。但是，无论哪种可能，其龛柱上题记的时间只能晚于宋开宝九年，绝不能早于这个时间。这就是考证题记时间的上限，也是考证□德寨的时间上限。

环庆是"环庆路"的简称。环庆路是北宋庆历以后的建制，指今甘肃境内的环县和庆阳一带。《元史·地理志》云："庆阳府，唐庆州；宋环庆路，改庆阳军，又升府；金为庆原路；元初改为庆阳散府……"《宋史·地理志》更为具体地记载着："庆历元年，分陕西沿边为秦凤、泾原、环庆、鄜延四路。"同书环州条下云："环州，下，军事。旧降为通远军，淳化五年复为州。……县一：通远。上。有乌仑、肃远、洪德、永和、平远、定边、团堡、安塞八砦（寨）。"

这些史料说明：①北宋庆历以后，今甘肃环县和庆阳一带称环庆路；②洪德寨属环州通远县，是该县八寨之一；③今甘肃环县在淳化五年（994年）以前，还为"通远军"，淳化五年以后，复为州。

可是，庆历以后至宋亡以前，共有四个"辛巳"年：第一个是1041年，第二个是1101年，第三个是1161年，第四个是1221年。哪一个是题记中所说的"辛巳"年呢？

前已说到，在西夏占据沙州之后的一段时间里，原居住此地的回鹘势力和曹家后裔，还与中原北宋保持着密切的联系，但这种联系只延续到皇祐年间，之后由于西夏势力更为有效地控制这一地区而被切断。再据谭其骧等同志新编《中国历史地图集》，西夏时期环庆一带已不再称"路"，而分别复称环州、庆州。由此可见，题记上的"辛巳"，一般只能在西夏有效控制沙州之前（即皇祐及皇祐之前）。而皇祐前的"辛巳"年就是第一个"辛巳"年，即宋庆历元年（1041年）。

---

① 莫高窟第444窟前室窟檐横梁上有土红地墨书题记："维大宋开宝九年岁次丙子正月戊辰朔七月甲戌，敕归义军节度瓜、沙等州观察处置管内押蕃落等使，特进检校太傅兼中书令，谯郡开国公，食邑一千五百户，实封三百户曹延恭之世创建记。"

这样,莫高窟第444窟后室龛南后柱的题记,就成为西夏占领瓜、沙二州之后最早一则有纪年可考的题记。它与同窟窟檐外北壁庆历六年的题记,大体同时(仅相去五年),大约不是巧合。

这两则题记,也是瓜、沙二州石窟中现存北宋最晚的有纪年可考的题记。它同历史上关于沙州自景祐至皇祐凡七贡方物的记载是基本相吻合的。

莫高窟和榆林窟出现最早有明确西夏纪年的题记,还是在莫高窟第444窟,位置在前室开宝九年(976年)修建的窟檐门南柱内侧。原题记为汉文墨书:

"天赐礼盛国庆二年(以下隐去)师父□□(以下隐去)盖以重佛(以下隐去)。"

"天赐礼盛国庆"是西夏建立政权后第三代皇帝惠宗李秉常的年号。国庆二年,即1071年。

综合上述三方面的情况,大致可以说明:

①瓜、沙二州自1036年被西夏占据以后,在不算短的一段时间里,原住这里的曹家后代和回鹘势力,不但依然存在,而且还比较强大,他们还保存着实力,随时准备寻找合适的时机,与中原王朝一起推翻西夏的统治,赶走西夏统治者。新的异族统治者的到来,并未能马上切断瓜、沙二州回(鹘)、汉族人同中原王朝的友好联系,只不过在新的历史条件下,采取一些较为秘密的方式去保持这种联系罢了。

②以上事实从侧面反映出西夏占据瓜、沙二州的初期,在这一地区部署的力量是比较单薄的,因此,还不能从所有方面有效地控制这一地区。西夏只不过是一个新的"占领者",它还没有来得及征服瓜、沙二州的各族人民。

三、西夏有效地控制瓜、沙二州要到皇祐以后

如前所述,瓜、沙二州在西夏统治初期,与中原王朝的朝贡关系,至少延续到皇祐年间。再从莫高窟和榆林窟西夏时期的佛事活动的一些迹象看,有可能还要延续得更晚一些。因为,西夏也是一个崇奉佛教的政权,在他们占领二州以后,按理应该充分利用佛教相当兴盛之地——莫高窟及榆林窟。然而在这两处石窟里,最早出现有明确纪年的西夏题记(哪怕是游人题记),晚至三十五年以后。这是什么原因呢? 诚然,一者因为现存不少西夏文题记已漫漶不清;二者有些西夏文题记不署时间或者所署时间不确切(如"亥年""丑年""申年"之类)难于判定。其中也不能排斥包含有更早纪年的可能性。但是,是否也在一定程度上说明,西夏有效地控制这些地方可能就是比较晚些。皇祐以后,瓜、沙二州对中原王朝的进贡断绝了,来往奏诏书信没有了,二州石窟寺佛窟中沿用中原王朝年号的题记也没有了;而自第一个西夏年号(国庆)题记出现以后,大安、贞观、雍宁、正德、人庆、乾祐、天庆、光定等西夏年号,陆续出现。其中第一个用西夏文字书写并有纪年的题记,是莫高窟第65窟,时间是1085年,是凉州(今甘肃武威)佛教信徒在莫高窟清除佛窟积沙的功德题记(原壁西夏全文参见笔者待刊稿《敦煌莫高窟安西榆林窟西夏洞窟的分期》所附图版)。总之,从宋至和以后,特别从国庆题记出现以后,单是以西夏文书写的题记多达一百余处,一千二百余字,在莫高、榆林窟现存吐蕃、蒙古、回鹘、西夏等古代少数民族文字的题记中,西夏文题记占第一位[1]。当然,也应当考虑到那些没有纪年的西夏文题记,其中一部分可能是元朝人的笔迹。

以上材料从侧面说明,西夏在瓜、沙二州的统治大约到宋至和以后,特别是西夏国庆以后,得以逐渐加强并趋于巩固。原居住这里的汉族和回鹘人同中原王朝的联系,从此被切断了。

四、西夏人在瓜、沙二州的佛事活动

党项羌是一个崇奉佛教的民族,在西夏政权建立之前就信仰佛教。西夏政权建立之后,在最高统治者的亲自倡导和宣扬下,佛教在西夏境内普遍流行。西夏占领瓜、沙以后,西夏人在早已成为佛教中心的莫高窟与榆林窟,频繁地进行佛事活动,虽然这两处在断崖上开凿的佛窟到西夏时已经达到饱和状态,但是,党项人仍然在这里继续修建寺庙,营造佛窟,朝山巡礼,诵经拜佛。

1.修建寺庙,营造佛窟

从敦煌石窟营建的情况来看,至少是宋代以后,有身份或有权势的人物,兴建或者重修某些较大的佛窟,往往同时于窟前营造木结构殿堂,因此形成佛窟同寺庙二位一体的建筑布局。1966年前,配合莫高窟加固工程所进行的大面积窟前建筑遗址的考古发掘和窟前崖面遗迹的调查材料充分说明了这一点。发掘所揭露的窟前建筑遗址中,也有西夏时期的殿堂遗址[2]。结束发掘工作的莫高窟第130窟窟前建筑遗址,是又一个新发现的西夏时期的殿堂遗址。130窟主尊彩塑为26米高的弥勒佛像,俗称"北大像"。中唐时,重新抹壁装绘了甬道,并在甬道上端增修了两个耳龛。西夏初期又重新装绘了窟内绝大部分壁画和甬道全部壁画,同时在窟前修建了殿堂,增塑了四大天王像(惜甚残)。其殿堂阔五间(21.6

---

[1] 白滨、史金波:《莫高窟、榆林窟西夏资料概述》,《兰州大学学报》1980年2月号敦煌学专刊。
[2] 敦煌文物研究所:《敦煌莫高窟窟前建筑遗址发掘简记》,《文物》1978年第12期。

米），进深四间（16.3米），地面全用花砖铺盖，其纹饰为西夏期间流行的那种八瓣莲花、四角云头纹；其规模是莫高窟所发现的所有窟前建筑遗址中最大、最宏伟壮观的窟前建筑遗址。

西夏人修盖寺庙以为功德的活动，在洞窟题记中也是有所反映的。如莫高窟第57窟甬道北侧有一则西夏文刻画题记，其汉译文为："……修盖寺庙者息那文宝。""息那"，是西夏人姓氏，可能就是《西夏姓氏录》中的"习勒"氏。又如莫高窟第340窟甬道北壁一则墨书西夏文题记，其汉译文为："亥年六月二十四日修盖寺舍者嵬名智海完此善本"（原题记共三行，此为第一行）。"嵬名"，是西夏大姓，"智海"，可能是法号，"嵬名智海"，可能是西夏僧人。此人的题名及其画像，见于莫高窟第61窟甬道北壁，在供养比丘群像中第八身。画像旁有汉文、西夏文题名："助缘僧嵬名智海像"。61窟甬道两壁壁画，除一部分为僧尼供养群像以外，其主要部位画有炽盛光佛及九曜神像，空中画有黄道十二宫图像；顶部绘球纹图案。按人物造型，衣冠服饰以及艺术风格，大约属于西夏晚期抑或元代初期的作品。因此，340窟题记中的"亥年"，大体应是此期间内的亥年。据初步推测，有两个亥年，可能性是较大的，一是西夏神宗李遵顼时期的乙亥年（1215年）；二是元太宗窝阔台十一年的己亥年（1239年）。这两个亥年之间，还有一个丁亥年（1227年），估计可能性是最小的，因为那时正是西夏沙州城守军与蒙古军激烈争战之时，也是沙州被蒙古军攻破之年，在这种情况下，一般不可能进行修建寺庙或营造佛窟的活动。

西夏政权建立以后，随着佛教在所辖各地的普遍发展，其佛教石窟艺术也兴盛起来。西夏首府今宁夏银川附近的须弥山石窟，酒泉文殊山石窟，敦煌莫高窟、西千佛洞石窟、安西榆林窟、肃北五个庙以及内蒙古一些地区，都有西夏兴建或者重修的石窟。瓜、沙二州内，西夏营造和装绘的石窟仅敦煌莫高窟及安西榆林窟两处就达八九十个，平均每年要兴建或重修两个洞子。仅这一点就可以说明西夏时期瓜、沙佛事的盛大规模。这八九十个洞子，有三种情况：一是西夏开凿并装绘的，这种属少数，而且莫高窟极少，榆林窟较多；二是利用前人洞窟抹壁重新装绘的，这种属大多数；三是在前人洞窟壁画上重新描线，这种也属少数。这批洞窟中有相当数量是西夏时期的瓜、沙二州汉族工匠和艺术家们营造装绘的，但由西夏本地工匠和艺术家们营造装绘的也不在少数。

榆林窟第19窟后室甬道北壁有一则重要的汉文刻画题记：

"乾祐廿四年□□□日画师甘州住户高崇德小名那征到此画秘密堂记之。"

"高崇德、小名那征"，是西夏人没有问题。根据情况分析，题记中所谓"秘密堂",很有可能是指榆林窟第29窟(请参见《敦煌莫高窟安西榆林窟西夏洞窟的分期》)。该窟壁画,具有浓郁的西夏民族特色,是西夏艺术的代表作品。从壁画的艺术水平可以看到,高崇德是西夏党项画师中的高手。

瓜、沙二州西夏石窟,是截至目前所知,全国最多、最集中的西夏石窟。这批石窟中的艺术作品(包括少量彩塑和大量花砖在内),是我国古典艺术宝库中不可分割、别具一格、具有浓郁民族和地方特色的艺术遗产,是考察、研究党项羌和以它为主体的西夏政权的政治、经济、历史、宗教、文化、民族关系、民俗等情况的重要形象资料。

2. 朝山巡礼,诵经拜佛

佛教石窟寺是提供佛教信徒们为纪念、崇拜释迦牟尼而产生的。它产生之后,又为宣扬佛法和维护、强化封建统治起了巨大作用。在统治阶级的大力扶持下,广大善男信女年复一年,一代接一代,怀着一颗虔诚的心,络绎不绝地往来于寺庙佛窟,朝山巡礼,诵经拜佛,祈求佛恩赐给一个"美好"的来世命运。佛窟神龛前一层又一层厚厚的灯油烛液,足以表明历代香火之盛。然而五代、宋以前,信徒们在佛窟中题壁作记的风气还未兴起,而这之后,此风盛行。某某或某某几人到此进香,到此巡礼的题记,到处都是。他们中绝大多数是没有力量出资兴建佛窟庙宇,只能不畏艰难困苦前来烧香拜佛、上供巡礼。前已谈到的莫高窟第65窟1085年的题记,就是信徒们清除佛窟积沙后的一篇功德记。榆林第25窟前室甬道北壁有这样一则题记:"雍宁甲午初三月一日神寺院出家捡众果行善者谋……摈弃榆林寺庙中沙,完此善本,为利诸菩萨……"雍宁甲午(1114年),是西夏崇宗李乾顺时期。这是西夏僧人清除佛窟积沙后的一篇功德记,类似的这种游人功德题记是比较多的。

榆林窟第15、16两窟,各有一则国庆五年(1073年、宋熙宁六年)僧人惠聪住持榆林窟记。说在榆林窟"住持四十日,看读经疏文字,稍习善根种子,洗身三次"。还说当时的榆林窟"白日圣香烟起,夜后明灯出现"。这些文字都说明了西夏统治瓜、沙时期佛事活动的盛况。

莫高窟第443窟(该窟系第444窟前室北壁开凿的一个小耳洞,坐北向南)东壁上有土红地墨书汉文题记,惜大部分文字脱落,幸题尾年代尚存:"昔(大约是'时'的古写)大囗(应是'夏'字)光定巳卯九年五月初一日囗始至六月初一日结经记。"光定,为西夏神宗李遵顼年号。巳卯,为己卯之误。己卯九年(1219年),下距蒙古军灭西夏仅八年,因此已是西夏末期。从题记大意看,亦属僧人在莫高窟诵经做功德的记录。

五、一点认识

1. 西夏占领瓜、沙二州以后,虽然统治了一百九十余年,但并不是很平静的。原与中原保持密切联系的汉族人、回鹘人,想要恢复同中原的旧关系,曾做过一些努力,可是没有达到目的。居住在新疆地区的回鹘人,由于西夏占领河西,切断了他们同中原联系的通道,因此,也企图配合中原出兵攻打瓜、沙诸州,赶走西夏。从文献上看,有可能曾经短期占领过瓜、沙地区,但不久又被西夏夺回去了,最终没有打通这条通道。接着瓜、沙及河西诸州还曾遭到西辽克烈部的浩劫。到13世纪初年,蒙古又纵兵瓜、沙诸州,至1227年,瓜、沙最终被蒙古军占领。

2. 西夏占领瓜、沙后,对中华民族的文化是有贡献的。它既吸收了发展较高的汉民族的传统文化,同时又接受了吐蕃、回鹘等兄弟民族文化的影响,加以消化、融合,形成了别具一格的西夏文化。从二州石窟寺艺术的遗存来看,西夏统治者耗费了大量的财力、物力和人力兴建和重修了大量的佛窟,甚至重修了像130洞、16洞等大型洞窟,营建了大规模的窟前殿堂。这些,若没有较大发展的生产作物质基础是不可能的。从壁画中反映的西夏时期瓜、沙地区一些工农业生产的形象资料来看,西夏时期的手工业、农牧业、商业,是有较大发展的,它的水平,与同时期北宋中原地区的水平大体上是接近的。这些说明,西夏对于瓜、沙二州和河西走廊以及整个西北地区生产的发展、各民族间经济文化的交流,是有它自己的贡献的。

附:西夏时期瓜、沙大事年表

西夏时期瓜、沙大事年表

公元	干支	西夏年号	宋朝年号	大事记
1036	丙子	大庆元年	景祐三年	党项李元昊攻回鹘,取瓜、沙、肃三州。
1037	丁丑	大庆二年	景祐四年	沙州大使杨骨盖、副使翟延顺入贡于宋。
1040	庚辰	天授礼法延祚三年	康定元年	沙州遣人入宋贡方物。
1041	辛巳	天授礼法延祚四年	庆历元年	沙州遣大使安谭支、副使李古入贡于宋。又沙州镇国王子遣使奉书曰:"我本唐甥,天子实吾舅也。自党项破甘、凉,遂与汉隔。今愿率首领为朝廷击贼。"

续表

公元	干支	西夏年号	宋朝年号	大事记
1042	壬午	天授礼法延祚五年	庆历二年	沙州北亭可汗王遣大使密,副使张进零、和延进,大使曹都都(督),大使翟入贡于宋。
1046	丙戌	天授礼法延祚九年	庆历六年	莫高窟第444窟窟檐外北壁、墨书汉文题记:"庆历六年丙岁十二月□座□神写窟记也"。
1050	庚寅	天祐垂圣元年	皇祐二年	四月,沙州符骨笃末、似婆温等入宋贡玉。十月,沙州遣人入宋贡方物。
1052	壬辰	天祐垂圣三年	皇祐四年	正月,龟兹国、沙州并遣使入宋贡物。十月十二日,沙州遣使入宋贡方物。
1070	庚戌	天赐礼盛国庆二年	熙宁三年	莫高窟第444窟前室窟檐门南柱游人汉文题记:"天赐礼盛国庆二年(下隐)师父□□(下隐)盖以重佛(下隐)"。
1073	癸丑	天赐礼盛国庆五年	熙宁六年	榆林窟第15窟前室东壁甬道□上方墨书汉文题记:"阿育王寺释门赐紫僧惠聪俗姓张住持榆窟记"。记尾有"国庆五年岁次癸丑十二月十七日题记"。又榆林窟第16窟前室北壁,亦有与此内容相同、纪年一样的题记。
1085	乙丑	天安礼定元年	元丰八年	莫高窟第65窟西龛外南侧墨书西夏文题记。记首纪年汉译为:"乙丑年五月一日"。
1087	丁卯	天仪治平二年	元祐二年	宋以西蕃首领温溪心不从结呵龊人寇,授为瓜州团练使。
1093	癸酉	天祐民安四年	元祐八年	西夏主乾顺令瓜、沙诸州严兵以备于阗。
1097	丁丑	天祐民安八年	绍圣四年	二月,于阗黑汗王攻破瓜、沙、肃三州。
1103	癸未	贞观三年	崇宁二年	莫高窟第427窟甬道北壁汉文游人刻画"贞观癸未三年十月十三日三人到此巡礼耳"。
1110	庚寅	贞观十年	大观四年	瓜、沙、肃三州饥。自三月至九月不雨,水草乏绝,赤地数百里,牛羊无所食,蕃民流亡者甚多。
1114	甲午	雍宁元年	政和四年	榆林窟第25窟前室甬道北壁西夏文游人功德记。记首纪年为:"雍宁甲午初三月一日"。
1115	乙未	雍宁二年	政和五年	莫高窟第285窟北壁西数第一座僧房内西夏文游人题记。记首纪年为:"雍宁乙未二年九月二十三日"。
1122	壬寅	元德四年	宣和四年	西夏主乾顺遣兵备河西,防金降将耶律坦进犯。莫高窟第432窟前室人字坡顶西坡汉文题记:"贞观廿二年正月□日阴义本兄义全"。

续表

公元	干支	西夏年号	宋朝年号	大事记
1128	戊申	正德二年	建炎二年	榆林窟第17窟前室甬道南壁西夏文游人题记："正德戊申"。
1148	戊辰	人庆五年	绍兴十八年	莫高窟第85窟甬道南壁汉文游人刻画题记："仁（人）庆五年"。
1165	乙酉	天盛十七年	乾道元年	西夏主李仁孝处瓜、沙。
1174	甲午	乾祐五年	淳熙元年	西辽克烈部汪罕自契丹入河西大掠。
1176	丙申	乾祐七年	淳熙八年	蝗大起，河西诸州食稼殆尽。
1193	癸丑	乾祐二十四年	绍熙四年	榆林窟第19窟后室甬道北壁汉文游人刻画："乾祐廿四年□□□日画师甘州住户高崇德小名那征到此画秘密堂记之"。
1194	甲寅	天庆元年	绍熙五年	莫高窟第229窟甬道顶木上游人汉文题记："天庆壹年七月"。
1197	丁巳	天庆四年	庆元三年	莫高窟第229窟入口南壁游人汉文题记："天庆四年七月十日石公义到此"。
1202	壬戌	天庆九年	嘉泰二年	莫高窟第205窟西壁南侧游人题记："天庆九年……"。
1205	乙丑	天庆十二年	开禧元年	蒙古纵兵瓜、沙诸州。西夏主纯祐不敢拒。
1219	己卯	光定九年	嘉定十二年	莫高窟第443窟东壁汉文题记。记尾纪年为："當大□光定巳（己）卯九年五月初一日□始至六月初一日结经记"。
1224	甲申	乾定元年	嘉定十七年	夏五月，蒙古兵围沙州，不克。十一月，西夏主李德旺遣使蒙古军前请降，以质子为信。蒙古主（时征西域还，亲率兵来攻沙州）始解沙州围。城中坚守半载，军民困乏，食牛、马、羊、驼殆尽。
1226	丙戌	乾定三年	宝庆二年	河西旱。诸州草木旱黄，民无所食。
1227	丁亥	宝义元年	三年	三月，蒙古破沙州。六月，西夏主李睍降于蒙古。西夏遂亡。

说明：

1. 凡本文引用的西夏文题记的汉译文，系中国科学院民族研究所提供。

2. 十余年前，在笔者进行莫高窟、榆林窟西夏洞窟分期工作的过程中，承蒙本所史苇湘同志的关心帮助，将他多年苦心搜集整理的敦煌莫高窟大事年表借给笔者阅读。本文中的"西夏时期瓜、沙大事年表"，就是在此启示下，并以此为线索，进一步充实而成，特予说明，并向史苇湘同志表示谢意。

（原载于《敦煌学辑刊》1981年第2期）

再论西夏据瓜、沙的时间及其相关问题

关于西夏据瓜、沙的时间问题,下限没有分歧,而上限在学术界一直颇有异议,最初分歧甚微,多数论者的看法相差不过一二年或者几年而已,但也有个别论者所提出的时间,早晚相距三至几十年。然而从总体上说,仍有一个为学术界所公认的看法。后来,随着敦煌学研究工作的广泛与深入,学者们依据不同的材料,或者虽所据材料基本相同而看问题的角度和侧重点不同,对西夏据瓜沙时间的上限,又提出了各种新的不同看法。譬如从研究西回鹘(指新疆回鹘)史角度,从研究沙州回鹘史角度,以及河西回鹘,西夏、辽、宋关系史角度,等等,众说纷纭,百家争鸣,与之相应的是所提出的时间愈来愈晚,早晚相距愈来愈大,最甚者相距达一百多年,这事实上差不多就等于将西夏统治瓜、沙及河西走廊近二百年的历史一笔勾销。显而易见,目前对该问题讨论,已非单纯的时间上早晚问题,而是关系到瓜、沙(必然在一定程度和一定范围内关系到整个河西走廊)自北宋初至元朝之前将近两个世纪间的历史,具体牵涉到:究竟谁是瓜沙历史舞台上的主角?西夏与沙州回鹘、沙州回鹘同北宋瓜、沙归义军政权是什么样关系?与此相关联也必然牵涉到敦煌石窟近二百年间的时代和编年问题。因此,继续开展对这个问题的研究讨论,显然是很有必要的。笔者并非治史专家,仅仅因为敦煌石窟考古研究工作的关系,格外关注这个问题的研究讨论而已。今愿以门外汉的身份略呈愚见,疏漏与谬误在所难免,谨请行家里手不吝赐正。

一、关于西夏据瓜、沙时间的几种主要说法

1.1070年说。20世纪70年代,我国老一辈西夏学权威王静如先生曾经提出:西夏于1036年攻陷瓜、沙、肃三州,但其势力并未马上到达莫高、榆林等边远地区。首次提出西夏势力实际到达莫高、榆林等地区的时间是1070年前后,而1036—1070年是西夏势力由瓜、沙二州城镇向莫高、榆林等边远地区渗透的时

间①,也就是说西夏据瓜、沙的时间是1070—1227年。

2.1067年说。认为"西夏二次占领并长期统治瓜沙,始于公元1067年"。"1036—1067年瓜、沙不是西夏政权,而是沙州回鹘政权"②,言外之意是,西夏于1036年攻陷瓜、沙后,随又失落到沙州回鹘手中,也就是说,西夏据瓜、沙的时间是1067—1227年。

3.1146年说。认为1030—1042年,西夏与沙州回鹘交替攻占沙州。1042年后,沙州终为沙州回鹘所据,西夏从此失去沙州,而沙州回鹘(论者认为沙州回鹘、龟兹回鹘、安西回鹘为同一支回鹘;沙州为龟兹回鹘的中心)直接对敦煌统治了140年左右③。并认为,至1146年因为金朝与西夏交好,才将原属辽国的沙州和伊州分赐给西夏,西夏势力始进入沙州,沙州(龟兹)回鹘始臣于西夏。也就是说,西夏据沙州的时间是1146—1227年。

4.1036年说,即坚持史书上记载的西夏于1036年攻陷瓜、沙二州,直至1227年被蒙古军所灭,统治瓜沙191年。

二、西夏据瓜、沙时间之我见

关于西夏据瓜、沙的时间,无论上限还是下限,许多史书均有确切记载:北宋仁宗景祐三年(1036年)十二月,"(西夏)私改广庆(广运之误)三年曰大庆元年,再举兵攻回纥,陷瓜、沙、肃三州,尽有河西旧地"④。下限始终无分歧,故于此从略。正因为如此,凡对西夏据瓜、沙的时间上限提出各种不同说法的论者,始终没有一人否认这一点。那么,何以既不否认史籍记载,又主张将西夏据瓜沙的时间往后推迟若干年呢?根据议者所提出的论据,归纳起来大抵有以下三点:

其一,从文献上看,1036年西夏据有瓜、沙后,沙州回鹘仍然相当活跃。他们曾多次遣使至宋朝朝贡,又同时与辽朝修好,并积极与周边反西夏势力联合,相互声援配合,牵制西夏,甚至公然打起"沙州北亭可汗王""沙州镇国王子"等旗号,一有机会还要举兵攻城掠寨,似乎仍然控制瓜、沙,俨然一副瓜、沙主宰者的样子。

---

① 王静如:《敦煌莫高窟和安西榆林窟所见的西夏历史和文化》,《文物》1974年第5期。
② 李正宇:《悄然湮没的王国——沙州回鹘政权》,见1990年敦煌学国际学术讨论会《论文缩写文》第67—68页。
③ 钱伯泉:《回鹘在敦煌的历史》,《敦煌学辑刊》1989年第1期。
④ [宋]李焘:《续资治通鉴长编》卷一一九,北京:中华书局,1985年。西夏取瓜、沙、肃三州事,史籍多有记载,除《续资治通鉴长编》外,诸如[宋]李埴《皇宋十朝纲要》卷五,[宋]彭百川《太平治迹统类》卷七,《读史方舆纪要》卷七,《宋史》卷四九〇《夏国传》,《金史》卷一三四《西夏传》,《续资治通鉴》卷四〇,《辽史纪事本末》卷二五,《西夏书事》卷一五,《西夏纪》卷六,《西夏纪事本末》卷八及卷一〇等,都有记载。

其二，自1036—1070年前后的几十年中，无论是敦煌石窟现存题记，还是敦煌出土文书，都未见到或汉文或西夏文书写的西夏纪年，而迄今所发现的石窟或文书题记的最早纪年是西夏惠宗李秉常"天赐礼盛国庆元年"[①]和"天赐礼盛国庆二年"[②]，即1070年与1071年，前者为汉文题记，后者为西夏文文书。

其三，认为北宋当时的人并未说1036—1067年瓜、沙归西夏统治，提出在此期间内瓜、沙归西夏统治的，是南宋人的创说。

应该承认，以上所列论据大都基本是事实，尤其前两条至少就迄今所能见到的材料来讲，确乎如此。因此，把西夏据瓜、沙的时间上限后推至11世纪70年代左右，并非没有根据、没有道理。20世纪70年代以后，随着对沙州回鹘历史的研究升温，持上述说法或赞同上述说法者渐多，这是很自然的事情。尽管如此，我个人认为还大有商榷的余地，在学习敦煌及周边这一段历史和考查研究相关文化遗迹中，10世纪末至11世纪中后期这一段敦煌地方历史，头绪纷繁复杂。我们观察历史的视角稍一偏左，可得结论甲，视角稍偏右，又可导致乙的结论。既需要深入到方方面面，又需要总览全局，得出一个符合逻辑的结论，实在并非易事。我想在这篇短文中，远不能做到不偏不倚，更不能自然得出符合逻辑的正确结论。我仅仅是对前述论点从不同的角度提出商榷意见而已。

我想首先指出这样一点，即敦煌石窟题记和出土文书中，未发现西夏据瓜、沙之后至1070年这段时期的西夏纪年，并非属于敦煌一地独有的特殊现象，而是全国出土的西夏文献的共有现象，包括党项人最早盘踞地区和新旧都城在内，也包括流失国外的西夏文献在内。苏联科学院亚洲民族研究所藏全部黑水城出土西夏文献，有8090个登录号，有西夏纪年的文献不少，但最早的时代是1085年，其余绝大部分文献的年代都在1086—1195年[③]。这又与敦煌石窟题记中所发现的最早用西夏文书写的有纪年的题记——莫高窟第65窟1085年的题记同时[④]。据我国西夏学专家的调查研究证明：截至目前所能见到的国内外材料，发现有纪

---

① "天赐礼盛国庆元年"西夏文题记，见北京图书馆藏、敦煌所出《瓜州审判档案残卷》，参见《国立北平图书馆馆刊》1932年第4卷第3号。
② "天赐礼盛国庆二年"的汉文题记，在莫高窟第444窟前室窟檐门柱之北柱里侧。参见史金波、白滨：《莫高窟榆林窟西夏文题记研究》，《考古学报》1982年第3期。
③ [苏]戈尔巴切娃、克恰诺夫：《西夏文写本和刊本》，汉语译文载1978年中国社会科学院民族研究所、民族史研究室编：《民族史译文集》第3集，参见史金波、白滨：《莫高窟榆林窟西夏文题记研究》，《考古学报》1982年第3期。
④ 该西夏文题记原文在莫高窟第65窟西壁龛外南侧。参见刘玉权：《敦煌莫高窟安西榆林窟西夏洞窟分期》，载《敦煌研究文集》，兰州：甘肃人民出版社，1982年。

年的最早西夏文献,就是敦煌出土的《瓜州审判档案残卷》①,它的时间是1070—1071年。因此,没有发现1036—1070年有西夏纪年的文献和石窟题铭,不能作为否定西夏曾经统治过这些地区的依据和理由。再说,就敦煌一地而言,还有不少没有标明时代纪年的,或者仅标有干支而具体年代不明的西夏文题铭和文献,我们还不能排除没有比1070年更早的西夏文献。

至于说西夏1036年虽攻陷了瓜、沙二州,但其势力并未马上到达二州的莫高、榆林等边远地区,并说1036—1070年正是西夏势力向这些边远地区渗透的过程,这同样是说不通的。西夏有能力打败吐蕃六谷部、甘州回鹘、沙州曹氏归义军政权和沙州回鹘,一举攻陷凉、甘、肃、瓜、沙,河西走廊尽归其所有,为什么没有能力将自己的势力马上达到近在咫尺、如弹丸之地的莫高、榆林窟?何况西夏又崇信佛教,能置自己辖区内的有名佛教中心于不顾吗?退一步说,即便需要时间去渗透,无论如何也花费不了34年。

还有一种说法是西夏1036年攻陷瓜、沙后,又丢掉了,丢给沙州回鹘了,因此又构想了一个1067年"二次占领"的说法。我们从史料中完全找不出此说的依据,倒是可以找到1036—1067年瓜、沙的确在西夏统治下的根据。现在我们从1036年起追踪一下西夏在瓜、沙的历史轨迹。

北宋仁宗景祐三年(1036年)十二月,西夏赵元昊"再举兵攻回纥,陷瓜、沙、肃三州,尽有河西旧地"。同年,"元昊地广兵众,因分左右厢,立十二监军司……右厢朝顺(驻夏州弥陀洞)曰:甘州甘肃(驻唐删丹县故地),曰瓜州西平(驻瓜州)②……"

北宋仁宗景祐四年(1037年)十二月,"赵元昊既悉有夏、银、绥、静、宥、灵、盐、会、胜、甘、凉、瓜、沙、肃,而洪、定、威、怀、龙皆即旧堡镇伪号州。仍居兴州,阻河依贺兰山为固。……置十八监军司[案:十八监宋史作十二监],委酋豪分统其众……右厢甘州路三万人,以备西蕃、回纥……"③。同年,西夏"又以肃州为番和郡,甘州为镇夷郡,置宣化府。东尽黄河,西界玉门,南接萧关,北控大漠,地方万余里"④。

北宋仁宗宝元元年(1038年,即西夏景宗天授礼法延祚元年)冬十月,赵元昊

---

① 《瓜州审判档案残卷》的书写时间是西夏惠宗李秉常天赐礼盛国庆元年至二年(1070—1071年)。
② [清]吴广成:《西夏书事》卷一二,台北:广文书局;[清]戴锡章:《西夏纪》卷六,银川:宁夏人民出版社,1988年。
③ [宋]李焘:《续资治通鉴长编》卷一二〇,北京:中华书局,1985年。
④ [清]吴广成:《西夏书事》卷一二,台北:广文书局;[清]顾祖禹:《读史方舆纪要》卷七,北京:中华书局,1955年。

称帝。遣使奉表宋廷曰:"……临河五镇,不旋踵而归,沿边七州,悉差肩而克……制小蕃文字,改大汉衣冠。衣冠既就,文字既行,礼乐既张,器用既备。吐蕃、塔塔、张掖、交河莫不从伏……伏望皇帝陛下……许以西郊之地,册为南面之君……"①

"临河五镇"和"沿边七州"当然包括瓜、沙二州在内的河西五州。这里的吐蕃、塔塔(即鞑靼)、张掖,应指西夏争夺河西所击败的对手——以凉州为中心的吐蕃六谷部,以甘州为中心的河西回鹘(包括沙州回鹘在内)。《西夏书事》的作者吴广成,在卷一二中写到赵元昊据有整个河西之后的军事部署时说,右厢甘州路以三万人备西蕃、回纥。回纥下有个注释:"有合黎山、浚稽山、居延塞诸路,以牛头朝那山为界堠,内包张掖、敦煌等地。"不因未明确提到瓜、沙二州,就表明此时西夏已失去了这些地方。同样,此条材料中也未明确提到肃州,不能又机械地理解为西夏此时已失肃州,相反,材料中提到的交河(当然是指西州回鹘)也"莫不从伏",倒是夸张不实之词,我们决不能以为西州回鹘此时也被西夏征服了。因为没有任何可靠史料或者出土文物表明这件事。

北宋仁宗康定元年(1040年,即西夏景宗天授礼法延祚三年)二月,宋廷"诏嘉勒斯赉(即唃厮啰)速领军马乘元昊空国入寇,径往拔去根本……三月,议者乃欲结西域诸国为天兵之援……右正言直集贤院修起居注吴育言:比尝建议乞通回纥,以破贼势。且汉通西域诸国,谓之断匈奴右臂。……昊贼见朝廷此年与西域诸戎不通,先以财物啖邻境,使巢穴无虞,然后萌狂悖之心。宜募机辨有胆略者,使多方招诱,散离其党,此伐谋之要也……"②吴育这段话讲得很清楚,河西及西域诸国,诸如唃厮啰、回鹘、鞑靼等,虽已被西夏击败,但仍有一定实力,至于西州回鹘本来不曾与西夏战斗,其实力未受到任何削弱,但被西夏阻隔,有时遣宋使团还不免受西夏的盘剥甚至掠夺,同中原和宋朝的联系被切断了。这些国家和部族,如果能恢复同宋朝的联系,必然站在宋朝一边,为其所用,对于牵制西夏,削弱甚至打败西夏都有较大可能性。吴育建议宋廷通回纥,当然既包含西州回鹘,又包含了已被西夏打败的甘州、沙州回鹘。

北宋仁宗庆历元年(1041年,即西夏景宗天授礼法延祚四年),时曹琮为陕西副都部署,兼经略安抚缘边招讨副使,"……欲诱吐蕃猗角图贼(指西夏),得西州

---

① [明]胡汝砺:《嘉靖宁夏新志》卷六《拓跋夏考证》,银川:宁夏人民出版社,1982年;[宋]李焘:《续资治通鉴长编》卷一二二及一二三,北京:中华书局,1985年。
② [宋]李焘:《续资治通鉴长编》卷一二六,北京:中华书局,1985年;[清]戴锡章:《西夏纪》卷七,银川:宁夏人民出版社,1988年。

旧贾,使谕意。而沙州镇国王子遣使奉书曰:我本唐甥,天子实吾舅也。自党项破甘、凉,遂与汉隔,今愿率首领为朝廷击贼"①。此"沙州镇国王子"想必就是西夏攻陷瓜沙据有整个河西之后,还不时继续遣使向宋也向辽朝进贡的沙州回鹘王子,在给宋朝皇帝的信中,重温过去多年的甥舅之情,并表示愿为宋廷击西夏。这里的甘、凉,是对河西走廊的一种省称和代称,不能片面地理解成此时西夏只据有甘、凉而已失肃、瓜、沙三州。清人戴锡章在他编撰的《西夏纪》中,讲得非常清楚:"是年(指1041年),沙州回鹘来侵,却之。"并说:"自元昊取河西地,回鹘种落窜居山谷间,悉为役属。曹琮在秦州,欲诱之共图元昊,得西川(州)旧贾,使谕意。于是,沙州镇王子遣使入贡,奉书曰:我本唐甥,天子实我舅也。自李氏取西凉,遂与汉隔,今愿率首领讨夏。已而以兵攻沙州,不克。"②1041年沙州回鹘以兵攻沙州一事,正史未见记载,《西夏纪》和《西夏书事》载此想必有所据。《续资治通鉴长编》卷一三一、《续资治通鉴》卷四三,载回鹘愿率首领讨伐西夏而未载举兵攻沙州,但的确能够表明此时沙州是在西夏人手里,而原居瓜、沙和甘、凉、肃诸州的回鹘人,却只能"窜居山谷间",或者依附于西夏,或者被役属于西夏。宋人洪皓在《松漠纪闻》中,也对被西夏击败之后的河西回鹘状况作了如此描述:"回鹘自唐末浸微,本朝(宋朝)盛时有入居秦川(州)为熟户……甘、凉、瓜、沙旧皆有族帐,后悉羁縻于西夏。唯居四郡外地者,颇自为国,有君长……"③看来《西夏纪》与《西夏书事》上述记载采用了洪皓这段史料。

同年冬11月,北宋皇帝一封诏书说:"元昊背惠以来,屡求归附,然其欲缓我师,专为谲诈,是以拒而弗受。况河西士民素被王化,朕为之父母,岂不闵伤……"④宋帝"闵伤"降西夏的河西士民,总不能说不包括瓜、沙二州,还认为此二州在回鹘人手中吧。如果瓜、沙二州真要在回鹘人手中,宋朝皇帝则没有"闵伤"此二州的必要。因为同过去一样,被外甥管理着,又一心向着舅舅,何须"闵伤"之有?

北宋仁宗庆历二年(1042年,即西夏天授礼法延祚五年)十月,御史中丞贾昌朝上疏宋帝:"今远蕃荡然与中国通。北方诸国则臣契丹,其西诸国则臣元昊……宜度西戎诸国如沙州、唃厮啰、明珠、灭藏之族……皆旧通中国,今为二敌隔绝。

---

① [宋]李焘:《续资治通鉴长编》卷一三一,北京:中华书局,1985年;[元]脱脱:《宋史》卷二五八《曹琮传》,北京:中华书局,1977年;[清]毕沅:《续资治通鉴》卷四三,北京:中华书局,1957年。
② 《西夏纪》卷八、《西夏书事》卷一五、《续资治通鉴长编》卷一三一,参见[清]毕沅:《续资治通鉴》卷四三,北京:中华书局,1957年。
③ [宋]洪皓:《松漠纪闻》上卷,载日本东洋文库藏线装书《顾氏文房小说》。必须说明:古代"小说"与笔记无异,同今天的小说不同。《顾氏文房小说》开篇即为晋崔豹之《古今注》,记古代舆服、舟车、指南、战车等事,而《松漠纪闻》则记载契丹、回鹘、党项羌、蒙古族等少数民族事。
④ [清]毕沅:《续资治通鉴》卷四三,北京:中华书局,1957年。

可募人往使,诱之来朝,如此二敌必憾于诸国。"①这里讲得很清楚,包括沙州回鹘在内的西戎,原本与中原交通,现被西夏打败,臣属于元昊,已"荡然与中国通"。这明白地告诉我们,瓜、沙及河西走廊被元昊控制着。这里的"明珠"和"灭藏"原为北宋原州之属羌,现已降附于西夏。唃厮啰居青海青唐一带,本也通中原,现被西夏阻隔。

北宋仁宗庆历三年(1043年,即西夏景宗天授礼法延祚六年)十一月,宋廷谏官孙甫言:"自元昊拒命,终不敢深入关中者,以沙州、嘉勒斯赉(唃厮啰)等族,素所不附,虑为后患也。"②元昊本有"窥陇蜀"和南牧关中的野心,但苦于虽败而不服的唃厮啰和沙州回鹘为其后顾之忧,使其野心终究不能得逞。

北宋仁宗庆历八年(1048年,即西夏景宗天授礼法延祚十一年)三月,"铁不得国……在伊吾西,素不通契丹,曩霄(即元昊)据瓜沙,尝以兵掠其境,国主畏之不敢御。是时,闻曩霄死,遣间使由敦煌山谷间至契丹,献毡、玉、马、驼等物,请以本部兵攻夏国,乞以师援。契丹主谓其道里辽远,声应不及,谢之"③。铁不得国畏惧元昊,欲通契丹以连兵攻西夏,而不敢遣使暗过西夏之地。元昊一死,方有胆量遣间使暗过夏地通契丹。事虽未果,然也说明此时沙州仍由西夏统治,否则不必是"间使",更不必暗由敦煌山谷间经过而走阳关大道了。

北宋仁宗嘉祐三年(1058年,即西夏毅宗奲都二年)九月,宋朝秦凤经略司言:"契丹既与嘉勒斯赉(唃厮啰)通姻,数遣使由回鹘路至河湟间,与嘉勒斯赉约举兵取河西。河西,谓夏国也。欲徙董毡(于)凉州,与之相近。嘉勒斯赉辞以道远兵难合,乃止。"④在宋朝人眼里,明明确确地视河西为夏国地盘,自然由1036年至其时二十多年间河西一直为西夏统治的事实所致。这里总不能又将瓜、沙二州划出河西(即西夏)版图之外,而将它归属于沙州回鹘吧。

北宋英宗治平四年(1067年,即西夏毅宗拱化五年)九月,司马光上疏宋朝皇帝曰:"窃闻……(嵬名山)欲以横山之众攻取谅祚,归命朝廷,已有指挥许令招纳(此后双行小字按语从略)。今进谋者但言其利,不言其害(此后按语略)。为今之计,莫若收拔贤俊,随材受任……俟百职既举,庶政既修,百姓既安,仓库既实,将帅既选,军法既立,士卒既练,器械既精,然后为陛下之所为,复灵夏,取瓜沙,平幽蓟,收蔚朔,无不可也。"⑤此即宋史中颇有点名气的司马光《横山论疏》。当

---

① [宋]李焘:《续资治通鉴长编》卷一三八,北京:中华书局,1985年。
② [宋]李焘:《续资治通鉴长编》卷一四五,北京:中华书局,1985年。
③ [宋]李焘:《续资治通鉴长编》卷一四五,北京:中华书局,1985年。
④ [宋]李焘:《续资治通鉴长编》卷一八八,北京:中华书局,1985年。
⑤ [清]黄以周:《续资治通鉴长编拾补》卷二,《司马文正公传家集》卷四一(乾隆年间重校本,培远堂藏版)。

时降附宋朝的横山羌部将嵬名山,自恃兵精将强,提出以横山部族之兵攻西夏,强使其归顺朝廷,并已经得到边臣指挥的支持。司马光全面分析了当时的国内情势和用兵之利与弊,提出了自己的见解。主张从总体和根本上增强国家的实力,使国强民富。这样不但可降伏西夏,收复灵夏、瓜、沙及河西故地,而且可降伏契丹,收复所有失地。其中根本不曾涉及沙州回鹘的问题,更不能说明瓜、沙在沙州回鹘手中,相反,它恰恰证明瓜、沙此时仍在西夏人手里,有的论者把这段史料用来证明"西夏二次占领并长期统治瓜、沙始于1067年",还说"这是北宋人透露瓜、沙属夏最早的记录",完全把事情弄错了,把关系弄颠倒了。

以上所举史料,我想已能充分证明1036—1067年,瓜、沙并非为回鹘所统治,而是为西夏所据。颇有趣味的是,两种不同论点的论者,所依据的史料每每相同。原因之一已如前述,是观察分析问题的角度不一样所致。原因之二是有的史料记载过于简略,有些用词概念含混不清,易生误解,这也是事实。因此我们的首要和重要的一个问题是必须把所用史料的原意弄清,并作合理的理解,特别对关键性论据,必须要翔实可靠,分析必须是准确无误的。

现在我们就钱伯泉先生在《回鹘在敦煌的历史》一文中所提出的关于沙州归属问题的一种见解略做讨论和商榷。为节省篇幅,将钱先生的观点稍事归纳如下:

1.1030—1042年,西夏与沙州回鹘交替攻占沙州。

2.1042年,沙州回鹘正式攻占沙州,下迄1146年,其间皆归其统治;而西夏在此期间则完全失去了沙州。

3.1146年,西夏势力始进入沙州,下迄1227年蒙古灭西夏,其间沙州归西夏统治。

1036—1067年,瓜、沙属西夏统治而并非为沙州回鹘所据已如前所述。现在来讨论1067—1146年瓜、沙属西夏还是归沙州回鹘统治。

北宋英宗熙宁元年(1068年,即西夏惠宗乾道元年)七月,韩琦奏曰:"……今西夏所据,盖多得匈奴故地。自昔取一时之计,弃废灵州以来,因失断臂之势,故德明、元昊更无惮得以吞噬西蕃,以至其甘、凉、瓜、肃诸郡……至宝元初始敢僭号……"①这里讲到河西,举了四州,唯不提沙州,若片面理解,不是又可证明此时沙州不属西夏统治吗?但是,甘、凉、瓜、肃之后没有忘记用"诸州"一词以表示并非尽举。更重要者是前句"今西夏所据,盖多匈奴故地",已把范围划定,无疑瓜、

---

① [清]黄以周:《续资治通鉴长编拾补》卷三上。

沙既然昔为匈奴故地,今当然属西夏统治,没有理由单把沙州划出去。

同年(即1068年)十二月,"前建昌军司理参军德安王韶诣阙上平戎策三篇,其略曰:国家欲平西贼,莫若先以威令制服河湟;欲服河湟莫若先以恩信招抚沿边诸族。盖招抚沿边诸族,所以威服唃氏也;威服唃氏,所以胁(挟)制河西也……唃氏归,即河西李氏在吾股掌中矣……"①早在唐初和唐末,西夏先辈首领曾两次被赐国姓李;又因据有银、夏及河西诸州,而有时将银、夏一带亦称为河西。故有时将西夏又称"河西李氏"。这里明明说河西诸州此时为西夏所据。

现藏中国社会科学院民族研究所的《瓜州审判档案残卷》,是迄今发现有明确西夏纪年的最早西夏文献,时间在1070—1071年。西夏文字虽然早在1036年即已由元昊向全国颁布施行,但要在长期通行汉文化和汉文字的地区普及,需要相当长的一个过程。从现有资料看,瓜沙地区还算是西夏文实施流行最早的一个地区,也花费了30多年的时间。在瓜沙地区能够出现西夏文法律文书,表明西夏不但据有这个地区,而且对瓜沙地区实施着有效的统治。

敦煌莫高窟第444窟前室窟檐门柱上有西夏纪年汉文题记:"天赐礼盛国庆二年师父□□……盖以重佛……"天赐礼盛国庆二年(1070年),西夏惠宗李秉常执政时期。这又是敦煌石窟乃至全国范围内所发现的最早有西夏纪年的题记,当然证明这个时候沙州地区属于西夏统治。

天赐礼盛国庆二年(1070年)二月,北宋朝廷"上批:近诸处觇西贼(指西夏)聚十二监军司人马取齐,地名皆有考据,详此乃是大举。虑诸路不大为备,贼至有失支梧。可令陕西、河东宣抚及诸路经略司,早为清野之计,毋得轻易接战"②,西夏元昊自1036年立军名,分全国军队为左右两厢,设十二监军司,其中之一即在瓜州设瓜州西平军司,隶属于右厢。到1070年之时,军制已30多年未变,西夏集全国十二监军司人马准备侵宋,其瓜州西平军司人马当然也在其中,表明瓜、沙地区在西夏有效统治之中。

安西榆林窟第16窟前室北壁有西夏惠宗天赐礼盛国庆五年(1073年)惠聪住

---

① [清]毕沅:《续资治通鉴》卷六六,北京:中华书局,1957年。
② [宋]李焘:《续资治通鉴长编》卷二二○,北京:中华书局,1985年。

持榆林窟的长篇发愿文(汉文书写)题记[①]。其中说到他们所做功德之一是重修和彩画了榆林窟的弥勒大像。向达先生的考证指出惠聪等人重修彩画过的弥勒大像，即是榆林窟第5窟主尊像[②]。笔者拙著《敦煌莫高窟安西榆林窟西夏洞窟分期》，类型排比结果也表明此窟表层壁画系西夏时期[③]。向达先生早年的考证判断是正确的。

北宋神宗元丰五年(1082年，即西夏惠宗大安九年)，西夏梁太后"自三月中点集河内(西)西凉府喵呃岭及甘、肃、瓜、沙州民，十人发九，齐赴兴州议大举"[④]。西夏执政者能直接从瓜、沙及整个河西诸州调兵遣将与抽调随军苦力，无疑此时瓜、沙及整个河西均在西夏有效统治之下。

莫高窟第65窟有1085年的西夏文功德题记[⑤]，留下了西夏时代从凉州到沙州佛教中心莫高窟礼佛和清理洞窟积沙的佛教信徒们的活动轨迹。敦煌石窟从此之后，西夏文题记逐渐增多，而且出现了不少西夏年号纪年，表明经过约半个世纪普及推广的西夏文字，已经被河西地区的居民所接受，也表明西夏在瓜、沙及河西一带的统治至此已相当稳固。

北宋哲宗元祐八年(1093年，即西夏崇宗天祐民安四年)二月，西夏"以兵备于阗。于阗东界吐蕃，与瓜、沙接壤。是时入贡中朝，请率兵讨夏国。梁氏闻之，令瓜沙诸州严兵为备"[⑥]。西夏梁太后能直接下令瓜、沙备战于阗，有力地证明瓜、沙此时并非被沙州回鹘所据，只能说明瓜、沙归西夏统治。

---

① 榆林窟第16窟前室北壁墨书长篇汉文题记："阿育王寺释门赐紫僧惠聪俗姓张住持窟记 盖闻五须弥之高峻劫尽尤平；四大海之滔深历数潜息。轮王相福无逾于八万四千；释迦庄严难过于七十九岁咸归化迹。况惠聪是三十六勿有漏之身，将戴弟子僧朱什子、张兴遂、惠子、弟子佛兴、安住及白衣行者王温顺，共七人往于榆林窟山谷，住持四十日，看读经疏文字，稍熏习普根种子，洗沙三次，四结当来菩提之因。切见此山谷是圣境之地，古人是菩萨之身。石墙凿就寺堂瑞容弥勒大像一尊，高一百余尺，三十二相八十种好端严。山谷内雷水常流，树木稠林。白日丰香烟起，夜后明灯出现，本是修行之界。昼无恍惚之心，夜无恶竟之梦。所将上来圣境，原是皇帝圣德圣感，伏愿皇帝万岁，太后千秋，宰官常居禄位，万民乐业，□□海长清，永绝狼烟，五谷熟成，法轮常转。又愿九有四生蠢动含灵，过去、现在、未来父母师长等，普皆早离幽冥，生于兜率天宫，画奉慈尊足下受记。然愿惠聪等人及供衣粮行婆真顺、小名安和尚，婢行婆真善、小名张怀，婢行婆张厅、小名朱善子并四方施主，普皆命终于后，心不颠倒，免离地狱，速转生于中国，值迁(遇)明师善友，耳闻妙法，悟解大乘，聪明智惠者。况温顺集习之记□□□之理，韵智不迭后人，勿令恓(怪)责，千万退迹，缘人莫□之心，佛……国庆五年岁次癸丑十二月十七日题记"。按：与此内容相同的发愿文题记，还见于榆林窟第15窟前室东壁入口上方，但时代为元至正年间，题名为"大元重修三危山榆林窟记"。
② 向达：《唐代长安与西域文明》所载《莫高榆林二窟杂考》，北京：三联书店，1987年。
③ 刘玉权：《敦煌莫高窟安西榆林窟西夏洞窟分期》，见《敦煌研究文集》，兰州：甘肃人民出版社，1982年，第273—318页。
④ [清]吴广成：《西夏书事》卷二六，台北：广文书局，1968年。
⑤ 该窟西夏文功德题记原文及汉译文，详见史金波、白滨：《莫高窟榆林窟西夏文题记研究》，《考古学报》1982年第3期。
⑥ [清]吴广成：《西夏书事》卷二九，台北：广文书局，1968年。

北宋哲宗绍圣四年(1097年,即西夏崇宗天祐民安八年)二月八日,"黑汗王进奉人罗忽都卢麦译到黑汗王子言:缅药家(泛指党项人,此指西夏——笔者注)作过,别无报效,已差人马攻甘、沙、肃三州。朝廷甚喜,诏曰:若能破三城,必更厚待"①。《宋史》卷一七《哲宗本纪》则记:于阗"破甘、沙、肃三州"。三州此次是否被于阗所破,是另外一个问题,然而这条史料再次有力地证明瓜、沙二州在此之前属西夏统治。

莫高窟第444窟发现有西夏崇宗皇帝永安二年(1099年)的礼佛功德题记②,用西夏文字书写。

榆林窟第25窟有西夏崇宗皇帝雍宁元年(1114年)僧人酩布觉清除佛窟中积沙的功德题记③。该窟还有多处西夏文题记,虽无明确纪年,但从署名"千玉""尼说嵬""吃吮""昔吴""那征"等西夏党项人姓氏题名来看④,也可肯定是西夏统治瓜、沙时期的党项羌人在瓜沙一带活动的明证。特别是该窟还有西夏十二监军司之一的"瓜州西平军"监军司官员的礼佛功德题记⑤,更能充分证明此时的瓜沙被西夏政权有效地统治着。

北宋徽宗大观四年(1110年,即西夏崇宗乾顺贞观十年)秋九月,"瓜、沙、肃三州饥……自三月不雨至于是月,水草乏绝,赤地数百里,牛羊无所食,蕃民流亡者甚众。监军司以闻,乾顺命发灵、夏诸州粟赈之"⑥。这无可辩驳地证明,至12世纪初瓜沙地区为西夏有效地统治着。

莫高窟第285窟北壁西数第一僧房内,有一方长达81个字的西夏文礼佛题记,并标有"西夏乾顺皇帝雍宁二年(1115年)九月十三日"⑦。题记旁还有一幅供养人群像的墨画白描图。

榆林窟第17窟有西夏崇宗乾顺皇帝正德二年(1128年)的西夏文纪年题记⑧。

历代西夏统治者不断开拓与扩展其疆域,至1146年之时,"凡得州郡二十有二……河西之州九,曰兴、曰定、曰怀、曰永、曰凉、曰甘、曰肃、曰沙、曰瓜……

---

① [清]徐松:《宋会要辑稿》蕃夷四于阗条,北京:中华书局,1957年。
② 史金波、白滨:《莫高窟榆林窟西夏文题记研究》,《考古学报》1982年第3期。
③ 史金波、白滨:《莫高窟榆林窟西夏文题记研究》,《考古学报》1982年第3期。
④ 史金波、白滨:《莫高窟榆林窟西夏文题记研究》,《考古学报》1982年第3期。
⑤ 史金波、白滨:《莫高窟榆林窟西夏文题记研究》,《考古学报》1982年第3期。
⑥ [清]吴广成:《西夏书事》卷三二,台北:广文书局,1968年。
⑦ 参见《宋会要辑稿》蕃夷四于阗条,《宋史》卷一七《哲宗本纪》及卷四九〇《于阗传》,《西夏纪》卷二〇,《西夏书事》卷三〇。
⑧ 参见《宋会要辑稿》蕃夷四于阗条,《宋史》卷一七《哲宗本纪》及卷四九〇《于阗传》,《西夏纪》卷二〇,《西夏书事》卷三〇。

(二十二州之外)余有静州、龙州、韦州、伊州……"①至1165年之时，西夏仁宗皇帝李仁孝还亲临瓜沙地区。当时西夏相任得敬"志篡夏国，欲以仁孝处瓜沙，已据灵夏。于是，役民夫十万，大筑灵州城，以翔庆军监军司所为宫殿，欲称帝篡夏国"②。

由以上所举部分史料和文物文献，完全可以说明1067年至1146年，据有瓜、沙者是西夏而非沙州回鹘。要说此间瓜、沙为沙州回鹘统治，是根本无法解释清楚在瓜沙地区石窟中所出现的大量西夏文物和文献的。特别是瓜、沙石窟中这一大批西夏石窟的客观存在，是西夏据瓜、沙的铁证，无法否认。钱伯泉先生何以将西夏势力始达瓜、沙的时间定为1146年？最初笔者一直反复思考而不得其解，后来忽然明白，有可能是对1146年关于西夏疆土的一条记载产生了误解，由此导致结论错误。这条史料我在前面已引用过，为了说明问题，虽稍有重复而不得不作整段引用。《西夏书事》卷三六记载：

绍兴十六年(以下有双行小字注从略)，夏人庆三年春正月，(西夏遣)使贺金正旦及万寿节，金以边地赐。夏国累世开拓，河之内外凡得州郡二十有二。河南之州九，曰灵、曰洪、曰宥、曰银、曰夏、曰石、曰盐、曰会、曰南威。河西之州九，曰兴、曰定、曰怀、曰永、曰凉、曰甘、曰肃、曰沙、曰瓜。熙秦河外之州四，曰西宁、曰乐、曰廓、曰积石。余有静州、胜州、龙州、韦州、伊州。乾顺又得辽西北诸州及陕西北部，其地益广。时仁孝又使人至金乞地，金主以德威城、定边军等沿边地赐之。(原文每个州之后均有双行小字注释，这里均略去)

史料说得很清楚，完全讲的是西夏领地的历代变迁。有四层意思：第一层讲西夏累世拓疆(概括语)，先有河之内外计二十二州，其最西疆界至沙州为止。第二层讲述上述二十二州之外，又扩入静、胜、龙、韦、伊五州。其最西疆界突破沙州玉门关，达到伊州(今新疆哈密)。第三层讲西夏崇宗李乾顺时期(1087—1139年)，又新得辽朝之西北诸州及陕西北部。第四层讲西夏仁宗李仁孝时，具体也就是人庆三年(1146年，即南宋绍兴十六年)，再遣使至金朝，借贺金朝正旦节与万寿节之机索地，居然如愿以偿，金朝将德威城、定边军等沿边地赐给西夏。钱

---

① [清]吴广成：《西夏书事》卷三六，台北：广文书局，1968年。
② [清]吴广成：《西夏书事》卷三七，台北：广文书局，1968年；[清]戴锡章：《西夏纪》卷二五，银川：宁夏人民出版社，1988年。

伯泉先生可能将西夏此前已经据有的二十二州中的瓜、沙二州,混淆为1146年仁孝向金朝新索之地。因此将西夏势力进入瓜沙二州的时间定为1146年。笔者这个推测的根据是钱先生发表于1989年第1期《敦煌学辑刊》上的《回鹘在敦煌的历史》一文中一段结论性的话:"1042年沙州回鹘正式攻占敦煌(以沙州北亭可汗为标志),下至1146年金朝与西夏交好,将原属辽国的沙州和伊州分赐给西夏,西夏势力才进入沙州,龟兹(沙州)回鹘始臣西夏。"①

笔者明白,钱先生之所以认定沙州在1146年前(上溯至1042年)不归西夏而属沙州回鹘统治,其最为关键的论据是苏州文庙所藏刻制于1130年前后的《地理图》。此图将龟兹回鹘的位置标在甘州西南、祁连山以北的沙州地方,由此认定沙州是龟兹回鹘的统治中心,也是龟兹回鹘又称沙州回鹘的铁证。这里涉及史料极少而矛盾甚多、比较复杂的沙州回鹘史问题,需作专题讨论,三言两语是说不清楚的,超出了本文的范围,容以后再作讨论。不过,因笔者终于有机会看到这幅《地理图》的缩小复制本,在这里略说几句。首先必须提出该《地理图》与近现代地图不可比,比较简略,不够细致准确,类似于今天的"示意图"。该图在甘、肃、瓜、沙州的南部山峦起伏之处(也就是祁连山),标有"龟兹"二字,而不是把"龟兹"二字标在甘、肃、瓜、沙州上。对沙州来说,在五代、宋时,将终年积雪不化的祁连山又称为"南山",此地居住和游牧的部族中,有相当一部分是回鹘人,他们与瓜沙二州关系比较密切。敦煌藏经洞出土的五代、宋初的卷子中,有不少关于他们的记录。依笔者之愚见,宋代的沙州回鹘可能与这部分居牧于南山的回鹘人有关,而且迹象表明,他们很有可能曾经一度占据过瓜、沙二州的州城,并同前来争夺瓜、沙、肃三州的西夏军队打过仗②。即使西夏占据瓜沙之后的较长一段时间内,他们仍很活跃,对这个地区的政治局势和佛教文化传播等方面,产生过一定影响。但是,并非像钱伯泉先生所说那样:1042—1146年瓜、沙为沙州回鹘所据。

笔者最近查阅到日本东洋文库珍藏的《宋本历代地理指掌图》③,国内仅藏有明代刻本,据谭其骧先生研究,指出宋、明两种本子差别很大。《地理指掌图》中的《古今华夷区域总要图》和《圣朝元丰九域图》,都将银、夏、绥、宥、灵诸州和河西凉、甘、肃、瓜、沙诸州标有"夏国"或者"西夏"的字样。这又是一个瓜、沙二州在

---

① 钱伯泉:《回鹘在敦煌的历史》,《敦煌学辑刊》1989年第1期。
② 刘玉权:《关于沙州回鹘洞窟之划分》,载《敦煌石窟研究国际讨论会文集·石窟考古编》,沈阳:辽宁美术出版社,1990年,第4页。
③ 《宋本历代地理指掌图》,上海:上海古籍出版社,1989年。谭其骧先生为此书作序。

宋代为西夏所据的重要证据。据谭先生所作序言，指出："北京大学图书馆所藏清抄本在《历代地理指掌图·序》上加标"税安礼"三字，序末作"元符二年（1099年）六月望日嬴郡税安礼序"。谭先生认为："这个本子虽然是清抄本，它所依据的祖本应该是某一种宋本。也就是说，在流传于宋代的指掌图中，有的本子是冠以税安礼的序的，但早已失传。"这样就使我们进一步知道了《历代地理指掌图》序的作者税安礼和完成此指掌图的时间在1099年或者稍前。这个时候距西夏据有瓜沙诸州仅仅63年，而距西夏政权建立仅仅61年。所以说《宋本历代地理指掌图》对于说明瓜沙二州在宋代的归属问题是至关重要的。

至此，我们的讨论可暂告一个段落。但还有必要扼要地归纳一下笔者在这篇拙文中的论点：

1. 瓜、沙二州自1036年被西夏攻陷之后，与河西走廊其余诸州一样，都纳入了西夏的版图。此后，不排斥有时曾遭到来自沙州回鹘、于阗等异族势力的武装攻击，甚至可能有时还被攻破。但从总体上说，西夏对瓜、沙的统治一直维持到1227年被蒙古军所灭。1067年西夏二次占领瓜、沙之说，没有实质性根据，因而根本不能成立。至于1146年因为金朝与西夏交好，将原属辽国的沙州和伊州赐给西夏，西夏势力始进入沙州的说法更为离奇，近乎天方夜谭。

2. 在西夏据有瓜、沙之后的一段时期里（三四十年），西夏对瓜、沙二州的统治比较松散和软弱无力。内因是西夏政权建立之初，最高统治者集中精力于国家政权建设和军事建设，一心要实现"南牧关中"称霸华夏的野心。对于边远的瓜、沙二州无暇顾及。外因是随着西夏据有河西凉、甘、肃、瓜、沙诸州，丢失故土的一部分回鹘人流散于瓜沙地区，使这一地区的回鹘人大增，加上曹氏归义军的后裔及原居瓜、沙而被西夏击败的沙州回鹘人等，使这一地区不服西夏或反抗西夏的潜在势力大增，加之他们在地理上与伊（新疆哈密）、西（新疆吐鲁番）甚至于阗等处的西回鹘势力，可以连成一大片，这都对西夏在瓜、沙二州的统治产生较大影响。但是，毕竟由于失去了政治中心，大大削弱了凝聚力，加上部落分散游牧、不易统一行动的致命弱点，人虽多而犹如一盘散沙。因此，虽然沙州回鹘和于阗黑汗王都分别用兵进攻过沙州，但终究未成气候，颠覆不了西夏在瓜、沙的统治。

3. 西夏政权建立之后，在发展文化事业，特别是推广佛教和佛教文化方面，得益于回鹘不浅。正是具有高度汉文化水平和较高佛教文化素养的回鹘人，将汉文化和汉传佛教介绍到西夏。据有关专家研究考证，西夏前期的大量佛经都是通过回鹘人翻译过来的。而西夏最高统治者对回鹘僧人也相当器重，甚至把回鹘高僧及其所译佛经作为宝物向辽朝进贡。最早为西夏发展佛教及其佛教文化服务的就是河西回鹘人。在政治上、军事上曾一度与西夏对抗的回鹘人,却在文化上帮了西夏的大忙,这是一个颇为有趣的现象。

1991年冬于日本东京都

（原载于《敦煌研究》1993年第4期）

略论沙州回鹘与西夏

西夏问题研究，早已硕果累累，并广为世人所知。沙州回鹘问题研究，在20世纪前期和中期还极少有人问津，只是到了20世纪后期，才渐为学术界所关注。近几年来，颇有研究成果问世。今天，已成为学术界（特别是敦煌学界）一个新的热门课题。然而，沙州回鹘与西夏的关系这个课题，至今尚未受到学术界关注，似无人进行专门探讨与研究。拙稿试作初探，若能抛砖引玉，余意足矣。

一

回鹘与党项及西夏发生关系甚早。由于它在本文研究的范围之外，因此不予论及。而沙州回鹘（大抵自10世纪中期至12世纪前期）与党项及西夏结缘，约可追溯至10世纪末期。换句话说，沙州回鹘与党项及西夏发生关系，是从党项首领实现其对河西走廊这条至关重要的中西交通要道的占有欲望开始的。在此后的11世纪的大部分时间里，两家以争夺河西，争夺瓜、沙二州的统治权和控制权为核心结下了不解之缘，展开了曲折反复、复杂微妙、多姿多彩的关系史画卷，给河西，特别是给瓜、沙二州这段历史打下了别具特色的印记。

一般认为，沙州回鹘是以甘州回鹘为中心的整个河西回鹘的一部分。笔者同意这个看法。特别是在1028年甘州回鹘被党项首领赵元昊击破以前，沙州回鹘同甘州回鹘关系一直非常密切，最有说服力的事实是甘州回鹘可汗往往同是沙州回鹘的可汗。即使在沙州回鹘自有可汗与甘州回鹘"各立君长，分领族帐"[1]的情况下，也在总体上受甘州回鹘可汗的节制。因此，沙州回鹘与党项及西夏的关系，常常是同甘州回鹘相牵连，表现方式在初期是相对间接的。

黄盛璋先生研究和田塞语文书之后认为：甘州回鹘可汗大约在北宋淳化年间（990—994年）首次派遣使团出使西夏[2]，再次出使西夏是否有沙州回鹘使者参

---

[1] [清]戴锡章:《西夏纪》卷三,银川:宁夏人民出版社,1988年。
[2] 黄盛璋:《和田塞语七文书考释》,1981年银川全国第一次西夏学术讨论会论文。

加,不得而知。但从当时情况看,即使未派使节,甘州回鹘一般也代表沙州回鹘的利益。10世纪末至11世纪初,党项首领李继迁坐镇积石,调兵遣将,在灵州及河西附近屯集大量军队,"将西掠吐蕃健马,北收回鹘锐兵,然后长驱南牧"①。能如愿,既可克服河西二劲敌——回鹘与吐蕃,又能独控中西交通干线。这无论在军事战略上,还是对于增强经济实力,抓住有利时机发展自己方面都具有非常重要的作用和意义。何况"继迁用兵买马必由西凉"②。进而还可以长驱南牧,直抵中原,成霸主之业。继迁的如意算盘首先被西(甘)州回鹘可汗禄胜所识破,随即派遣使者去北宋传递信息,并请求北宋政府"命使统领,使得缚继迁以献"。宋真宗下诏表态:"今更不遣使臣,一切委卿统制。"③就是说,把统领各部回鹘军队讨伐继迁之重任,托付给他。换句话讲,也就是肯定了禄胜对各部回鹘的领导权威和地位。

宋大中祥符元年(1008年)春正月,党项首领赵德明"出兵侵甘州回鹘。回鹘有甘州、沙州、西州、新复州数种,而甘州地逼西夏,其可汗夜落纥曾与沙州可汗禄胜数出兵为保吉(即德明父继迁)难,保吉死(指继迁在此前为攻甘州回鹘而鼻部中箭,稍后死),德明思报怨,遣将张浦率骑数千,抄掠其境。夜落纥出兵拒之,浦不能胜"④。是说沙州回鹘在此之前,曾经多次与甘州回鹘合作对付党项。沙州回鹘大约在公元11世纪初,直接以敌对身份同党项人发生关系。这里有一个问题需稍加议论,即这里明言禄胜为沙州回鹘可汗,但稍前(前后仅差7年)却说禄胜是西州回鹘可汗,那么禄胜究竟应该是西州还是沙州回鹘的可汗呢?将前后两件事的具体情节参照比较和分析,便可做出大体判断:禄胜是沙州回鹘可汗的可能性要大于是西州回鹘可汗的可能性。理由有二:一是沙州距甘州比西州近得多,联合行动比西州方便;二是沙州回鹘与甘州关系非常密切,较长一段时间里,沙州回鹘同甘州回鹘共戴一位可汗。更何况北宋政府在对付党项对河西侵扰问题上,给了甘州回鹘"一切委卿统制"的权利和重任。

党项与西夏用了30年左右时间,经过反复较量,先后击败了吐蕃六谷部和甘州回鹘的强大势力,占据了凉州和甘州等重镇,在河西走廊立住了脚跟。这时的西夏,可以说既得"吐蕃健马",又拥有"回鹘锐兵"。这时的沙州回鹘,一方面因为曹氏归义军政权势力已日益日薄西山、衰败不堪而加强了对瓜沙地区和归义

---

① [元]脱脱:《宋史》卷六《真宗本纪》及卷四九〇《回鹘传》,北京:中华书局,1977年。
② [清]吴广成:《西夏书事》卷七,台北:广文书局,1968年。
③ [元]脱脱:《宋史》卷六《真宗本纪》及卷四九〇《回鹘传》,北京:中华书局,1977年。
④ [清]吴广成:《西夏书事》卷九,台北:广文书局,1968年。

军政权的渗透;另一方面也由于甘州回鹘(于1028年)被党项军队击破,一部分西奔新疆的甘州回鹘人滞留瓜、沙一带,增强了沙州回鹘的势力,从而对于瓜、沙一带的影响愈来愈大。大约在1030年,沙州回鹘取曹氏归义军政权而代之,控制了瓜、沙地区的局势,而镇守瓜州的曹贤惠(曹贤顺之弟)也迫于沙州方面的形势,投降了党项人①,沙州回鹘从而控制了瓜、沙地区。从此,沙州回鹘为保卫瓜、沙地区的主权而不得不同党项和西夏军队直接对抗,展开面对面的斗争。这时瓜、沙、肃一带成为原甘州回鹘余部、肃州回鹘以及沙州回鹘等回鹘人的控制区,他们共同承担起抗击党项羌人继续向河西走廊西部地区扩张推进的历史重任。

1036年冬,沙州回鹘与上述河西回鹘余部同党项(西夏)的军事冲突终于展开。赵元昊率领党项大军进攻回鹘,瓜、沙、肃地区的回鹘军队抵挡不住党项军队强大而猛烈的攻势,向西州回鹘求援而未应,于是,肃、瓜、沙三州相继陷没于党项赵元昊之手,整个河西走廊都成为党项羌人的势力范围②。此时,沙州回鹘除一部分西投西州回鹘之外,其余大部分由城镇及其附近地区迁往玉门关以西,在沙州西南甘、新、青交界处的疏勒河下游一带地区游牧。当时这里是吐蕃、西夏、西州回鹘、龟兹回鹘和于阗等势力交汇却都不能有效管理和控制的地带③。还有一部分沙州回鹘人(主要是居住于瓜、沙州城镇及近郊的沙州回鹘人)留居原地而依附于西夏,其中的牧民"窜于山谷间,悉为(党项人)役属"。

二

降附于西夏的回鹘人,一方面不得不对西夏纳贡称臣,俯首听命,另一方面内心深处又总是不服。他们抱着一个希望——有朝一日将西夏人赶出瓜、沙及河西地区,重温由回鹘人统治经营的美梦。对于北宋朝廷来说,瓜、沙和整个河西走廊从大宋版图上切割出去,成为西夏的领地,有伤堂堂大国的面子。更为严重的是,西夏霸占了通往西域的要道,阻隔了宋廷同西域和中亚诸国的联系,切断了北宋政府战马的主要来源。总之,西夏夺取河西,对北宋来说损失相当大,因此,非得寻求收复失地和挽回损失的良策妙计不可。经过满朝大臣谋士们的反复研讨,终于找到了"以夷伐夷""以夷制夷"这条传统惯用的上策。宋廷十分清楚,原居河西以凉州为中心已被西夏击破的吐蕃六谷部和包括沙州回鹘在内、

---

① 刘玉权:《关于沙州回鹘洞窟的划分》,载《1987年敦煌石窟研究国际讨论会文集·石窟考古编》,沈阳:辽宁美术出版社,1990年。
② 参见《续资治通鉴长编》卷一一九;《宋史》卷四八五《夏国传》上;《西夏书事》卷一二;《西夏纪》卷六等。
③ 高自厚:《黄头回纥与河西回鹘的关系》,《西北民族文丛》1984年第2期,第120—126页。

以甘州为中心的河西回鹘,是最理想的盟友,西夏的天敌。当然,因中西交通被西夏阻隔而蒙受巨大经济损失的西州回鹘、龟兹回鹘、于阗等,也是值得依靠和利用的友邻和帮手。经过各方紧锣密鼓的外交活动,终于在西夏统治下的瓜沙地区发生了针对西夏的较大军事行动。北宋仁宗庆历元年(1041年)四月,"沙州镇(国)王子遣使入贡(于宋)奉书曰:我本唐甥,天子实吾舅也。自李氏(李元昊父子)取西凉,遂与汉隔。今愿率首领讨夏。已而以兵攻沙州,不克。"[1]"沙州镇(国)王子"既称"我本唐甥,天子实吾舅也",那么是沙州回鹘王子,应无疑问。沙州回鹘对西夏所采取的这次行动,是外甥对舅天子上述外交战略的首次重大响应和支持,更直接的是对此前北宋边将曹琮通过西州商人转达"共图元昊"意图的积极响应。

同年十一月,沙州回鹘可汗王遣大使同北亭(庭)可汗王所遣大使一同入宋朝贡。所贡物品有玉、乳香、钢砂和名马等,所遣使者有大使密,副使张进零、和延进,大使曹都都(督),大使翟等[2]。北宋仁宗皇祐四年(1052年),沙州回鹘再遣使团与龟兹回鹘使团结伴入宋朝贡[3]。此外,在此前后,沙州回鹘还多次单独遣使入宋朝贡。在西夏统治瓜、沙二州和整个河西走廊的情况下,沙州回鹘仍频繁同北宋朝廷维持联系并率领军队攻打沙州城,表明沙州回鹘在被西夏击破后,仍然保留着一定的实力,敢于继续同西夏较量。

乾隆年修《甘州府志》记载:"回鹘至宋熙宁元年(1068年)入贡(北宋),求买金字大般若经。(宋廷)以墨本赐之。六年(1073年)复来,补其首领五人为军主,岁给二十疋(匹)。神宗问其国种落、生齿几何?三十余万,壮可用者二十万。……大约降于西夏散处甘州塞外今黄黑番之附居部落,故得私事中朝云。"[4]史料明确记载宋熙宁六年(1073年)是"甘州回鹘复来"宋贡方物[5]。以为这支有人口三十余万、壮年二十万的回鹘,既非甘州回鹘,也非沙州回鹘,更不是西州回鹘和龟兹回鹘,看来是指甘、肃、瓜、沙诸州被西夏打散的原河西回鹘人的总和,因此宋廷才不明其种落和人口情况。

北宋神宗熙宁七年(1074年)十二月,"回鹘来侵(权案:此指侵西夏)。宋使

---

[1] 参见《宋史·曹琮传》;《续资治通鉴长编》卷一百三十四;《续资治通鉴》卷四十三;《西夏纪》卷八等。按:此处沙州镇(国)王子攻西夏统治的沙州,未注明所据,是为遗憾。
[2] [清]徐松:《宋会要辑稿·蕃夷志·历代朝贡》,北京:中华书局,1957年。
[3] [清]徐松:《宋会要辑稿·蕃夷志·历代朝贡》,北京:中华书局,1957年。
[4] 清乾隆四十四年修《甘州府志》卷一世纪上。
[5] [宋]李攸:《宋朝事实》卷十二,北京:中华书局,1955年。

谕回鹘,发兵深入夏境"①。北宋神宗元丰八年(1085年),"于阗(回鹘)请宋讨西夏,以助通商路"②。北宋哲宗元祐八年(1093年)于阗再次请宋讨西夏,宋不许③。夏探知于阗早晚要对他采取军事行动,于是"令瓜、沙诸州严兵备于阗"④。北宋哲宗绍圣四年(1097年)二月八日,于阗喀喇汗"进奉人罗忽都卢麦译到黑汗王子言:缅药(缅药,即弥药,指党项羌,此指西夏——笔者注)家作过,别无报效,已差人马攻甘(瓜)、沙、肃三州"⑤。

可见,西夏统治瓜、沙、肃州及河西之后,不但继续遭到了沙州回鹘人的军事进攻,而且也遭到了原西夏的"欢邻"于阗回鹘的军事进攻。都是因为西夏阻隔中西交通,或者强行邀留回鹘入宋贡物,或者强加给回鹘商队高昂的商税,严重地阻碍和影响了回鹘、西域诸国以及整个中西交通和贸易往来,使他们蒙受了十分严重的经济损失,激起了河西及西域地区的民愤。

进入12世纪以后,宋朝指望回鹘人与吐蕃人对付西夏,特别指望他们收复河西,恢复丝路畅通,不但遥遥无期,而且几乎是不可能的。另一方面,朝臣们感到频繁的回鹘使节,尤其是回鹘大量商人连同家眷往来于西夏同北宋的边防要道,既对军机不便,又"散之陕西诸州,公为贸易,留久不归",对宋朝来讲,已无利可言,反而觉得有所不便。朝臣们纷纷奏请皇帝,提出立法禁止回鹘进入中原⑥。

沙州回鹘贡宋并同宋人做生意不成,于是转向同金朝往来。南宋高宗建炎元年(1127年)十月,"沙州回鹘遣使贡于金"⑦,是史书上记载的沙州回鹘最后一名可汗——活剌散可汗所派遣的使者,这也是历史文献上关于沙州回鹘的最后一次记载。宋朝立法禁止回鹘人直接进入中原,使回鹘与中原长期的往来从此中断,同时也就促使沙州回鹘逐渐失去了独立存在的功能和机制,加速了同其他邻近民族的融合,加速了它的消亡。一般认为稍后的黄头回纥,或撒里畏兀儿,其中就融合了沙州和原河西(甘州为中心)回鹘残部及其后裔。

三

沙州回鹘(当然以甘州回鹘为中心的河西回鹘也不例外)在政治上和军事上

---

① [清]戴锡章:《西夏纪》卷一五,银川:宁夏人民出版社,1988年。
② 冯家昇等:《维吾尔族史料简编》上册,中央民族问题研究丛刊第二辑,1956年。
③ [宋]李焘:《续资治通鉴长编》卷四九一,北京:中华书局,1985年。
④ [清]吴广成:《西夏书事》卷二六,台北:广文书局,1968年。
⑤ [元]脱脱:《宋史》卷一七《哲宗本纪》与卷四九〇《于阗传》,北京:中华书局,1977年。
⑥ [元]脱脱:《宋史》卷四九〇《回鹘传》,北京:中华书局,1977年。
⑦ [元]脱脱:《宋史》卷三《太祖本纪》,北京:中华书局,1977年。

长期同党项和西夏作对,已如上所述。然而在宗教和文化方面,他们之间又有千丝万缕的密切关系。这恰好与政治和军事上的关系形成鲜明的对比。

从历史文献上看,北宋仁宗天圣六年(1028年),赵元昊击败甘州回鹘,陷甘州,除一部分回鹘人向西奔往瓜、沙和进入新疆之外,无疑一部分回鹘人就地归降依附西夏。这可能是西夏吸收得最早、最多的回鹘人。当然,也不排斥此前在西夏内部已混杂有一些回鹘人,因为事实上很难有永久的、纯粹的单一民族存在,你中有他,他中有你,是很正常的现象。这里仅仅是说1028年元昊败回鹘、据甘州,可能为历史上回鹘人归附西夏的最早事例。北宋仁宗天圣八年(1030年)"瓜州王以千骑降于夏"[①]。吴广成的《西夏书事》云:"天圣八年春三月,回鹘瓜州王请降(于西夏),德明纳之。瓜州回鹘乃沙州(回鹘)分部,其王贤顺见德明势日炽,率属降。"[②]一支千人左右的骑兵,《宋史·夏国传》未言率领者"瓜州王"是谁,也未言是回鹘人还是曹氏汉军,抑或其他民族军,抑或多民族混合军;而《西夏书事》明言瓜州王是曹贤顺,率领的千骑是回鹘骑兵。至于这位瓜州王是否曹贤顺,他何以向远在千里之外的西夏首领赵德明主动请降,至今仍是个谜,需要进行探讨。但它超出了本文范围而不予涉及。可是,我认为这支千人骑兵属于回鹘人或者说主要由回鹘人组成,应无太大问题。因为在这一时期,河西走廊的甘、肃、瓜、沙一带地区为回鹘势力控制,这一点早被历史学界公认。再从稍后几年(即1036年)赵元昊争夺瓜、沙、肃三州时,所遇到的对手是回鹘军队而非曹氏归义军也可为其佐证。1036年西夏完成了"通瓜沙"之志,完全控制了兰州以西、新疆以东的这段丝绸之路。西夏境内居住或游牧的回鹘人是相当多的。西夏建立政权(1038年),在其发展佛教及其文化的早期,除首先接受汉传佛教及其文化的影响之外,具有相当高汉文化水平的回鹘人起了比较大的推波助澜作用。对于汉文化水准不高的初期西夏来讲,要普及和发展佛教,首先必须将大量重要汉文佛经翻译成西夏文,而回鹘高僧正是非常称职的人选,起到了桥梁作用。通过回鹘高僧的翻译工作,大量汉文佛经才传到了西夏人那里。"回鹘是西域和中原之间佛教传播的重要媒介。回鹘人对佛教在西夏的流传十分热心,起着特殊的、先导的作用。"[③]

北京图书馆藏西夏文《过去庄严劫千佛名经》发愿文明确记载:"戊寅年中,

---

① [元]脱脱:《宋史》卷四八五《夏国传上》,北京:中华书局,1977年《宋史》。
② [清]吴广成:《西夏书事》卷一一,台北:广文书局,1968年。
③ 史金波:《西夏佛教史略》第二章《佛教的传布》,银川:宁夏人民出版社,1988年,第24页。

国师白法信及后禀德岁臣智光等,先后三十二人为头,令依蕃译"①。国师在西夏前期是僧侣中的最高称号,他们都懂得两种以上的语言文字,有的还精通梵文,多能翻译、校勘佛典,通晓佛学、佛经,在佛教界威望颇高,他们在西夏社会中的地位相当于王位、中书位和枢密位之间。根据专家的研究,上述发愿文中的白法信和(白)智光当是回鹘人②。智光的完整称号,在北京图书馆藏西夏文《现在贤劫千佛名经》扉页《译经图》木刻版画中,其汉译文为:"都译勾管作者安全国师白智光"。在北京图书馆藏另一卷西夏文经《金光明最胜王经》开头流传序中又称为:"渡解三藏安全国师白智光"③。白法信和白智光是西夏译经事业和西夏佛教发展史上回鹘高僧的杰出代表,他们有可能是来自西域的龟兹回鹘人。

在西夏史料中,也不乏类似记载。如:北宋庆历七年(1047年)元昊"于兴庆府东十五里,役民夫建高台寺及诸浮图,俱高数十丈,贮中国所赐大藏经。广延回鹘僧居之,演绎经文,易为蕃字"④。西夏政权建立初期在首都附近最早兴建皇家佛寺,就邀请了大量回鹘僧人用西夏文字翻译来自中国的汉文大藏经,可见回鹘僧人对佛教在早期西夏的流布与发展所起的不可忽视的作用。

北宋皇祐二年(1050年),西夏没藏氏(元昊妻之一,谅祚生母)建承天寺。时元昊方死,子谅祚立,仅周岁。建寺塔立碑之时谅祚方三四岁,皇太后没藏氏称制临政⑤。然按《西夏纪》则将此事记于1055年。纪云:"宋至和二年(1055年)……没藏氏好佛,因中国赐《大藏经》,役兵民数万,相兴庆西偏起大寺,贮经其中,赐额承天。延回鹘僧登座演经,没藏氏与谅祚时临听焉。"⑥

北宋英宗治平四年(1067年),西夏谅祚遣使入辽朝贡,"进回鹘僧、金佛、梵觉经"⑦。表明在当时,无论是西夏人还是契丹人都把回鹘僧侣当成珍贵礼物和进贡品。可见回鹘僧侣对他们的分量。可以断言,这当然绝不会是一般的回鹘僧侣,而是佛学知识渊博、道行高深的佛学高级人才,充分反映出当时的回鹘高僧在西夏及国际文化交流中处于多么重要的地位。

北宋哲宗绍圣二年(1095年),西夏向辽进贡贝多叶经,此经系回鹘僧人所

---

① [日]野村博:《西夏语译经史研究》,《佛教史学研究》1979年刊;史金波:《西夏佛教史略》,银川:宁夏人民出版社,1988年,第66页和第143页。
② 史金波:《西夏佛教史略》,银川:宁夏人民出版社,1988年,第149页。
③ 史金波:《西夏文〈金光明最胜王经〉序跋考》,《世界宗教研究》1983年第3期;史金波:《西夏佛教史略》,银川:宁夏人民出版社,1988年,第74页。
④ [清]戴锡章:《西夏纪》卷一一,银川:宁夏人民出版社,1988年。
⑤ 《陇右金石录·西夏承天寺碑铭》。
⑥ [清]戴锡章:《西夏纪》卷一二,银川:宁夏人民出版社,1988年。
⑦ [清]戴锡章:《西夏纪》卷一三,银川:宁夏人民出版社,1988年。

译①。当然,以上所列史料均系泛指"回鹘",而且有的史料,据专家们研究很可能涉及西域龟兹回鹘,却无一条明确指出与"沙州回鹘"有关。但是,一般而论,在11世纪30年代之后至12世纪30年代之前这段时间中,中国汉文史料所泛指的"回鹘"(即除明指"西州回鹘"或"和州回鹘""龟兹回鹘"等之外),应是指被西夏击溃而散处"四郡(甘、肃、瓜、沙)外地者,颇自为国,有君长","羁縻于西夏"的原河西回鹘,其中包括沙州回鹘。根据笔者近年的考察研究,在敦煌莫高窟、西千佛洞和榆林窟发现并划分出23个属于沙州回鹘时期的洞窟,表明在这一时期,回鹘佛教及其相关文化艺术的发展状况。它不但有自身的特点,而且有一定的规模,表明它的后面必然有一批较高素质的回鹘僧侣和回鹘佛教艺术家作支持。仅从敦煌石窟中至今留存的大量回鹘文榜题和回鹘文游人题记(它们都与佛教活动密切相关),便可大体了解沙州回鹘时期以及蒙古人统治时期回鹘人在瓜、沙地区的活动情况。更不用说,敦煌自古即为佛教文化中心,有着佛教文化艺术发展的深厚根基。与此邻近的甘州虽当年是回鹘人建立甘州回鹘政权并维持很久的地区,然而遗憾的是至今不曾发现与之相应的、应该有相当地位的"甘州回鹘佛教石窟艺术"(或其他形式的佛教艺术)。这也正是笔者感到迷惑不解的一个问题。但是,无论如何,上述史料中所涉及的"回鹘"概念,无疑应该包括沙州回鹘在内,至少我们没有理由将沙州回鹘排斥在外。

前面我们刚刚提到近年来沙州回鹘洞窟在敦煌(即古沙州)地区的发现,其中在安西榆林第39窟(系沙州回鹘时期营建洞窟)前室甬道南侧壁,绘满了回鹘首领和侍从眷属等供养画像,在最前面一身回鹘首领像旁有榜牌,其上墨书回鹘文题铭,然而十分遗憾的是回鹘文题铭非常模糊,只能看到(几乎可以说是凭眼睛感觉到)回鹘文的一般外形,而要摹写却极其困难,无从下手。即使是专业工作者(例如回鹘文专家、古代书画临摹专家、考古专家等),都同样会感到心有余而力不足。在回鹘壁画上面,有西夏文题记两条,其一,汉译文为:"千玉乐势来山寺庙中烧香正心赞福"②。其二,汉译文为:"尼窄……侄那尼窄……行……觉五……诸佛……(以下不清)"③。这些西夏文题记虽然没有确切纪年可资考证,但至少可以断定画像及西夏文题记之间层位的先后关系:供养画像及同层全窟壁画,据笔者研究考证,为沙州回鹘前期(沙州回鹘划分为前、后两个阶段,即前、

---

① 参见[清]吴广成:《西夏书事》卷二九,台北:广文书局,1968年;[清]戴锡章:《西夏纪》卷二〇,银川:宁夏人民出版社,1988年。
② 史金波:《西夏佛教史略》,银川:宁夏人民出版社,1988年,第303页附录一。
③ 史金波:《西夏佛教史略》,银川:宁夏人民出版社,1988年,第303页附录一。

后两期),约相当于11世纪初期至11世纪七八十年代。西夏文题记当然只能在这段时间之后,1036年西夏方创制西夏文字,并开始在境内推行使用。而据敦煌乃至全国迄今发现最早的西夏文有明确纪年的文献均在11世纪七八十年代以后,有关专家认为1036—1070年的30多年间,是西夏文在西夏境内逐步学习掌握、推广运用的过程(笔者同意这个论点)。因此,榆林窟第39窟上述西夏文题记,一般来讲其上限不能早于这个时间,这是其一。其二,在榆林窟第25窟(内室是吐蕃统治沙州及河西地区营建的佛窟,它的壁画艺术之精湛已扬名于海内外)外室甬道北侧壁又发现有千玉乐势的西夏文题记。其汉译文为:"修福者千玉乐势诸佛处烧香拜君修福者玉乐势修福者……"[1]该窟外室甬道南侧壁有长达23行,并有"瓜州监军司通判赵祖玉"和"孙没力玉"等人的西夏文题记。此二人在西夏晚期营建的榆林窟第29窟有其供养人画像及其题名,笔者据榆林窟第19窟后室甬道北壁汉文游人题记"乾祐廿四年甘州画师高崇德,小名那征到此画秘密堂",考证出:榆林窟第29窟即是甘州画家高崇德所说的"秘密堂"[2]。乾祐廿四年(1193年),即西夏仁宗仁孝时期,这样便间接地推断出榆林窟第39窟外室甬道南壁有"千玉乐势"的西夏文题记的时间大体上也在乾祐廿四年前后。由此可知榆林窟第39窟在11世纪三四十年代前后由沙州回鹘营建之后不久,便进入了西夏统治时期,一百多年后的西夏乾祐廿四年瓜州监军司的官员"通判赵祖玉"(或作"统判奉纳赵祖玉")一行,作为营建榆林窟第29窟的"施主",又礼拜了沙州回鹘人营建的榆林第39窟,并题壁留念。其中意味颇为深长。

榆林窟第3窟,也是营建于西夏晚期的西夏石窟艺术代表性洞窟。为了筹备1988年在日本举办的"敦煌·西夏展"的需要,首次整幅临摹该窟巨型《千手千眼观世音菩萨经变》《文殊经变》《普贤经变》,经请示上级主管部门同意,将该窟四壁下部后人补塑的罗汉彩塑像临时搬迁,以便完全暴露出彩塑遮挡的部分壁画,结果新发现了彩塑底座(即一般所说的坛基或台座)后面的经变故事画以及画中的回鹘文榜题。从现状看,该榜题同壁画是同时有计划制作完成的。即壁画与回鹘文榜题同为西夏晚期营建该窟时一次统一完成的。这一现象表明,在西夏统治时期的瓜、沙二州,除使用西夏文和汉文之外,还使用回鹘文。相应表明,瓜、沙二州在西夏统治时期(即使是西夏晚期)还居住着不少的回鹘人,他们和睦相处,通过佛教艺术,进行着友好的合作与交流。

日本天理大学附属天理图书馆,收藏有张大千在敦煌考察临画时期收集到

---

[1] 史金波:《西夏佛教史略》,银川:宁夏人民出版社,1988年,第303页附录一。
[2] 刘玉权:《敦煌莫高窟、安西榆林窟西夏洞窟分期》,载《敦煌研究文集》,兰州:甘肃人民出版社,1982年。

的一批西夏文残件。其中有的西夏文佛经(有写本和刊印本)行间有回鹘文注音。原敦煌研究院遗书研究所(现改为敦煌文献研究所),收藏有任子宜的同样来自敦煌的一些西夏文残片,也基本上是佛经写本或刻印本。其中不但有西夏文佛经行间注回鹘文,而且还有用回鹘文题写榜题或题记的佛画残片。这无疑都证明西夏时期瓜、沙一带有不少回鹘人与西夏党项人共处,他们之中一部分可能来自甘州、肃州,也可能还有少量来自伊州和西州,甚至来自龟兹和于阗,但其中一部分来自沙州回鹘也是没有问题的。即使原来有不少人来自甘、肃等州,但自甘州回鹘破灭后,其部民滞留瓜、沙,汇入沙州回鹘之中,这更是可以理解的事情了。

四

通过以上探讨,可以作出如下结论:

1.西夏争夺河西,实现独家控制中西陆路交通的意图和行动,是沙州回鹘与西夏结缘的契机和根由。而先于西夏经营河西与中西交通干道的吐蕃(六谷部)和回鹘,为了自身的利益必须竭尽全力来维护原来平静的秩序和早已理顺的关系——这种秩序和关系的基本内涵,一是吐蕃与回鹘各守疆界,友好和平共处,也共同分享丝路之畅通给大家带来的发展与富裕繁荣的果实。二是吐蕃(六谷部)、回鹘与中原王朝一直关系密切,特别是回鹘与中原王朝长期确立起"甥舅之谊",他们在一定程度上是在代替、帮助中原王朝维护与经营河西。西夏要一下子独占河西,打破原先的平衡,就必然遭到北宋、吐蕃(六谷部)、回鹘以及西域诸国的抵抗。因此,西夏与包括沙州回鹘在内的河西回鹘之间的矛盾,就是谁来经营河西及丝绸之路。

2.初期阶段,由于西夏争夺河西是从争夺凉州和甘州下手的,因此距此尚远的沙州回鹘同西夏基本没有直接关系,但也有时同甘州回鹘一起,参加对付西夏的行动。中期阶段,由于西夏争夺河西的战火烧到家门口,沙州回鹘不能不面对面、直接同西夏发生关系,当然是对抗性的、针锋相对的、你死我活的军事斗争关系。晚期阶段,沙州回鹘被西夏击败,西夏不但据有瓜、沙,而且完全实现了独控河西、独家经营丝绸之路的意愿。同时又切断了沙州回鹘同北宋的联系,沙州回鹘只有委曲求全,依附西夏而寄人篱下。但是他们不服输,加之北宋朝廷的抚慰、鼓励与支持,在较长一段时间里,沙州回鹘同西夏继续开展斗争。尽管已经无力改变历史命运,然而沙州回鹘与吐蕃势力(有时甚至还要加上于阗势力)一起,挫败了西夏统治者"长驱南牧"、入主中原的战略计划,为北宋起到了牵制西夏力量的作用。

3.包括沙州回鹘在内的回鹘人,虽然长期在政治和军事上与西夏作对,但是他们文化素质(特别是汉文化素养和佛教文化素养以及掌握多种语言文字的才干)较高的优势与特长,在西夏社会里仍然得到了较为充分的发挥。尤其在推动佛教及其文化在西夏社会的流布和发展方面,做出了非常重要的贡献。而沙州回鹘自己又在瓜、沙地区创造了一批回鹘风格的佛教石窟艺术。据笔者所知,至今安然无恙保存在敦煌莫高窟、西千佛洞及安西榆林的23个沙州回鹘洞窟,是截至目前所发现的河西回鹘独一无二的回鹘佛教石窟瑰宝,为研究含沙州回鹘在内的河西回鹘历史与文化,研究沙州回鹘同西夏的关系史,提供了非常珍贵的形象资料。

1995年2月28日于敦煌

(原载于李范文:《首届西夏学国际学术会议论文集》,银川:宁夏人民出版社,1998年)

后　记

　　我进入西夏学研究领域,绝非因为所学专业和兴趣,更非是自觉自愿,而纯属被动与偶然。

　　在大学,我本来学的是绘画专业,1958年毕业后,经过半年的劳动锻炼,我被分配到敦煌文物研究所(今敦煌研究院)工作。

　　最初,我被安排在该所"研究部"下属的"美术组"。组内成员全是画家,主要工作是临摹敦煌壁画。1962年秋,文研所新设置"考古组"。常书鸿所长在会上宣布:原美术组几位同志被调拨进这个组,为首批成员。其中就有我,并立即开始工作——跟随宿白教授带领的北大敦煌石窟考古实习工作组学习石窟考古实测方法。这时自觉壁画临摹尚未完全入道,就要改行,确实想不通,可是,只能服从,没得商量。

　　1964年秋天,中国科学院(今中国社会科学院)民族研究所王静如研究员率领史金波、白滨两位高足来到敦煌莫高窟,并与文研所联合组成"西夏工作组"。常书鸿任组长,王静如任副组长,李承仙为秘书长,宿白为顾问,组员是史金波、白滨、刘玉权。工作分工是:民研所方面负责西夏文字的搜集抄录、翻译释读与研究,文研所方面负责西夏洞窟的断代分期。稍后又增加了西夏石窟艺术研究。初步计划双方成果合起来编辑出版一本西夏研究专著。其中西夏洞窟分期论文的撰写工作,落在了本人头上。西夏工作组一成立,全部成员马上一起投入西夏洞窟的调查中。

　　就这样,我再次进入又一个完全陌生的领域。1962年由绘画专业突然转到考古专业,由于敦煌石窟考古有美术考古的属性,对学绘画专业的人来说,从一个侧面看还占有一条有利条件,而1964年再次由石窟考古专业突然转到西夏学专业,完全是从零开始。这种专业领域快速而又频繁地转换,其中的无奈与无助可想而知。

　　当我硬着头皮勉强完成西夏洞窟分期任务之后,心中自语:从此以后绝不再涉足这个领域。

至20世纪70年代末,考古组领导问我关于西夏研究的课题,往后还准备做些什么?我不假思索地立刻回答:再没什么可做了。然而,让我始料未及的是,一两年后,在我的潜意识里却萌生了一个想法,且在与日俱增。西夏洞窟分期过程中所搜集的第一手资料,自己若不去整理和挖掘利用,岂不是学术资料的一种浪费?有了这样的认知后,我便以轻松心情,做出了自以为正确的决定。

当然,在数十年前一个既不懂考古学,更不懂西夏学的人,被"赶鸭子上架",所撰写的西夏洞窟分期文章,难免有缺失和问题。在学术界对分期产生不同意见与分歧。这肯定是很自然、很正常的事。我真诚地期待今天的专业考古和专业西夏学者、年轻的后起之秀,在此领域做出超越前人的贡献。在"十三五"国家重点图书出版规划项目"西夏学文库"出版之际,我要衷心感谢常书鸿先生、阎文儒先生、王静如先生、宿白先生、史金波先生和白滨先生等良师益友,是他们在我改学石窟考古与西夏学的历程中给予我无私教导与帮助。

最后,还要特别感谢史金波教授,他于26年前在百忙之中为我的论文集作序。因我当时身患目疾,论文集未能及时出版,序言也未曾使用,我一直深感内疚,对不起金波教授。今有幸得教授首肯,将它作为这本小册子的序,也算正当其用,是为记。

刘玉权
2022年10月